交易圣经

THE UNIVERSAL PRINCIPLES
OF SUCCESSFUL TRADING

Essential Knowledge for All Traders in All Markets

[澳] 布伦特·奔富 著 郑磊 译
（Brent Penfold）

机械工业出版社
CHINA MACHINE PRESS

图书在版编目（CIP）数据

交易圣经 /（澳）布伦特·奔富（Brent Penfold）著；郑磊译 . —北京：机械工业出版社，2016.9（2025.11 重印）
（华章经典·金融投资）
书名原文：The Universal Principles of Successful Trading: Essential Knowledge for All Traders in All Markets

ISBN 978-7-111-54668-9

I. 交… II. ①布… ②郑… III. 股票交易 – 基本知识 IV. F830.91

中国版本图书馆 CIP 数据核字（2016）第 208893 号

北京市版权局著作权合同登记 图字：01-2011-4437 号。

交易圣经

出版发行：机械工业出版社（北京市西城区百万庄大街 22 号 邮政编码：100037）
责任编辑：施琳琳
责任校对：殷 虹
印　　刷：三河市宏达印刷有限公司
版　　次：2025 年 11 月第 1 版第 12 次印刷
开　　本：147mm×210mm　1/32
印　　张：13.875
书　　号：ISBN 978-7-111-54668-9
定　　价：89.00 元

客服电话：（010）88361066　68326294

献给我美丽的妻子凯蒂娅，她给我带来了一个丈夫所希望的最好礼物——我的两个出色的儿子博（Beau）和波士顿（Boston）

我走上交易之路 30 余年，赚到过很多钱。这 30 年里，我获得了极大的快乐，经历了若干次冒险。我采过矿，在澳大利亚偏远的北部边境筑路时操作过重型机械，到托雷斯海峡群岛工作过，还到沙漠里的土著社区做过行政管理。我父母认为我的这些工作是对所受高等教育的极大浪费。很不幸，一场沙漠暴风雨后，我的钱像水流进沙漠般瞬间消失无踪。尽管一贫如洗，我还是孜孜不倦地阅读一本本新书。

在澳大利亚，人们通常利用购买一套又一套的住房致富。揣着区区 2000 美元和杂乱的工作经历，没有哪个银行经理愿意给我办理房贷。我不愿意为钱奔波，钱应该为我服务。当时，巴菲特已经家喻户晓，我想当然地认为如果我将手上的 2000 美元购买我所熟悉公司的股票，持有一段时间后就一定会增值不少。

我在澳大利亚沙漠中部时购买了蓝筹矿业公司股票，看着股价涨涨跌跌，当达到 30% 回报时卖出离场。我将 30% 利润中的一部分高位买进另一家蓝筹矿业公司的股票，但直到 12 年后该公司退市股价也没有回到我购入时的价格。由于金额不大，我一直持有，这时常告诫自己投资要谨慎。

沙漠环境恶劣，只有学会他人的生存之道才可能存活。我发现市场也与沙漠一样环境恶劣，要想在市场立足，必须从他人的著述中学习经验。

交易类书籍并不好找，在这个人迹罕至的澳大利亚沙漠，不可能与交易人士促膝谈经论道。我邮购（主要从美国）交易人士撰写的交易类书籍来满足自己的阅读需求。非常可惜的是，存放在办公室里的大部分书籍在 1998 年的洪水中被毁损了，所以并非只有市场才会给予掠夺，洪水亦然。我在苹果电脑上运用表格处理软件绘制价格波动表格，学会通过价格读懂市场信息和其他交易者的行为。

通过这样的方式，我发现并懂得了交易的一些基本通用原则。我多么希望当初能读到这本书，那样的话我会更快懂得市场。这些通用原则是每个成功交易者的看家法宝，在市场上有着千变万化的运用组合。市场与这些通用原则通过一个共同的要素结合起来，这一点在本书中并没有提及，或许这在布伦特·奔富看来是不证自明的，所访谈的交易者也认为本该如此，没有必要赘述。

这个共同要素就是对交易的热爱。据测算，要在某个领域有

所建树，至少需要 10 000 个小时。布伦特·奔富与书中涉及的
交易者所投入的时间远远超过 10 000 小时，他们的工作热情又
促使他们投入更多时间。交易赢家谋略与热情兼备。当年在遥远
的澳大利亚沙漠，我为了赚钱开始关注交易之道，布伦特在交易
室得出了自己的经验，还有一些人在各异的情境中获得了真经。
本书是布伦特先生怀着对交易、对市场和对帮助市场交易者走
向成功的满腔热情而撰写的。如果你有着同样的热情，那么不管
你是什么来历和背景，本书都会让你领略到这些基本通用原则的
真谛。

戴若·顾比

《股市投资 36 计》作者

2010 年写于上海

用交易系统战胜市场逆境

　　布伦特·奔富的这本书有一个抢眼的名字:《交易圣经》。这是中文译法,原文是指普适的交易原理或规则。由于这本书非常出色,被视为交易方面的现代经典著作,将其称为交易圣经并不为过。这本书的内容足够系统、全面和权威,当我第一次读时,深信它是名实相符的。尽管作者并非我们耳熟能详的欧美超级牛腕,但是不得不承认,这是一本探讨交易系统话题的很有分量的专著。作者系统性地提出了成功交易的六项通用原则,并将重点放在了决定交易长期成败的三大支柱上——资金管理、方法论和心理。读完前 7 章作者对交易的理解和体系架构,我确信本书适合每一个想在金融资本市场上生存并成功的人士去认真阅读和领会。这 7 章所讲授的理念和框架是成功交易的基础。

　　遗憾的是,本书的第 1 个版本的译文错漏较多,华章公司的编辑热情相邀，希望尽快推出修订版。我曾在 2013 年 7 月帮忙修订了错误较多的第 8 章和第 9 章。本书得到了市场欢迎和认可，这次由我重新翻译，再飨读者。

　　我的基金经理经历让我认识到交易系统的重要性。因为专业交易者和业余选手的根本区别恰恰就在于此。你应该更有系统性、纪律性和交易的一致性。应该遵循正确的方法论，而不是以个别盈亏情形论长短。我们见过太多的人因偶然性而成功，因必然性而最终惨败。胜应知胜之所因，败亦不一定就是你的错误。我坚信，一个没有稳健的交易系统的交易者，无论怎么赚钱，都谈不上成功，而且必行之不远。

　　我见过很多自以为很成功的交易者，他们的打法可以说非常随意，完全没有章法。但是在股市也好，期货市场也罢，靠无章法能够生存的人，我从未见过，更遑论成功。时间就是试金石，只有大浪淘沙之后，始见真金。因此真正可资依赖的应该首推资金管理，它先保证你能在残酷的市场逆境中存活下来。只有先活下来，才能谈进一步的发展和成长，这是一个非常浅显的道理。作者详细地列出并分析了各种头寸和风险管理的优缺点，相信总有一款能满足你的需要。

　　方法论是最有争议的主题。所有交易者都知道方法的重要性，但这是一个百花齐放、百家争鸣的领域。市场上存在着各种流派五花八门的方法，作者将其归纳总结为预言者、梦想家、实用主义者三大类。从魔幻级别的占星术，到周期分析、艾略特波浪理论、分形分析、基本面分析、几何学分析／几何法、江恩理论，到各种技术指标和成交量、分组分析等不一而足。其实，在市场混迹多年的资深交易者，很多人还有自创的方法，这林林总总的方法和模型，不是一本交易系统的书所能囊括的。作者结合自己的交易体系架构和投资理念，提出其方法论的核心在于掌握确定支撑线和阻力线。只要市场运行在这个通道区间，采用适当的资金管理手段，就能保证在长期投资中获得不错的盈利。我想没必要评价这个方法是否正确，因为适用其实比正确与否更重要。何况支撑线、阻力线早已成为最基本的交易工具了。甚至可以说，这个方法有些过于简单了。这正是作者的用意所在，简单有效、便捷、客观，可变更和人为调整的空间小，才能真正为交易者提供有效的市场信号。作者对目前市场上流行的各种方法的主观性批评可谓入木三分、一针见血。

作为交易系统的三大支柱，作者把心理层面的问题放在了最后，并且提出了自己对心理因素在交易中的影响的看法。坦率地说，我不是非常认同。特别是作者关于潜意识对交易的影响，我尚未看到有相关心理学研究成果的支持。我一直在从事行为金融和投资心理学方面的研究，对于各种心理现象和情绪对交易者行为的影响以及最终产生的交易后果，有更系统的分析。有兴趣的读者可以看看《与羊群博弈》《新常态股市投资智慧》等书。在心理因素方面，至少应该从认知方面的偏差和情绪方面的干扰入手分析。而潜意识较难把握和验证。但是从整体上看，我同意作者的说法，即将心理因素作为资金管理和方法之间的黏结剂，这也凸显了本书为何特别重视资金管理的原因，因为如果交易系统里没有这个关键部件，心理因素作为黏结剂就没有存在的必要了。而方法论作为被黏结的另一个重要部件，本书探讨的还不够充分。这个可以理解，因为每种方法几乎都可以写出无数本书，而市面上各种讲授交易方法的书，已经汗牛充栋了，本书因为篇幅所限，不拘泥于此，反而更彰显了主题。

作者提出交易者应该关注希望、贪婪和恐惧在交易过程中的负面影响。更为可贵的是，本书作者明确提出了"管理痛苦"的思想，这里的痛苦是指交易长期受挫产生的心理痛苦。作者认为这是一种重要的负面情绪管理，这是一个非常具有实战意义的提法。而交易心理学并没有这些明确和系统的说法，足见作者的敏锐，这也是本书关于心理方面论述的一大亮点。

从作者的投资理念和构建的交易系统来说，大多数时间都会经历市场走势与希望不符而造成的小亏损，而在大约1/3的情况下能够大幅盈利，从而保证在整体上获利。这种情况是大多数交易者不希望看到的，因为每天生活在痛苦之中不是一个惬意的选择。为何作者给出了这样一种方案呢？有经验的交易者都知道，其实不管你想怎样掌控局面，市场都是桀骜不驯的，市场总是给你意想不到的惊讶，而且绝大多数对你而言都是逆境和打击。问题只在于你将如何面对打击和失利带来的痛苦。战胜自己，就意味着坦然面对痛苦，作者提出了"管理痛苦"的说法，并给出了设立中短期负收益预期的做法。这正如中国人常说的，凡事预则立，先做好失败的准备，当它真的降临时，也就不会那么手足无措了。作者能指出这一点，对于这样一本并非探讨投资心理对投资决策和行为影响的专著来说，已经足够了。

本书的另一个特点是以趋势投资为例贯穿始终，而趋势投资在国内十分热门，追随者众多。作为业内旁观者，我对交易系统的看法是，资金（风险）管理永远是奠基石，长期而言，是它划定了成功与失败的边界。心理层面属于交易的微观领域，看每个人道行深浅，能战胜自己的人，才是真正的强者。至于方法，虽然重要，但非决定因素。况且方法问题见仁见智，没有一定之规。

读完本书，努力践行资金管理方法，有助于你加入到10%的金融资本市场交易成功者之列。如果你不认同作者的方法，至少你应懂得搭建交易系统的重要性以及如何构建适合你自己的交易系统。在勇敢地跃入市场之前，请先做好各项准备工作。

郑磊

招银国际资产管理投资董事

2016 年 3 月

总的来说，所有人都会在交易中受损——所有人，无一例外。

无论是外汇、股票、商品、期权、权证、期货还是合同交易，所有人都会不同程度地遭受损失，即便是交易赢家，也在很多交易中遭受过损失。世上没有百分之百的精准交易。

交易的一个让人悲伤的现实是：少于（甚至是远少于）10%的交易者能保持长时间的经常盈利。对于置身营销炒作喧嚣之中的我们，这种情况可能难以置信。

拨开云雾现真容。对所有从事交易的人而言，不管在什么市场，采用多长时段或使用什么样的交易工具，仅有极少数交易者能够在较长的时期内保持盈利，这样的真相真是令人沮丧，但这就是实情。能够长期保持盈利的交易者可谓万里挑一、凤毛麟角。

你们大可对晚宴上听到的令人眼热的市场传奇故事一笑而

过，也可以对成功人士沾沾自喜炫耀的显赫交易业绩不以为然，因为这些交易斗士的失败次数要比成功交易更多，他们只透露了一半事实。他们擅长只报喜不报忧，只字不提过往的失误和重大损失。他们不记得自己的失败，不愿意分享不幸运的经历。相信我，绝大部分成功人士都有过惨败经历，世上没有不受挫的人。大家尽可以忽略这些人。

这是坏消息。

好消息是，胜出的交易精英并没有什么独家秘籍。当然，其中一些人掌握了一些很有趣的入市、止损和退出的技巧，还有些人遵循的是简单得令人惊讶的理念——非常简单的想法。而且，不管这些交易精英运用的是什么样的交易技巧，追根溯源都遵循了成功交易的一些基本通用原则。这些通用原则被那些长期立于不败之地的交易者，即那些不到 10% 的赢家广为运用。赢家对这些通用原则丝毫不陌生，这也是赢家与其他众多输家的不同之处。

他们并不是依靠某个神秘指标或某种交易秘诀获利，他们的成功不取决于他们选择哪个或哪些市场，不靠选对了交易时间段，也不取决于选择的金融产品，这些都不是。他们的成功源于遵循了成功交易通用原则，也就是那些几乎所有交易失败者都不了解的通用原则。

如果你渴望成为持续盈利的交易者，就必须去学习、领会和践行每个赢家都恪守的通用原则，对这些通用原则视而不见，注定会导致交易失败。

无论交易对象是什么，也无论如何进行交易，持续盈利的前提是坚持最基本的交易通用原则，必须明白市场就是市场，图表就是图表。不管选择哪个市场，确定哪个时段或者交易哪种证券，盈利的第一要务是接受并实施好的交易程序，这个交易程序是所有成功交易共同遵循的通则，其次才是考虑介入哪个市场，交易哪些金融产品。

所以，如果想在交易中获利，就必须懂得并接受简单的原理，正是这些基本通用原则而不是独有的买卖技巧，使交易赢家从众多输家中脱颖而出。

交易输家并不懂这些，他们对交易的基本通用原则也一无所知。他们屡战屡败却浑然不知，一如既往地追求万无一失的买卖技巧，丝毫没有意识到交易中须恪守一些重要的通用原则。

我认为，无论你选择做外汇、股票、固定收益债券、能源、金属、谷物或者肉类等商品，成功交易通用原则关系到交易的成败。这也适用于各种交易者，不管是日内交易者、短线交易者、中线交易者还是长线交易者，莫不如此。也无论你做期权、差价合约、期货、股票、外汇保证金交易或权证交易，成功交易通用原则决定着交易的成败。虽然这并非唯一的决胜因素，但无论你在交易中运用传统技术分析法、基本面分析法、艾略特波浪理论、江恩股市定律、K线图、斐波那契法、指标法、机械操作系统、周期理论、几何法、模式识别法还是占星法，交易成败仍然取决于那些成功交易通用原则。

简而言之，只要你从事交易，那么不管你在哪儿，如何或者为什么做交易，成功交易通用原则决定了你的成败，无视这些通用原则就是无视事实，无视自己的交易损失。

在我看来，交易只有一个普世真理，那就是，只要正确贯彻交易基本通用原则，那么获利就是必然的结果，交易不过就是这么回事，没有其他。但是，如果你无视这些基本通用原则，那么就等着亏钱吧，不用商量，无须争辩，必然不断地亏钱，无一幸免。

你希望结束不断亏钱的梦魇吗？你愿意知道交易持续获利的真正原因吗？你想开始稳稳当当地赚钱吗？你期待告别失败的交易方法，开始领略稳健的交易策略吗？如果是，那么本书就很适合你。

如果你想在交易中赚钱，我将教会你成功交易的基本通用原则，告诉你如何做到这一点。

不过，还是需要明确几点。如果你希望从本书中获得买卖技巧，分析市场结构的新技术或者获利捷径的话，那么本书就不适合你，我无法在这些方面帮助你。虽然交易基本通用原则相当简单，但学起来并不容易，这世界没有获得长期持续盈利的捷径。

如果你想在交易中稳操胜券，那么本书并不适合你，我对此也无能为力。市场瞬息万变,交易也是如此,没有什么是一成不变的。如果你只想旱涝保收,如稳定的工作带来的稳定收入那般,那么你并不适合做交易。

如果你聪明且死不认错,也不适合做交易,因为市场总是让人感觉到自身的渺小并让你不断地犯错,聪明人却把力气花在了拒绝纠正错误,不想受到控制,不愿意经常被指出错误。

不过,如果你准备从事交易,那么交易会带给你无限多的机会。当今世界,交易越来越平等,所有人在交易中平等竞争,没有阻挡你进入的壁垒。现在,机构在个人投资者面前并没有多少优势,机构交易员也会和个人投资者一样,会犯这样或那样的错误,比如在无知和粗心方面,两者并无二致。个人投资者完全有可能赚取比机构交易员更丰厚的利润,当今世界中公平交易无处不在。

如果你有耐心,愿意做交易,并且思想开放,我相信这些基本通用原则一定会让你的交易盈利。不过,能否成功最终取决于你自己,而不是别人。改变你的交易行为,那么你的交易账户也将会改写。

祝你好运,认真学习,谨慎交易。

布伦特 · 奔富

写于澳大利亚悉尼

目 录

**THE UNIVERSAL PRINCIPLES OF
SUCCESSFUL TRADING**

推荐序

译者序

前　言

引言　1

成功交易通用原则　7

|第1章| 交易的真相　9

为什么90%的交易者亏损　12

心理因素　13

第一年常见错误　14

第二年常见错误　16

第三年常见错误　23

如何跻身10%成功者的行列　27

|第2章| 交易过程　31

|第 3 章| **通用原则一：准备** 36

最大逆境 38

情绪指向 40

失利 43

随机市场 43

输得起才会赢 44

风险管理 45

交易伙伴 45

财务边界 47

|第 4 章| **通用原则二：启蒙** 49

避免爆仓风险 51

信奉交易"圣杯" 59

追求简单 68

涉足众人不敢去的地方 70

验证 71

|第 5 章| **通用原则三：交易风格** 77

交易模式 78

交易长短期限 79

选择交易风格 80

长线趋势交易 85

平均收益 - 平均损失比率 87

短线摆动交易 89

长线趋势交易 VS 短线摆动交易 92

|第6章| **通用原则四：市场** 95

良好操作风险管理的特性 97

良好交易的特性 99

|第7章| **通用原则五：三大支柱** 103

资金管理 105

方法 105

心理因素 106

|第8章| **资金管理** 107

马丁格尔资金管理模式 109

反马丁格尔资金管理模式 110

关键概念 111

历史回顾 112

反马丁格尔资金管理策略 118

无资金管理策略的单个合同的外汇交易法 119

固定风险资金管理策略的外汇交易法 121

固定资金管理策略的外汇交易法 124

固定比率资金管理策略的外汇交易法 129

是要1800万美元还是150万美元，这是个问题 135

固定单位资金管理策略的外汇交易法 138

威廉斯固定风险资金管理策略的外汇交易法 145

固定百分比资金管理策略的外汇交易法 150

固定波幅资金管理策略的外汇交易法 155

选择哪种资金管理策略　161

交易权益动量　178

系统终止点　179

|第9章|　**方法**　185

方法论　186

随机应变型交易法和机械型交易法　187

建立方法论　188

趋势交易　205

并不是所有指标都是糟糕的　239

难道市场不变化　242

多种方法　243

制胜方法的基本属性　244

一个制胜之道的例证：海龟交易法则　250

客观趋势工具的例子　252

斐波那契数列：事实还是谎言　255

自我安慰的交易者　264

|第10章|　**心理因素**　273

共识　275

管理希望　278

管理贪婪　279

管理恐惧　280

市场困难重重　288

|第 11 章| **通用原则六：交易** 291

现在开始交易 293

交易：发出指令 294

|第 12 章| **大师卓见** 310

他山之石 311

市场交易大师 312

拉蒙·巴罗斯 316

马克 D. 库克 323

各式各样的交易员 329

迈克尔·库克 330

凯文·戴维 334

汤姆·德马克 337

李·格特斯 345

戴若·顾比 349

理查德·迈尔基 354

杰夫·摩根 359

格雷格·莫里斯 367

尼克·瑞吉 370

布莱恩·谢德 375

安德里亚·昂格尔 380

拉里·威廉斯 383

王达 392

金玉良言 396

|第 13 章| **结束语** 399

致谢 404

|附录 A| **爆仓风险模拟计算器：变量和模型** 406

|附录 B| **爆仓风险模拟计算器：代码** 411

|附录 C| **爆仓风险模拟计算器：运行结果** 418

引　言

我写作本书出于以下几个原因。

首先，我的第一本书《股指期货（SPI）交易》的成功令我大喜过望，这是一本关于澳大利亚"SPI"交易，即股指期货交易的书籍。我很清楚并没有那么多的个人"SPI"交易者能够支撑这本书的销量。虽然在澳大利亚期货指数交易是一个独大的权益工具，但主要是机构在交易，个人交易者很少，因而我的那本书能够畅销着实让我大吃一惊，久久不知其所以然。我后来才终于知道了原因，而正是这个原因激发我着手构思这本书。我的第一本书分为三个部分，第二部分是有关"如何修炼成为成功交易者"，这是那本书广受欢迎的原因所在。交易者看到涉及这方面内容的书，于是就买下了，即使他们没有从事"SPI"交易。他们想了解更多的如何成为成功交易者的知识，因为任何交易都能从这部分讨论的基本通用原则中得到启发，这些基本通用原则适用于所有市场、所有交易。我一直认为第二部分是那本书最精彩的章节，所以让那本书得以大受欢迎。因而，写本书的初衷就是为交易者传授成功交易的基本通用原则，让更多的人受益。

对于我的第一本书的读者而言，本书所涉及的内容有若干相似之处，在此我向这些读者道歉，恳请各位能够理解我希望更多的人分享这些内容的愿望。我并非为了写书而闭门造车，我写的内容都是我所信、所为、所知的，这是我的做事风格。因此，虽然本书的部分内容与上一本会有重复，但请允许我再次隆重地向读者介绍成功交易的基本通用原则。

第二个原因是我在新加坡出席亚洲交易投资者会议（ATIC）时的一次谈话，促成了本书的撰写。我在与澳大利亚股票交易员、教师和作家斯图尔特·迈克菲交谈时得知，他在推销其新书《长话短说论交易》时遭遇了很大困难。这让我感到很意外，因为我认为那是一本很不错的书，我在《交易内外》杂志的书评中给出了很高的评价。斯图尔特告诉我，新加坡人不愿意买一本澳大利亚人写的关于"澳大利亚股票交易"的书。虽然我和斯图尔特都认为交易有风险，因为毕竟图表分析有局限性，我们还认为好的交易习惯在任何市场中都至关重要，于是想将许多此类想法写进书中，与读者交流和分享。但对交易新手而言，还是很难接受一本关于国外市场交易的书。这就是我策划本书的第二个原因，我想让人们听听我的看法，不管我谈论的是哪个国家，希望他们都愿意买一本去读，愿意了解我的交易之道。

多年来，我有幸数次应邀与中国、印度、新加坡、马来西亚、越南、泰国、新西兰和澳大利亚的交易者见面。在我参加亚太地区的若干研讨会期间，我逐渐想明白：在市场面前，无分国界和贵贱。在世界动荡局势中，各个国家交投活跃的交易者无一幸免都遭受了惨重损失。所以，我想写一本对世界任何地方的投资者都适用的书，让大家能够学习我所知道的成为成功交易者必须遵循的通用原则。我想写一本超越国界的、任何人都开卷有益的书。这是我动笔写这本书的第二个动机。

第三个原因是我试图写一部关于如何成为成功交易者的"终极"著作，成为适用各个市场、各种时限、不同种类、技术偏好各异的交易者的有价值的参考资料。

在本书的结尾，我将描绘持续盈利交易者是如何炼成的，要知道，这是我 27 年前首次交易时所梦寐以求的境地。如果我早知道这些通用原则，我会少摔跟头，少走弯路。1983 年的我是一名美洲银行交易员，当时我对交易与市场一无所知，甚至在有了几年机构交易的经历后，仍对运行机制一知半解，这种懵懵懂懂的状态一直持续了很多年。

自 1983 年我做了第一笔交易以来，我试遍了所有的交易技巧。在当时，但凡某本书、某场讲座、某次研讨会或某个软件程序对我的交易有帮助，我必定会买下那本书，出席那次讲座和研讨会，安装使用那个软件。整个 20 世纪 90 年代我都孜孜不倦地寻求交易良方，夜以继日地赶场参加各种讲座。我听了许多好讲座，包括罗素·桑德斯的海龟交易法讲座、柯蒂斯·阿诺德的 PPS 讲座、布莱斯·吉尔摩的几何讲座和拉里·威廉斯的挑战百万美元的讲座。我求知若渴，正是拉里·威廉斯的挑战百万美元讲座，促使我在交易中加强了短期机械价格模式的使用。

作为一名交易者，我进行全球股指和外汇期货交易，利用简单机械的模型进行各种时段的交易。我的交易品种是流动性最强的种类：指数与外汇，我在 14 个市场进行交易。我所交易的指数期货有 SPI 指数期货、日经指数期货、台湾指数期货、恒生指数期货、Dax 指数期货、Stoxx50 指数期货、FTSE 指数期货、迷你纳斯达克指数期货和迷你普尔 500 指数期货。我交易对美元的五种主要货币的外汇期货，包括欧元、英镑、日元、瑞士法郎和澳大利亚元。我每周 7 天 24 小时全天候交易，每天都会在全球的某个市场进行指数和外汇期货交易。

我基本上是一个模式交易者。除了用 200 天移动平均指标来判断大趋势外，我只关注价格波动。请不要过于细究 200 天移动平均指标，用这个指标没什么特别意图，只不过是我一直使用的一个时间跨度而已。我甚至不知道也不在乎这个时间跨度指标是否是判断大趋势的最优指标。交易中我最不屑使用什么"最优"指标，因为这样只会加快我跨入穷人行列的速度。

　　要知道我并没有根据 200 天移动平均指标来决定我的买进、止损和卖出价位等交易方案，我只不过不想让我对趋势的判断与这个指标不符。

　　首先我要声明，我并不认为自己是交易高手或市场高手，我也不认为世上会有这样的人（或许拉里·威廉斯是个例外，他是世界知名交易员和教育家，会在讲课中为学员现场实时演示操作）。不过我认为自己有一个方面比多数人要优秀，那就是我有丰富的亏钱教训。如果想知道人们在交易中最容易犯什么样的错误，找我准没错。我在伤痕累累、鼻青脸肿方面的记录无人能及，所以若说犯错专家，非我莫属了。但是，即便历尽了无数坎坷磨难，我终究还是设法生存了下来，并在这个充斥着纷繁复杂技术分析的领域找到了自己的方向。但愿我能帮助你们一起走向成功。

　　现在，虽然我几乎每天 24 小时都在交易 14 种全球指数和外汇期货，但其实并没有花多少时间去这些市场"进行交易"。我不是电脑的奴隶，不必分分秒秒关注市场动态。我在酒吧做我的交易，每天也就只用 1 个小时收集所需数据，用模型分析后将指令发给经纪人。请注意我是一个机械型交易者，根据简单机械的结果进行交易。我还用 VBA 的 Excel 编辑器让模型自动生成交易指令。我用邮件将交易指令发给我的经纪人。在确认经纪人收到我的所有指令后（通过回复邮件），接下来的 24 小时我都可以用于休闲。我的经纪人全天候守在交易桌前，将我的指令一一进行处理。

　　我是个乐观的机械型交易者。我所使用的方法能明确发出买入或卖出的信号，我坚持按照信号交易。我坚信我的方法虽然短期内会多次出现亏损，但一定能让我长期盈利，除了打理我的网站和交易，我大部分时间都在研究或把新点子编成程序。

　　正如我已经说过的，我不是高手，但经过多年磨炼，我发现了成为交易赢家之路，我正是这样取得成功的。我希望读者在读完本书时，能够了解成功的方法，真正明白输赢取决于一些成功交易通用原则。

之前我就说过想写一本"一站式"交易书籍，一本为你的交易出谋划策的有价值的书，一本一定会让你得偿所愿地从市场赚到钱的书。

根据我的经验，那么多人在交易中失手的原因之一，是过于相信交易类出版物的内容和他们所看到的图形程序。令人遗憾的是，多数交易类书籍介绍的方法和使用的交易程序都不怎么管用，只不过给作者、出版社和软件开发商增加了收入而已。

我觉得，如果你不是很确定的话，可以先快速浏览一下交易类书籍，包括我这本，因为我或其他作者所写的并不一定是对的。我深信作为交易者应该博闻广记，了解与交易相关的所有信息。每个交易员在交易时必须对这些信息进行筛选。不过，我相信所有交易者，包括你，应该对所闻、所见、所读的信息的价值做出鉴别，因为对我有用的信息并不意味着对你也有用。在接受前，你应亲自对得到的交易信息进行验证。请不要盲目相信他人（包括我的）关于交易的理念，请对所有关于交易的书籍（包括我这本）持审慎态度，在接受某些有价值的理念之前请务必加以鉴别。审慎的态度能让你的交易获利。

自从引进差价合约（CFD）和外汇保证金交易以来，小额个人交易者的交易量迅猛发展。人们足不出户就可以通过电脑在国内外任何一个证券、指数、外汇或商品市场做交易，可以很方便地选择一个国际金融市场做差价合约、传统期货等交易。如果你掌握了本书中的成功交易通用原则，我相信你一定能够游刃有余。

还请记住，我所写的仅仅是我个人的看法，并不是放之四海而皆准的真理。如果你喜欢我的看法，还请务必亲自验证一下。我衷心希望本书对你有用，并帮助你发现交易者获得长期盈利的真正原因。如果有什么问题，欢迎登录我的网站（www.
IndexTrader.com.au）联系我。

成功交易通用原则

　　你将通过本书学到成功交易的基本通用原则，并会发现这些通
用原则适用于所有的交易者和市场。无论你在证券、股指、外汇、
债券还是商品市场从事交易，无论你是日内交易、短线或长线交易，
也无论你偏好股票、差价合约、期货、外汇、期权还是权证市场交
易，简而言之，哪个市场、时限长短或何种工具都不是交易成败的
首要因素，本书所详细阐述的成功交易通用原则才是关键所在。

　　这些通用原则所揭示的要点是任何一个成功交易者进行首笔
交易之前需要了然于胸的。本书还告诉人们不管是随机应变型（交
易者最终决定是否交易）还是机械型（交易者严格按照交易计划执
行买卖或止损）的交易者，交易的过程导向非常重要，通过一些如
爆仓风险、我的"圣杯"、期望、机会、验证、测试、资金管理、
方法和心理等重要概念，本书手把手地教会你这些通用原则。

　　仅第8章的资金管理就值得你购买本书。如果你知道我对资
金管理的重视程度，就能理解为什么这一章占这么大的篇幅了。
迄今还没有哪本书能够向普通读者（没有经过高等数学专业训练）
进行如此详尽、深刻的资金管理策略剖析。

　　不管你从事交易的时间有多长，所有的交易者都能从成功交
易通用原则中获益。这些通用原则揭示了获得成功的必要条件和
对成功的正确定位。

　　在了解这些通用原则的过程中，你将结识许多成功交易者，我
称这些人为"市场大师"。成功交易者根据自己多年的工作经验和
骄人业绩提出自己的建议。这些人有你们熟悉的大师，也有一些是
你们没有听说过的。有些是当今交易冠军，交易领域的新锐；有些

创造了市场奇迹，他们天才的技术分析在全世界产生了重大影响，自 20 世纪 60 年代以来就活跃在各个市场。某个"市场大师"很可能就是迷你标普 500 指数最大的个人交易者；还有一些是多产作家，在交易培训界赫赫有名。有些人经营投资基金，还有一些人是个人交易者。这些人来自新加坡、中国香港、意大利、英国、美国和澳大利亚等国家和地区，都是成功人士，他们安然渡过了世界金融危机，都愿意为你提供一种获得成功交易的独特方法。

看完本书后，我希望你已经确定自己是否有胆涉足市场交易。许多有自知之明的人会决定退出交易，他们知道自己不愿意披荆斩棘、竭尽全力地从事交易工作。如果你是这种类型的人，祝贺你，因为你的正确决定为自己挽回了金钱和精力上的损失。

对于那些对这些通用原则不屑一顾的人，我就爱莫能助了。如果你无心去听明白我说的话，那么亏钱就在所难免了。我的建议是记住本书的内容，并在一段时间（比如 12 个月）后重读。或许，届时你会从一个新的视角有了更开阔的视野。

对那些懂得天下没有免费午餐、成功之路并非坦途的人，我由衷地祝福你们。你很清楚前面的道路崎岖不平。记住要淡定，要沉得住气，不要急躁冒进，新手不要期望捞到个金奖牌。要步步小心，坚持按照自己的想法操作。切记要时常休息一下，因为这可是个很耗神的工作。当你终于到达顶峰时，你会记得自己是如何做到的，并为自己走过的漫漫长路感到自豪。跻身成功者行列就是对你所有付出的回报，这只有少数人能够做到。

让我们现在就开始吧。

第1章

交易的真相

THE UNIVERSAL PRINCIPLES OF
SUCCESSFUL TRADING

交易的唯一秘诀……输得起的人才是长期的赢家。

——《幽灵的礼物》

信不信由你，成功交易的实质就是如此。虽然你可能会认为这是陈词滥调，我希望你看完这本书时会明白，这就是长线交易工作背后的核心本质。我觉得，《幽灵的礼物》中的这句话道出了成功交易的条件。大多数交易者输不起，他们讨厌亏损，不停地改动止损点，找各种借口继续交易，千方百计地为自己的行为辩护。只要他们的账户上还有资金，蹩脚的交易者就会一直自欺欺人，对亏损视而不见，直到亏空大到不得不割肉离场，遭受巨大损失。他们在事态还能控制时无所作为，却期待交易出现转机。他们认为只要交易还在继续，就有机会证明自己是对的。当交易在继续时他们就可以避免承认自己的错误，因为尚未遭受损失！人们非常不愿意承认错误，多数人之所以输不起，是因为他们是蹩脚的交易者。要知道遭受损失是交易的一部分，明白这点是你走向成功的第一步。如果总是输不起，那么注定贫穷。成功的长线交易要求人们输得起。

在我自己的交易生涯中，很多时候都会亏钱。我的短线交易平均只有50%会赚钱，而中线趋势交易约30%不亏。所以，由于不能够时时盈利，我必须输得起，才能继续做交易，否则将身无分文，被迫停止交易。希望你也能够输得起。

很有必要回顾一下你所有的交易，可以做个练习，看看如果按照一个简单的止损规则进行操作会有什么结果。长线交易的简单止损规则（短线也是如此）是在暴跌到最低点之前趁早卖出（比如你可以将上周低点作为止损点）。运用哪个止损点并不重要，只要与你的交易时限一致就可以。于是，你或许发现这样做虽然没有能够扭亏为盈，但你的账户看上去一定顺眼多了。相信我，这样做会让你输得起。

如果你现在是盈利的，你可以跳过这段话。如果你还亏损着，那就抬起头，放下笔，不去关注市场动态！这段话完全为你着想，请停止一切交易！

如果你的交易亏了钱，而你正铆足劲儿想翻本，最好的做法就是不要动你的交易账户。我知道这样做很难，尤其是那种挫败感很不好受。不要这样想，这并不是失败，只不过是将交易延迟到你认为走势比较好的时候再进行罢了。不必垂头丧气，保持良好心态才是最有利的。亏钱没什么大不了的，每个人都会遇到这种情况。我就是屡败屡战，我输得起并以此为荣（要知道输得起的人才是长期赢家）。

如果你亏钱了，我希望你能认真琢磨我接下来说的话。亏钱的一个很重要的原因是方法不当，而不是你心中的想法拖累了你，不要去理睬那些想让你笃信不疑的交易培训师的权威理论，你的敌人不是心理状态。这方面肯定是个挑战，但并非你的敌人。

原因在于你的方法不管用。尽管你的交易账户不断缩水，而你却视而不见。我知道个中原委。你一定博览群书并听过很多交易方面的讲座，觉得自己有满腹该用的方法与理念都还没有用上，但情况并非如此。请从你的交易账户上找原因，正是方法不当让你亏了钱。原因也并非是你的方法全无优点。总的来说，你的方法不管用的原因是所用的方法本身没有优势，而且该方法的预期结果也没有经过验证。

你应该验证你的方法的预期结果。我敢肯定你将发现交易账户的问题，你会发现这种方法的预期结果是负的。而且，如果你在交易前就对该方法做过这样的验证的话，你就会放弃这种方法，转而重新寻找一种有优势的能够带来正预期结果的新方法。

所以，深吸一口气，暂时停止交易，着手学习真正的交易知识，这些知识将教你如何正确地验证交易理念。

听我说，如果你的交易账户现在还是亏损的，这没什么大不了的，因为你并非孤军作战。我来告诉你一个不幸的事实，那就是 90% 以上的交易者是亏损的！让我告诉你为什么会这样吧。

为什么 90% 的交易者亏损

一言以蔽之，交易者十有九亏的原因是无知。

虽然不少分析人士认为首要原因是心理因素，但我坚持认为更深层的原因是轻信与懒惰。正是人类的惰性使交易者设法投机取巧，不是吗？谁都希望能够轻松获利。不过，这会使交易者更加容易受骗上当，轻信读到、听到的消息和所用的软件，因为交易者乐意相信有通往成功的捷径。投机取巧的行事风格又使交易者不去验证方法的有效性。

即使交易者读过大量书籍、听过许多讲座，也仍可能是无知的。这或许有点不可思议，但并没有几本书、几次讲座能够揭示交易的真谛，因为一些作者和演讲者自己都不知所云、知之甚少，他们往往是些交易失败者。汗牛充栋的金融著述和五花八门的产品都是建立在"博傻理论"基础上的，换言之，就是购买者或客户就是那"更大的傻瓜"，自己却浑然不知！记住，印成铅字发行或做成 PPT 演讲的交易理念，并不意味着就是可行的。

但是，如果你具备正确的知识，并能够耐着性子进行验证，你就克服了无知。我就是要介绍这样的知识给你。虽然你不可能立马赚到大钱，但至少能够知道是因为自己知之甚少才未能成功。

心理因素

通常认为心理因素是交易者失败的原因，正如许多评论员所说的。虽然这是个原因，但并不是唯一的原因。要获得成功需要同时涵盖以下三个方面。

- 方法
- 资金管理
- 心理因素

这三个方面同等重要，我将在后文再做深入分析。这里，你只需知道成功交易的三大组成部分就可以了。

我每次做演讲时都会问听众，以下哪一点是成功交易的最重要因素？

- 方法——对买进、卖出所做的分析和交易计划
- 资金管理——用于交易的资金数额
- 心理因素——严格按照交易计划行事

有趣的是，绝大多数听众认为最关键的是心理因素。我对这样的结果并不感到意外，因为多数关于交易的资料都反复强调心理因素是成功交易的关键。

这类信息一般是这样表述的：赢家与输家的唯一不同是心理因素的差别，而不是其他；赢家并没有独特的交易技巧，没有交易偏方，也没有神秘的成功交易公式；赢家之所以会赢是因为他们有较好的心理素质；赢家的思维方式有别于输家……

我不敢苟同。输家之所以会输是因为他们不知道也没有验证一下所使用方法的有效性。虽然心理因素很重要，但我觉得资金管理和方法更重要。

前面已经谈及交易者十有九亏的主要原因是无知、轻信和懒惰。现在让我告诉你这三个原因会对交易行为产生什么样的影响。通过对若干交易者在前三年交易中所犯共同错误的深入分析，我

将这些常见错误分门别类归入成功交易的三大部分：方法、资金管理和交易者心理因素。

还有，我已经告诉你我并不是交易高手，但若要罗列这些常见错误则非我莫属，因为我曾经多次为我所犯的这些错误懊恼不已！

第一年常见错误

让我们看看你的第一年交易。如果你不知道你第一年交易时的无知程度，那让我告诉你吧，那时的你是个"无知大王"！

方法

- 听信他人的诀窍
- 依赖晚间新闻
- 征求他人意见
- 补仓摊薄成本
- 没有止损位
- 没有交易计划

资金管理

- 什么是资金管理

心理因素

- 为了寻求刺激而交易
- 为了报复或扭亏而交易

方法

听信他人的诀窍

多数人开始交易时难免听信他人的秘诀，这可是个让人沮丧的做法。诀窍或许偶尔会带来成功，但假以时日，一定会落得个竹篮打水一场空的结局。你的交易应该是按照自己的本意进行的，而不是根据道听途说的秘诀。

依赖晚间新闻

缺乏经验的交易者往往会关注新闻，如果新闻中提到公司收益甚佳或季度 GDP 增长数据超预期等，次日就会只做多，直到止损离场。很多人很迟才会明白当你坐在客厅看到晚间新闻时，这些信息已然过时。市场已经消化了这些新闻，交易新手却仍蒙在鼓里。

征求他人意见

交易新手经常会去征求他人的意见。当他们对市场走势把握不定时，就会咨询经纪人、朋友或家人。事实上，除非这些人是专业的交易者，否则他们对市场的判断并不会比那些刚入门的新手高明多少。

补仓摊薄成本

交易新手往往最输不起了。他们憎恶亏钱，想尽一切办法去避免。惯常的做法是补仓摊薄成本。比如，假定在 6.60 美元的价位买进了股票，股价很快就下降到 6.00 美元。交易新手往往会想当然地认为股价会反弹，于是在 6.00 美元的价位加仓，将持仓成本降到了 6.30 美元，并期待反弹获利。但在这种情况下，反弹不太可能发生，于是这么做的交易新手的亏损增大了。虽然 6.30 美元的成本价看起来比 6.60 美元要容易接受些，但别忘了，此时已经投入的资金是原来的一倍。补仓摊薄成本的做法会让交易者很快就输不起。

没有止损位

除非已经积累了一些交易经验，交易新手很少会设置止损位（预先设定的止损离场位）。往往不到黄河不死心，直到亏损达到难以收场的地步才会离场。

没有交易计划

上述错误归根结底是由没有交易计划这个最常见的错误导致

的。听信他人的秘诀、依赖晚间新闻、征求他人意见、补仓摊薄成本和没有止损位都明明白白地告诉我们：交易者没有制订交易计划。切记，没有交易计划早晚会让你完蛋。

资金管理

什么是资金管理

通常，交易新手关心的唯一问题是有没有足够的钱进行交易，他们很少会考虑资金管理问题。交易新手往往对"爆仓风险"毫无概念，浑然不知每次交易动用大额资金会带来怎样的风险。

请注意我将资金管理置于何等重要的位置，你会知道这样的错误是怎么形成的，而这往往是交易新手致命的错误。

心理因素

为了寻求刺激而交易

许多人进行交易是因为能给按部就班的保守生活带来刺激。交易能让人心跳加速、情绪激动。即使亏钱了，交易者仍然不会离场，因为下一笔交易的结果永远是个令人兴奋的谜团：是输还是赢呢？

为了报复或扭亏而交易

交易者一旦亏钱就会很生气，时刻想着要到市场上"扳回来"。亏钱带来双重损失：自尊心受挫，钱包缩水。交易新手喜欢以牙还牙，一报还一报，出于复仇的动机而不是理性地去做交易。情绪剧烈波动实属交易之大忌，是交易新手常犯的错误，这样的新手很快会沦为穷光蛋。

第二年常见错误

如果交易者挺过了第一年且没有亏钱，十有八九会抱有无知无畏的决心和盲目乐观。在第一年，多数人只是碰运气的交易者，但到了第二年，真正的威胁是他们自己，此时他们开始积累一些经验。第二年是决定交易者能否战胜自我的关键一年。

方法

- 相信读到和听到的交易信息
- 相信技术分析至上
- 认为技术指标越多越好
- 认为"纸上模拟交易"有用
- 陷入预测陷阱
- 热衷逃顶抄底
- 忽视趋势
- 未及时止损
- 利润过早落袋
- 没有交易计划
- 盲目跟风
- 转换方法
- 变更权威专家
- 变换市场
- 改变交易时限
- 更换投资顾问

资金管理

- 过度交易

心理因素

- 沉迷于市场
- 急躁
- 期望不切实际
- 为失误找借口

方法

相信读到和听到的交易信息

交易者常犯的错误是相信读到和听到的有关交易的信息。如果是书面的或是别人说的，绝大部分交易者都会信以为真，只有等到发生亏损才如梦初醒，才知道是无用的。交易者愿意相信是因为这些信息号称提供了赚钱的捷径。切记，唯一能够判定交易理念有效性的只能是你自己，而不是别人。

相信技术分析至上

技术分析是根据过去价格变动，分析未来价格变动趋势。交易者到了第二年常犯的错误是，认为只有技术分析才能让自己盈利，忽视资金管理和心理因素。

认为技术指标越多越好

资浅的交易者崇尚技术分析，陷入常见的错误，认为越复杂的分析越能得出可靠的答案。他们非但没有意识到单单根据技术分析是远远不够的，反而认为技术指标越多越有利于得出结论。

交易者购买了图表分析软件后，必定会滞留在屏幕前搜集尽可能多的指标。但是要想对市场的每一个变动都做出预测谈何容易！于是就陷入了这样的怪圈：如果某个指标没有能够预测到一次大的变化，他们将设法找到另一个可能预测的指标……这就是典型的"曲线拟合"，交易初学者就是这样，试图用所建立的指标去拟合过去的数据。

认为"纸上模拟交易"有用

许多缺乏经验的交易者经常犯的错误是，认为"纸上模拟交易"会有用。纸上模拟交易是指记录（在纸上）按照自己的规则所做的交易，认为当得到满意的纸上交易结果时，就可以用真金白银做真正的交易。虽然设想是美好的，我还是认为这么做简直愚蠢至极。

　　纸上模拟交易的问题是，这种交易并没有反映真实世界的交易。纸上模拟交易不是公平交易，没有中立且公平的监管和独立检查。纸上模拟交易可以作弊。在进行模拟交易时，你随时可以划去一笔亏本的交易并进行修正，因为你可能突然意识到了自己之前疏忽的问题。人们为了维护自己脆弱的自尊会用尽各种手段。告诉你吧，在我 27 年的交易生涯中，还从未见到过在纸上模拟交易亏本的人。

陷入预测陷阱

　　最初影响我交易的是艾略特波浪理论，然后是几何方法。15年后我才转而使用简单的模式交易方法。我居然沉溺于艾略特波浪理论、几何法等足足 15 年之久！我觉得我就是犯这类错误的头号人物，无人能及！我所说的"预测陷阱"是什么意思呢？很简单，就是试图知道市场走向、市场往哪里走、能走多远以及什么时候开始变动等。任何认为市场变化都是按照预定模式演变的市场行为理论，都是预测性理论。最典型、最受推崇的预测理论当属艾略特波浪理论和江恩理论。

　　预测理论坚持认为人们能够预先洞悉市场的走向和转折点。能够预知市场动向，这一点对交易新手的诱惑非常大，因为这样就能够通过低吸高抛而十拿九稳地获利。这也是一种通往成功交易的捷径，令交易新手趋之若鹜。

　　遗憾的是，许多交易者直到损失难以挽回时才明白，这些预测理论并不是最优交易方法，他们总是在输得两手空空时，才去质疑这些理论。一旦他们自己验证了这些理论，就能发现其中的缺陷。

热衷逃顶抄底

　　热衷逃顶抄底是多数投资者的通病。当市场创新高时，没有经验的交易者往往会卖出，丧失了赚钱的好时机。当价格到达过高估值价位时卖出（逃顶）、当价格降到很低时买进（抄底），这听上去很有道理、很聪明，要不然就是个大傻瓜。但实际上，交易者往往阴错阳差，无法做到低进高出。

忽视趋势

忽视趋势会使交易者错上加错，反市场走势而为的最终结果必然如逆水行舟，艰难异常。当然，趋势确实很难确定，因为依据不同的交易时限（比如月、周或日）和交易计划（如按每周、每日、每小时），对趋势的判断是不同的。

未及时止损

如果交易者第二年在交易中才用了止损点，那么易犯的通病是为了能够继续交易，不断地调整止损水平。这种倾向也反映了交易者害怕正视自己的错误的弱点。结果交易者未在原来设定的止损点离场，导致产生更严重的亏损。不断变动止损点让交易者成为糟糕的输家，最终成为长期的输家。

利润过早落袋

一方面交易者不断调低止损位，另一方面，交易者还害怕眼前的利润会消失。这种担心导致了交易者过早兑现利润。交易者不但输不起，而且也赢不起。多数人都会因为把握不好止损与卖出时机而在市场交易中落败。

对损失反应迟缓、急于套利是非常要不得的，会带来严重后果。交易者总是经过若干次失败后才会明白，成功与盈利的交易建立在果断止损和放长线钓大鱼的方法上。

没有交易计划

许多交易者的常见错误是不按明确的交易计划进行交易，他们极少遵照明确的规则，确定交易的买入、止损离场和卖出水平。

盲目跟风

即便大多数交易者咬牙坚持到第二年，接踵而来的失利将使他们备感挫败，自信逐渐丧失殆尽，导致他们犯下另一个常见错误——"跟风"，即盲目跟随其他交易者进行交易。

转换方法

我不知称之为常见错误是否合适，因为有时这么做是对的。试想，如果不去尝试怎么能够知道交易的最佳方法呢？但是，我这里所说的错误，是指没经验的交易者在没有对所用方法进行仔细验证之前就草率改变的情形。交易者在交易过程中过于急躁，往往没有耐心去考察清楚一种交易方法是否有效，就转而使用其他方法进行交易。

变更权威专家

这里的权威专家是指被媒体、机构、网站论坛奉为交易智囊的那类人。很常见的是，当交易者追随某个权威没赚到钱时，就会转而追随其他权威，而不去探究自己应该如何做才是正确的。

变换市场

交易者在改换方法和权威专家仍不能盈利时，有些交易者就会认为是因为没有选对市场，而不是方法不对，于是就会变换交易市场。

改变交易时限

一些交易者认为改变交易时限会改善交易结果，认为如果缩短时限就能够减少风险、降低损失。这样的观点会让交易者试图做日内交易。但是，缩短时限并不能降低风险。改变时限为日内交易后，交易者会在不经意间增加风险，交易结束时处于亏损状态。与前述错误类似，造成亏损的并不是时限，而是方法和资金管理不当。

更换投资顾问

许多交易者将交易失利归咎于投资顾问，即便是市场不景气造成的，也会指责他们处置不当。处置是指执行进入或退出市场的指令。一旦发生亏损，交易者就会更换投资顾问，认为是投资顾问处置不当而不是自己的原因造成了交易亏损。

资金管理

过度交易

到了第二年，大部分交易者会遇到资金管理问题。虽然许多人认为自己懂得如何进行资金管理，其实不然。交易新手依然会过度交易（相对于其账户规模而言），每次交易都会让自己的交易账户承担过大的风险。

心理因素

沉迷于市场

交易刺激给交易者带来兴奋，寻求刺激使交易者沉迷于市场。对交易的痴迷导致交易者进行不必要的操作，遭受不良后果造成的损失。

急躁

多数交易者对市场缺乏耐心。这种情形下，在应该保持耐心时，会贸然改变原先制订的交易计划，一有机会就进行交易，结果不断亏钱。

期望不切实际

交易新手通常会误以为活跃的市场交易能带来超预期的利润。期待赚取 100% 以上利润，给交易者带来了沉重的压力，导致交易者陷入资金拮据和情绪失控的恶性循环。

为失误找借口

交易者往往会为自己的每次失利找借口。他们总是能够找到诸如："如果昨晚道琼斯工业平均指数没有暴跌，今天上午我是能够将利润兑现的""天啊，我算错了这一波，我怎么这么糊涂"或者"20 周期本应该调转方向的"。

在交易新手的心里，他们从来没有错。

第三年常见错误

历经千辛万苦熬过了第一年和第二年，那些能够步入第三年交易阶段的人很值得称道。这个时候的交易者往往意志坚定，久经沙场。虽然身经百战，交易者在第三年还是很有可能遭遇滑铁卢。他们懂了更多的知识，或者自以为懂了很多，认为自己在市场中投入了太多的金钱、时间与精力，应该获得应有的回报。这样一来，他们斗志昂扬，摩拳擦掌，不啻喝了一杯烈性鸡尾酒。欢迎进入第三年交易！

方法

- 执着于过去所学的方法
- 忘记只需明确支撑位和阻力位就足够
- 混淆了技术分析与交易、交易计划和预案的区别
- 未做好支持交易预案的交易计划
- 不懂正的预期结果
- 没有对方法进行验证

资金管理

- 继续过度交易

心理因素

- 关注利润而忽视过程

- 自制力差
- 认为市场很难对付
- 认为交易有秘诀
- 认为最大的风险是亏钱
- 认为最困难的是心理

方法

执着于过去所学的方法

无法放弃以往的经验是每个交易者都会犯的大错误，无一例外。虽然坚定不移是成功的重要组成部分，因为失败乃成功之母，在通往成功的路上困难重重，没有坚持到底的决心就无法取得成功。但这样做也可能会让你执迷不悟地践行亏钱的方法，怎么也拉不回来，连交易账户缩水、伙伴和会计师劝导都无济于事。相信我，我非常清楚这一点，要知道，过了15年我才放弃使用艾略特波浪理论！

忘记只需明确支撑位与阻力位就足够

在无休止地探寻交易策略的过程中，许多交易者倾向于认为用复杂的方法才能跑赢市场，那么多人都在市场上无功而返，交易一定很不简单。如果真的很简单，那不是应该人人获利吗？于是他们开始学习晦涩难懂的方法，通过观星象、窥视金字塔底，想得到解开市场之谜的"密匙"。他们对简单的交易真谛视而不见，其实，明确支撑位和阻力位已经足矣。

交易者只有在确信市场获得支撑时才可买入，在明确市场遇到阻力位时才可卖出。很遗憾的是，当交易者在埋头追求"巧"做交易时，不能领会到交易只需明确支撑位与阻力位就可以了。

混淆了技术分析与交易、交易计划和预案的区别

在交易初期，许多交易者把技术分析和交易混为一谈，他们

没有区分交易计划（trade plan）与交易预案（trade setup）。他们过于关注市场走向，一旦认为自己看清了走向，立马杀入市场。

比如，假定你的预案可能使用了 40 日移动平均来确定走势，利用情绪指标了解市场超卖情况，上升过程的回调时判断安全买入时机，你的预案甚至采用一个重要的反转模式确定价格的反转和趋势的修复。将要发生的是在三项指标给出同样信号之时（向上趋势、情绪性超卖造成的回调和以逆转模式重新向上），你会非常激动，因为你的分析和你使用的方法确认了修复向上行情走势，于是在当天收盘或次日开盘时买进。

如果是这样，你就犯了一个常见错误，没有将预案与交易计划区分开来。仅仅根据交易预案就自动入市是不对的，成功的交易者明白这应该分两步走。

第一步是进行分析并确定预案，第二步是根据交易计划把握时机，充分发挥交易预案的作用。

未做好支持交易预案的交易计划

如果你已经确定了交易预案和交易计划，你应该在前一天晚上就做出分析，并确定次日买入或卖出的参考点位，到了次日你应该只关注交易计划而不是预案。许多交易者未能设计好支持交易预案的交易计划并对预案进行确认。他们的交易计划只包括买入价、止损位和退出技巧。

一个优秀的交易计划要求能指导交易者采用正确方式建立头寸。对于退出预案，优秀的交易计划会确定一个更低的价位，提示交易员做好卖出准备。对于入市预案，优秀的交易计划确定的价位应该更高，为买入做好准备。非常遗憾，多数人没能明白交易计划的角色。

不懂正的预期结果

另一个常见的错误是对正的预期结果不了解。虽然人们为了赚钱从事交易，下意识里都希望赚到大钱，他们缺乏真实"预期"方面的实用知识。他们对所交易的每一块钱在长期里能赚回多少钱，心里根本没底。后文我将以较多的篇幅谈谈预期问题。

没有对方法进行验证

绝大多数投资者，不管是初出茅庐还是身经百战，都在对方法进行合理验证方面存在通病。有些交易者以为把股票拟合曲线、预期估计值和纸上模拟交易等结合起来，就可对方法进行验证。而事实上不是这么回事。

多数投资者是用真金白银，通过实盘操作来验证其方法。通过实盘操作验证，如果盈利了，则方法可行；如果亏损了，则方法不好。不过，唯一不用拿钱冒风险就能客观地验证方法正确性的是我的 TEST 程序。后文将详细介绍 TEST 程序的做法。

资金管理

继续过度交易

这是交易新手易犯且屡教不改的错误。虽然许多交易者自以为懂得资金管理，但是他们每次交易还是难免会冒太大风险。他们没有足够的耐心用较小的金额进行交易，以减少爆仓风险和小心保持账户长期平衡。保守交易确实少了点刺激！

心理因素

关注利润而忽视过程

关注利润并不能赚大钱。交易者应该关注交易过程而不是利润，即应该重视管理，明确预案和执行交易计划。如果学会重视交易过程，利润自然就有了。

自制力差

还有个通病是自制力差。交易者在落实交易方案和交易计划时非常容易分心，最终会随意确定和调整止损位，导致落败。

认为市场很难对付

如果你很幸运地坚持交易到了第三年，不过仍然亏着钱，将会感觉难以为继，几近崩溃。如果是这样，你犯下的错误很可能是认为市场险恶，交易难赚钱。

认为交易有秘诀

你认定市场交易赚钱太难，但总会有少部分人能获得成功。你会想当然地认为这部分成功者掌握着"交易秘诀"，否则是不可能成功的。这是缺乏经验的人所能找到的合理解释。

认为最大的风险是亏钱

另一个常犯的错误是认为交易中最大的风险是亏钱。其实，交易中最大的风险是武断地否定有用的方法。当感到厌烦时，千万不要为了多一点盈利而改变现有的交易模式。

认为最困难的是心理

到了第三年年末，身心俱疲的交易者会误以为交易中最关键的是心理因素。在购买了这么多的书籍和交易软件、参加了这么多讲座和培训班之后，他们自认为具备了成功交易的知识。他们认为自己不笨，并不是缺乏知识，而是方法运用不当导致了失败，认为最大的障碍是心理。这样的念头又受到许多交易书籍诸如"心理因素是交易者成功的最大挑战"等论调的强化。

固然心理会影响交易，但我认为这还不至于是最关键的因素。

如何跻身 10% 成功者的行列

简而言之，方法是避免个人交易者的通病，并向成功者——那些管理着数十亿美元并从事交易的专业商品交易顾问（CTA）学习。他们将教你过程导向的交易方法。

学习 CTA 的过程导向交易方法，就要限定交易的范围和界限。如果操作得当，虽然不能保证你的交易不亏钱，但至少不会让你很快成为那 90% 亏得最惨的人。虽然你有可能成不了 10% 的成功者，但至少你不会把钱送到他们的口袋里。

图 1-1 是交易新手的典型历程。

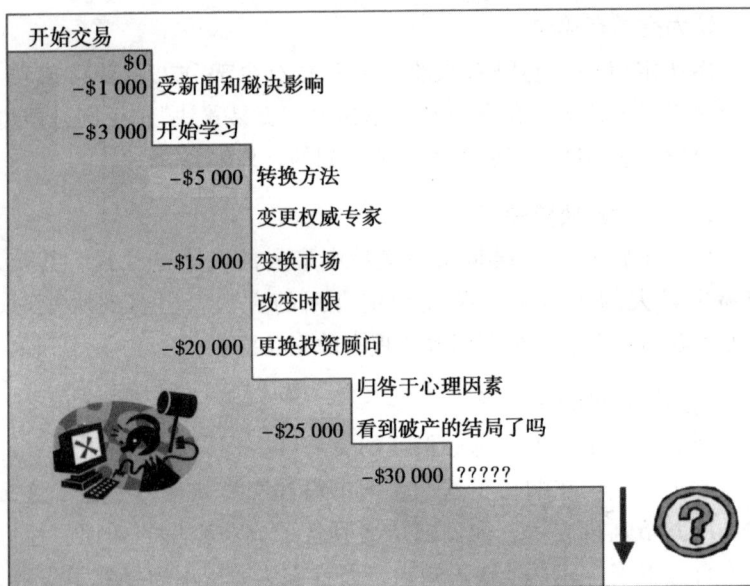

图 1-1　交易新手的典型历程

了解了交易者所犯的常见错误后，不难知道交易新手踏上的是一条布满荆棘的交易之旅。在探索正确方法的过程中，他们往往会被打得晕头转向，彻底粉碎赚大钱的美梦。

那些能幸运地从失败中站稳脚跟的交易者，往往非常清楚自己该如何做。

获胜的交易新手不仅要学会资金管理，还要明白正确的实践是盘活资金，如图 1-2 所示。

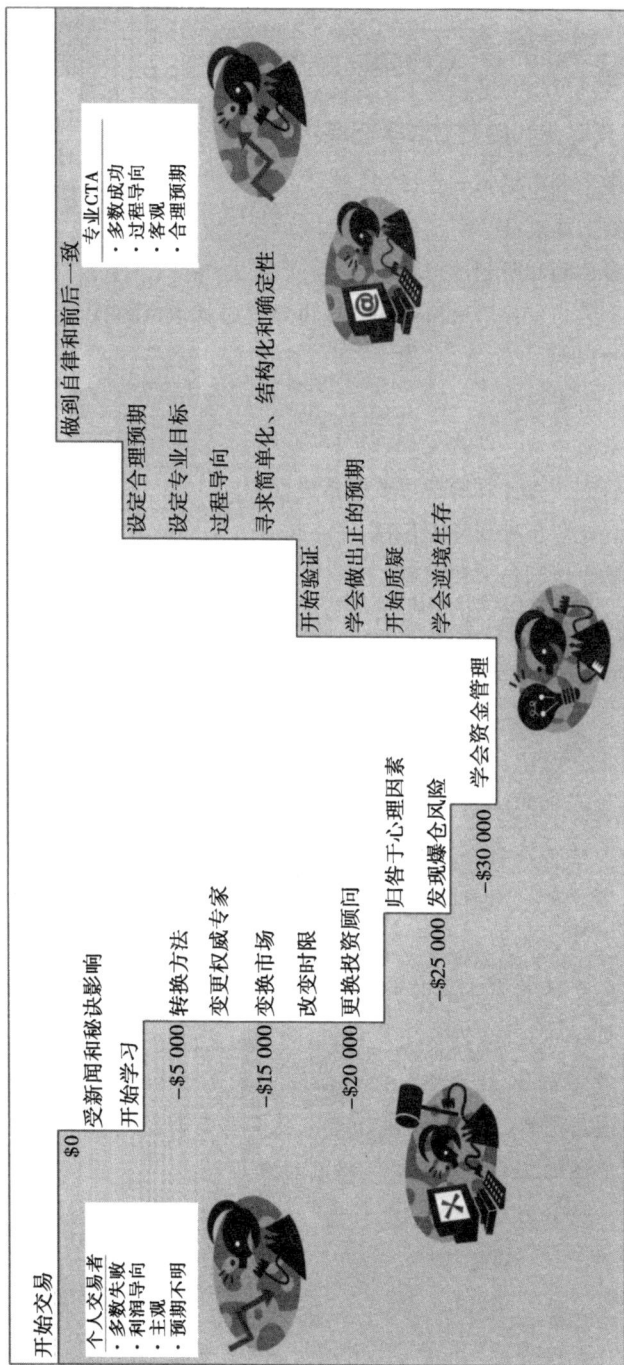

图 1-2 交易新手的成功历程

许多长期获利的交易者学会了：

- 逆境中的市场第一定律
- 尊重市场规律
- 质疑读到和听到的信息
- 并不因为是作者写成了书或演讲者说过就信以为真
- 正的预期
- 验证所有想法
- 寻求简单化、结构化和确定性
- 在研究、设计和验证中要坚持过程导向
- 建立专业目标和合理预期
- 交易中做到自律和前后一致

少数成功者中，有很多是专业 CTA，而大多数失败者就是你我这样的小额个人交易者。

小结

当人们走上交易之旅时，往往心里没底. 在交易过程中常常赔了夫人又折兵，失了钱财还倒贴了时间精力。如果足够幸运，他们会慢慢地接近简单化、结构化和确定性，迟早会采取过程导向法，认识到正的预期结果和正确的验证方法是整个过程的关键。如果这么做了，你就开始采用 CTA 的思维和操作了。

当你看完本书时，我希望你已经掌握了一整套成功交易通用原则，无论你偏好随机应变型交易还是机械型交易，都能够和专业交易者一样思维和行动。

第 2 章

交 易 过 程

The Universal Principles of
Successful Trading

我将在这一章介绍六项成功交易通用原则，每一项通用原则在后面另有详细阐述。

图 2-1 描绘了普通交易者面临的一组令人生畏的选择。

图 2-1　错综复杂的技术分析一览图

那么谁在为如何开始交易而犯难呢？对于交易者来说，需要做出的决定太多了。我并不想一一详细讲解这些技术，只是希望你能思考成为一名成功交易者的步骤，这些步骤将遵循成功交易通用原则。

交易过程

成功交易通用原则揭示了交易的过程，分为六个阶段：

- 准备
- 启蒙
- 确立交易风格
- 选择交易市场
- 三大支柱
- 开始交易

让我们逐条了解一下。

准备解释了交易者能从市场和交易中得到什么，也告诉交易者能做什么，在开始交易之前就明确不能为所欲为。充分的准备为你的交易打下坚实的基础。

启蒙是讨论成功的必要条件，指点交易者劲儿往何处使。启蒙能指引你走出交易困境。

确立交易风格是选择交易方法时所必须了解的内容。

选择交易市场是成功交易的关键。

三大支柱是成功交易的三大必备要素：资金管理、方法和心理因素。

开始交易是将上述所有通用原则结合起来。

正如你看到的，交易居于最末位，我希望你能明白大多数交易者之所以失败，就是因为他们几乎都是在第一时间进行原本应放在最后才做的事情——开始交易。

表 2-1 列出了每个通用原则所包含的主要内容。

所以，若想成为一名成功交易者，需要完成大量工作。有人认为这意味着艰辛的工作，而对于另一些心甘情愿地付出的人而言，这些工作清晰地展示了成功交易的路线图。

第 3 章我从成功交易通用原则最重要的一项——"准备"开始，介绍交易的过程。

表 2-1 六个成功交易原则及其内容

1. 准备	2. 启蒙	3. 确定交易风格	4. 选择交易市场	5. 三大支柱	6. 开始交易
最大逆境	避免爆仓风险	类型:	板块	交易三大支柱	总结和集成
情绪指向	● 输得起才会赢	顺势交易法	单个市场	资金管理	监控绩效
失利	● 资金管理	波段交易法	多个市场	方法	积极实施
随机市场	圣杯=E×O	时限:		心理因素	权益动力
输得起才会赢	简单化:	日交易		1) 资金管理	
风险管理	支持/压力	短期交易		固定风险	
交易伙伴	涉足众人不敢	中期交易		固定资本	
财务边界	去的地方	长期交易		固定比率	
	验证: TEST	是的，就像		固定单位	
		进了学校，		威廉斯固定风险	
		完成的功课！		固定百分比	
				固定波幅	
				2) 方法	
				方式: 自主交易法	
				机械交易法	
				方法=预案+交易计划+验证	
				方案: 哪个市场理论?	
				交易潘多拉盒子	
				占星术	
				周期分析	
				道氏理论	
				艾略特波浪理论	

斐波那契分析法
基本面分析法
几何法
指数分析法
分形分析法
模型分析法
季节性分析法
统计分析法
江恩理论
交易计划
买进 + 止损离场 + 卖出 验
证：E（R）
TEST（30 电邮模拟交易）
3）心理因素
管理乐观、贪婪、恐惧和痛
苦等心理

通用原则一：准备

The Universal Principles of
Successful Trading

不要紧张,让自己放松。不妨泡杯咖啡或者沏杯茶(要是你的另一半不在,那就再来点儿饼干),坐下来尽情享受吧,希望你是这样来开启一个新的过程导向交易(process-oriented trading)之旅的。

我们首先学习成功交易的第一个通用原则——准备。准备过程可以显示出你的交易决心。如果你压根不接受本章的观点,那说明你不应该涉足交易。如果你还没有准备接受这些观点,那么在继续往下看之前,你还有机会放弃。

准备,这个通用原则要求人们在考虑做交易之前必须想到以下几种情形,并接受相应的后果。

- 最大逆境
- 情绪指向
- 失利
- 随机市场
- 输得起才会赢
- 风险管理
- 交易伙伴
- 财务边界

让我们具体看看每一点。

最大逆境

这是市场的第一法则：**市场必定让多数交易者失望**。绝对不能忘记这一点。

再强调一次，市场必定让多数交易者失望，你的交易之旅将历尽千辛万苦。虽然交易相对简单，却并不容易。最大逆境会让交易变得异常困难，让你怀疑自己的每一步行动、每一次交易。

最大逆境是一个市场法则，所有市场参与者概莫能外。通过这个法则，市场就可以保证财富从弱势的多数人手中转移到强势的少数人手中。请注意，如果交易很容易，连阿猫阿狗都能赚得盆满钵满了！

很遗憾，多数交易者知道这条法则时已回天乏力。确实，为了能在交易场上获得一线生机，你要接受它，理解它，并且尊重它，不然的话，你的交易必将日暮途穷。

有句老话说得好：如果有什么事情好得难以置信，那就不要相信。交易就应了这句老话。如果认为一种交易想法好得不可思议，一条股票模拟曲线显得过于平滑，或者一个图形分析程序居然就能让交易得心应手，那一定是水中月、镜中花，绝对不可能。但是，那些不知最大逆境法则的交易者却会相信他们的眼前看到和听到的"好事"。人们只有具备了一定经验和抱有必要的怀疑态度时，才会对这些"好得太假"的交易想法、"平滑得不可思议"的股票曲线和"好使得难以置信"的图形分析程序进行独立调查。只有借助经验和揭示出会起作用的最大逆境，才最终会明白这些绝妙的交易想法、格外平滑的股票曲线和出色的图表分析程序好得不足以相信。

最大逆境法则适用于所有市场，如果能从一张图表看出一桩明显很划算的好买卖，结果却搞砸了，请不要感到丝毫惊讶！

这个法则可以使交易者清楚地认识到，市场不会让他们轻易获得成功。当你在阅读和研究交易新思维时，当你考虑购买新图表分析程序或者新交易系统时，或参加研讨会和培训班时，应该牢记这一点。当你进行调查、后向测试、验证交易方法的正确性，或者研究图表以寻找你的下一个交易机会时，也请牢牢记住这一点。

最大逆境法则要求你对那些认为交易轻易就能成功，并且能为大家带来遍地黄金的意见或建议保持警惕；要求你在研究图表以寻求下一个交易机会时保持警惕；还要求你在浏览广告以寻找新的交易市场或开立交易账户利用新交易平台时保持警惕。此外，如果你阅读的报告有着过于鲜明的观点和意见，请保持警惕；如果分析师显得无所不知，那么你一定要小心。在最大逆境法则下，交易者的生涯并不像外界宣扬的那样美好。交易者的生活其实并非是你想象中的那个阳光灿烂的画面：晴朗的天空和棕榈树交相辉映，无忧无虑的交易员正在使用笔记本电脑进行交易。最大逆境法则会竭尽全力破坏你的交易，恶化商业环境，让你的交易旅途苦不堪言，交易越来越困难。你会觉得交易简直就是新兵训练营，让人备感沮丧，让你进入到痛苦的世界里。当你亏损了，你会感到痛苦；当你赚钱了，你就会忧心忡忡地考虑，继续留在这个市场中，还能赚到多少钱，一想到还有不少钱没挣到手，你依旧会感到难受。如果你耗时耗力学习一个与交易相关的似是而非的理论，但是这个理论却不管用；又假如你交了不少学费参加自以为信誉良好的研讨会和培训班，但学到的理念运用于实践却事与愿违时，你都会受到伤害。当你将大量的时间和精力投入到研究、开发、编程、测试和验证新创意，但迟迟不见效果；或者你多年来努力提升自己的交易水平但是进展迟缓，你还是会感到失望和伤心。还有，当你在市场外观望和等待下一次交易机会时，最大逆境法则会让你唯恐失去下次交易机会而寝食难安。正如我所说，这个法则将你的交易之旅布满荆棘与坎坷，让你无时无刻不感到痛苦和伤害。

最大逆境法则要求你对所采取的一切行动百分之百负责，要求你能够预期到动辄就会受到伏击，要求你学会接受意料之外的情况！最大逆境法则还要求你尽快确定自己是否具有坚韧不拔的毅力，直面交易旅途中的痛苦，尽管交易存在潜在的经济回报，如果不能直面最大逆境法则，那么趁早收手别干这行了。

情绪指向

情绪指向对成功来说非常重要，它指的是交易的两个基本领域：目标和期望。

如果你的交易目标是成功或者每次交易都不出错的话，那么注定会失败。如果你的期望是在交易中赚大钱，那么也可以很肯定地说，你不会成功。

虽然一些交易者可能偶尔实现过这些目标，但通常很难保证在较长时间里保持不败记录。记住，你永远无法改变风险与回报之间的权衡关系：如果你想要更多的回报，你将不得不接受更高的风险。除非你能够做到我所说的"情绪指向"，否则你很难成功。

当你开始梦想着自己成为一名完美的交易者，梦想着不切实际的报酬不断流入你的口袋时，那么你的情感就开始迷失方向了。你不仅让自己面对一个不可能实现的目标和难以接受的风险，你也在自己的交易中倾注了太多的期望和压力。

目标

不管你相不相信，成功或者始终保持正确，并不是那么重要。多数交易者并不了解这一点，而当他们知道的时候已经为时太晚。若要成功，交易者需要重整思绪。要是你一心想着取胜，那么可以认为你会倾注过多的资源和精力盘算着如何战胜市场。这些"有色眼镜"让你看不到交易的任何其他目标，只有取胜。

多数人都喜欢争强好胜，特别是交易者更是如此。然而，取胜也意味着你不能出错。人们发自内心地希望买到适合自己的轿车和房子，以及合适的保险；还希望送孩子上好学校，买到对的股票、正确的彩票号码和赌到获胜的马匹。

不幸的是，取胜和保持正确的意愿反而会成为成功交易的绊脚石。在后文中讨论正的期望值的时候，你会了解到，胜利只是方程式的一半。一心只想着获得成功是不对的。如果仅仅只专注于取得成功，那么交易者犯了方向性错误——他们的方向迷失了。

成功当然很美好，但是让它成为你的主要目标是不合适的，会令人迷失方向。如果你希望成功，你的交易目标应该是进行风险资金管理。风险资金管理能够拓宽你的目标，加强你的责任承担能力。它会将你短视的目标升华为一个保守而专业的目标。它能将你的目标由成功赚取一大笔钱，转向一种始终如一的、明智的和可持续的交易。一旦你可以自己设定这个目标，那么你已经达成了情绪指向的一半。这个方程式的另一半与你的期望有关。

期望

不切实际的期望和对成功的痴迷，是一对邪恶的双胞胎，它们勾结在一起，搅乱你的情绪指向。例如，若你的期望是赚大钱，几乎可以肯定你的交易会失败。对取得持续的成功来说，保持适度的期望是最重要的。要知道，获得20%～30%的收益率，要比获得50%以上的收益率容易实现得多，挑战要小得多。很多人想要得到更多收益，所以失败了。这是一个很好的关于贪婪的例子、一个与脱离现实的期望有关的例子。

人们通常把交易和赚钱联系起来——交易越频繁，赚钱越多。我认为，这种"交易＝赚钱"的现象是大量怀揣财富梦想的商人和鼓动交易的人杜撰的（或至少是强化的）。所以许多商人交易时会带着"积极行动"的偏见，认为更多的交易和更多的活动意味着更多的钱。我把这称之为一种"自上而下"的思维方式。这种偏见将会激发交易者想要获取更多，产生更多不切实际的期望。

这个"越多越好"的理念始终会起作用，并产生交易者的贪婪被自我强化的效应，这种贪婪就是交易者失败的原因。即使你有一个强大的交易计划，它能够实时为你赚取真金白银，"越多越好"的偏见也会很快让交易者对自己取得的收益感到不满，或者臆测自己还可以获得更多。在这个阶段，交易者对自己的交易和制胜的方法寄予了更高期望，于是滥用制胜方法，最终走向自我毁灭。

我经过很长一段时间才确立了一个适度的期望，然而到现在，我还时不时会在心中挣扎一番。依据我的期望标准，我能够清楚地看到，若能多忍受一点风险，回报很容易就增加一倍或两倍。我惊奇地发现，当期望得到更好的控制时，我的交易就会变得更简单。我对自己的方法很满意，不管是好是坏，我都会继续用这个方法权衡风险与回报。

为了让你的情绪指向更加完备，你需要对自己的交易确立一个适度的期望。要做到这一点，必须具备我所谓的"自下而上"的思维方式，然后把"自上而下"的幻想彻底抛开。

"自下而上"的思维方式是，在对交易风险资本认真研究的基础上，扪心自问："我的风险资本在未来 12 个月内带来多大的盈利，我才会感到满足？"或"如果可以回到过去的一年，取得怎样的回报我才会满意？"

在过去的几十年里，全球股票市场的年平均收益率在8% ~ 12%。可以保险地说，你肯定希望利用自己的风险资本赚取更多钱。如果你能将日历往回翻 12 个月，回头看看你已经实现的业绩，那么达到多少百分比的风险资本回报率会让你感到幸福？它会是20% 或 30% 的回报率吗？对于我来说，我只想让我的年风险资本回报率达到 20% 以上，这是合理而且可行的，但最难的是持续实现它。

如果你非常想在交易中取得成功，那么你应该建立一套能够持续使用多年的强大方法，利用它每年赚取一笔适度但会让你感觉满意的回报。如果运用自己的方法能够实现目标，那么应该对自己的方法感到满意，不要随意修改或滥用。你不应该认为天天利用风险资金进行一定量的交易就能得到丰厚回报。在交易中采用"自下而上"的思维方式，就能建立一个适度的期望并且完善你的情绪指向。

如果你能够抱着平常心确立一个专业的目标，从而在情绪上进行自我定位，那么你会发现，要创建强大的方法会简单得多。此外，一旦你做到这一点，你会对它的表现感到满意，并能让你的交易安然渡过好时光与坏时光。若你达到这个目标，那么你离成功交易者就更近了一步！

失利

当你接受交易是失败者的游戏这个事实时，你的准备就更加充分了。不要试图说服你的朋友你将实现成功的交易，因为机会非常渺茫。你也要意识到我的"90×90"规则可不是说着玩的：90% 的交易者会在 90 天内失去他们的风险资金。

你不仅可以告诉你的朋友和同事你所追求的目标很难达到，你也要考虑到时间因素。"准备"这个原则，要求你必须有一个清醒的认识：在你选择踏上交易之旅时，就要做好失败的打算。

随机市场

准备原则也要求交易者接受市场本质上是不确定的事实，请不要理会那些不知所云的营销炒作。

如果你认为市场是能够预料的，那也是情有可原的，因为存在很多关于市场行为的预测理论，比如周期理论、艾略特波浪理论、市场结构理论、季节周期理论和江恩理论等（这里只提到了一小部分）。然而，事实上市场是不可能预测的，不可能根据一系列连续数据预测市场的方向。你要认识到成功的交易者了解这一点，他们知道如何应对市场的发展方向变化以盈利，但他们不会试图预测它。你应该承认市场本质上是不确定的（虽然不完全是），同时你不要认为你能找到解开市场秘密的钥匙，你要是这样想，就不应该从事交易。

输得起才会赢

让我们继续讨论"准备"这个原则。你要明白成功交易唯一真正的秘诀是管理好损失。如果你能够将你的损失维持在较低的水平并且可控，让你的盈利大于你的损失，那么你将在这种失败者的游戏中胜出。你几乎可以忽视你的赢家，因为他们一般只考虑自己：只知道向前冲，很少回头看。然而，为了成功，你需要集中精力专注于管理损失。我在辛普森所著的电子书《幽灵的礼物》(*Phantom of the Pits*，又名《交易场上的隐形格斗士》)读到了一句伟大的话：输得起的人，才是长期的赢家。这句话也是本书隐含的主题。作者的这一表达最贴切地描述了专注管理交易损失的重要性。

《幽灵的礼物》实际上是对美国芝加哥一名驰骋市场 30 年的商界老将的采访。他想告诉人们自己对交易的见解，但又不想透露身份，因此又被称为"隐形格斗士"。

如果你是个像我一样的机械型交易者，那你千万不要调整你的止损点。你应当严格地遵守你的交易计划。另外，在制订你的交易计划时，你应该运用一个"双停止键"的扳机，一个停止键是基于价格，另一个是基于时间。

这一切都是为了把你的损失管理好。如果你任意选择了一项交易，但它没有进展，那么你应该听从市场的选择，迅速脱离出来。这样，你会逐渐成为输家里最优秀的人。不要让失败的交易在你的脑海里残留，自信地把它清除，然后慢慢地把失望抹去，让失败的交易会在达到你原定的止损点时中止。成为最好的输家意味着迅速退出失败的仓位。

成功交易唯一真正的秘诀就是要输得起，这应该是你的目标。达到这个目标，你要一直设法优化损失的管理。你不妨问问自己，还有什么方法是比频繁变动交易方案会让你损失更快的。

风险管理

到目前为止，你应该已经明白，交易是一件非常冒险的事情。这就必然意味着成功的交易，实际上就是成功的风险管理。若要以交易者的身份立足，你需要把自己的交易看成是风险管理。

如果你有机会与成功交易者聊天，你会发现他的思维是以优化风险管理为导向的。风险管理中最关键的是资金管理（后面会详谈）；然而，在你运用合理的资金管理原则之前，首先需要尊重风险。

优秀的交易者也是优秀的风险管理者，这是胜利者与失败者的区别。他们尊重市场的作用，理解交易是失败者的游戏，他们努力成为失败者中最好的一个，他们的目标是在适度的预期下管理风险资金。他们的注意力集中于能否在市场立稳脚跟，而这又取决于他们能否成为优秀的风险管理者。

如果你想成功交易，你需要从一个风险管理者的立场出发完成你的任务；把对交易利润的偏爱留给那些没有文化的人吧。

交易伙伴

当你意识到拥有一位交易伙伴的重要性和价值时，你的准备就更加充分了。这是准备的最后部分。在你继续前进之前，你需要先审视一下你从事交易的这个决定：如果你已经接受了我前面提到的几点，那么是时候前进了；如果你还没有接受，那么你最好就此打住，不要涉足交易了。

准备原则要求你寻找一位交易伙伴，这是准备的一个重要组成部分。你的交易伙伴不必是一名交易者，但是他必须是一个值得你尊重的人，而且要和你保持一定的距离，不能生活在你的屋檐下。他必须是一个对你的事业感兴趣并且愿意提供帮助的人。

寻找交易伙伴的目的是为了防止交易者自欺欺人。市场对人们的影响真是让人惊讶。在刚开始交易时，大多数人是理性的、客观的、诚实的。一旦开始交易，就进入非理性和妄想的状态而浑然不自知。他们开始质疑自己的能力，开始对自己撒些小小的善意谎言。

交易伙伴能够让你保持理性和诚实。他将会扮演两个重要的角色，分别在交易前和交易时。

第一，交易伙伴将使用 TEST 程序（后面会更多谈到）帮助你验证交易方法。他将阻止交易，除非你能证明你的方法能够实现正值预期。第二，当你开始交易后，你的交易伙伴将充当你的良知，让你保持诚实。

他会知道你的财务基准，至少应当包括你的财务边界、适度期望以及财务管理规则。

你应该每月写一份报告，让交易伙伴根据财务基准衡量你的表现。他将作为你的交易监督者，这将有助于你保持自律和一致性。要是你知道交易伙伴正在监督你，你将发现自己不太会偏离原先的交易计划，这也将有助于你保持理性。

问题是你到哪里去找一位这样的交易伙伴呢？如果你在朋友当中找不到一个合适的、自愿的候选人，你应该考虑加入一个协会，协会里有很多志同道合的人，比如很多国家都有的技术分析师协会。

财务边界

这是完成准备的最后一个步骤。在交易过程中，就如你需要设定止损点一样，你也应该设置一个交易的财务边界。你应该确保一定数额的资金，用于学习成功交易的方法。这是你准备投入到教育的风险资金，或者说你能够失去的一笔资金。要让你的交易伙伴知道你的限度，并且做一个保证：如果你失去了这部分资金，你就不得不承认自己不适合交易，然后选择离开。

就像交易一样，你总是需要设置一个应急的止损点。在你开始交易生涯时，你也应该知道自己打算失去多少。可以确信，很多交易者希望自己曾经向某个受自己尊敬的人保证过，当损失达到一定限额时就停止交易。如果那样做的话，现在的他们会幸福得多，腰包也会更鼓一些！

> ····· 小 结 ·····
>
> 第一个成功交易通用原则能让你做好心理准备，对交易是一项艰苦的工作表示认同。你需要尊重市场，并同意成功交易将是你最难达成的一件事情。从根本上说，交易就是新兵训练营。
>
> 如果你决定走这条路，你必须接受诸事不顺的现实。市场会时不时地设下路障挡住你的去路。根据人的本性，你会发现要建立专业的、适度的期望真的很难。你的同行大多会是输家，使你难以找到成功楷模。市场不会留下太多关于方向的线索，要敬畏它的随机性。要转变你的看法，要知道是输得起的人而不是获胜者，才能获得长期赢家的殊荣。赚钱主要靠的不是好的交易，而是优秀的风险管理。交易伙伴将帮助你驰骋在正确的道路上，同时设置

财务边界有助于（但愿有助于）将潜在的全部损失控制在一定限额之内。

如果你能认可这一切，那么你就已经学会、理解和接受了成功交易的第一个必要的通用原则：准备。你会做好充分的准备，以应对意外的发生，而且你将在良好的状态下继续前进。

现在，你已做好准备，下一个成功交易必不可少的通用原则是启蒙。

第 4 章

通用原则二：启蒙

The Universal Principles of
Successful Trading

在这一章，我将介绍成功交易的第二个必要的通用原则：启蒙。

启蒙将协助你从容应对技术分析满天飞的混乱世界，让你将重点放在交易生存的必备知识上。你会发现，现在重点强调"生存"。在此，你的想法应当由"希望在交易中成功"转变为"想要在交易中'生存'"。

正如我刚才所说，交易是有风险的。若要取得成功，你必须成为一名成功的风险管理者。因此，你现在的重点是在交易中生存。只有在交易中生存，才有可能取得成功。

启蒙会引导你将精力和资源集中到合适的地方。当你意识到在交易中生存需要依赖于以下几点时，那么启蒙就开始了。

- 避免爆仓风险
- 信奉交易"圣杯"
- 追求简单
- 涉足众人不敢去的地方
- 验证。

如果你想要生存下来，你就不可以超过这些规则的边界，如图 4-1 所示。

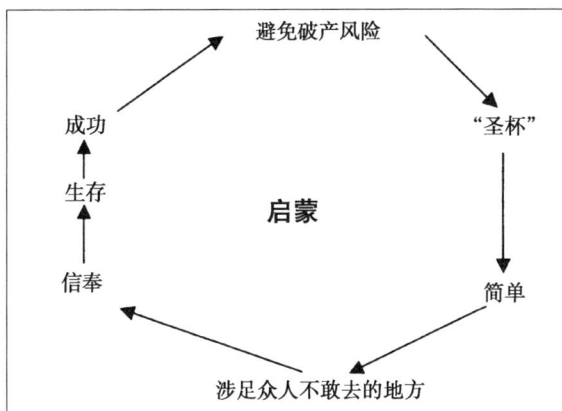

图 4-1　启蒙循环图

避免爆仓风险

依我愚见，你将学习的或许是交易的最重要内容。但是，这个内容被大多数交易者忽略了，罕有书写到，很少有研讨会提到，没什么培训班会讲到。难怪有这么多的交易者会失败，因为他们不知道爆仓风险。

当你计算爆仓风险时，你才开始对自己交易失败的原因有了正确的理解。的确，你知道你赔了钱，但是你可能不确定为什么会赔钱。了解爆仓风险，将回答你的这个"为什么"。答案会让你十分满意！走着瞧吧。

那么，什么是爆仓风险？爆仓风险（risk of ruin）是指因损失过大而导致需要停止交易的概率。所以作为一名风险管理者，你需要考虑的第一件事情就是避免爆仓风险。如果你能避免爆仓，你就会幸存下来，从而成功地进行交易。

爆仓风险是一个统计概念，衡量交易者爆仓可能性，即交易损失累计达到被迫停止交易的可能性。这个累计亏损被称为"爆仓点"。

爆仓风险并不一定意味着你的账户余额为零，可能是 50%、75% 或 100% 的账户损失，这要根据你个人的风险承受能力而定。你的爆仓点，就是你在准备阶段构建的财务边界，或准备的风险资金。

避免爆仓的第一步是计算爆仓概率。如果概率太高，你必须设法降低它。如果你可以把你的爆仓概率降低到一个可接受的水平，那么你就朝着交易生存目标迈出了重要一步。从本质上讲，在任何一次交易中，你的风险交易资金比例越大，被摧毁或爆仓的风险就越高。

让我用一个例子来解释爆仓风险。假设有两个交易员：鲍勃和莎莉。鲍勃和莎莉参加过同一个研讨会，他们在那里学会了一个简单的货币交易系统，称为一号系统。一号系统的平均收益等于其平均损失，准确度为 56%。两人各以 10 000 美元作为财务边界，并将风险资本（10 000 美元）100% 的损失定义为他们的爆仓点。交易员鲍勃属于冒险型交易者，决定每一笔交易的风险资金为 2000 美元（即他的交易预案）。交易员莎莉是保守型的，每一笔交易的风险资金为 1000 美元（即交易预案）。

因此，交易员鲍勃可用于交易的资金单位数为 5 个（$10 000/$2000），而莎莉为 10 个。如果鲍勃开始交易，而且连续 5 个交易都失败，他就会爆仓（5 × $2000）。而莎莉要做 10 个连续亏损的交易，才会让她爆仓（10 × $1000）。

鲍勃和莎莉必须扪心自问，他们各自的爆仓风险是多大？也就是说，他们何时会失去 10 000 美元？

你可以用图 4-2 总结的爆仓风险公式来回答这个问题。

这个公式假设交易者的平均收益等于平均损失。图 4-3 显示了如何计算鲍勃的爆仓风险。

$$破产风险 = \left[\frac{1-(W-L)}{1+(W-L)} \right]^{U}$$

式中　W——收益的概率；
　　　L——损失的概率；
　　　U——账户资金的单位数。

图 4-2　破产风险的公式

%收益	W	56%
%损失	L	44%
资金单位数	U	5

$$\text{破产风险} = \left[\frac{[1-(0.56-0.44)]}{[1+(0.56-0.44)]}\right]^5$$

$$= \left[\frac{[1-(0.12)]}{[1+(0.12)]}\right]^5$$

$$= \left(\frac{0.88}{1.12}\right)^5$$

$$= (0.785\ 714\ 286)^5$$

$$= 0.299\ 449\ 262$$

$$= 30\%$$

图 4-3　鲍勃的破产风险

图 4-4 显示了交易员鲍勃和莎莉各自爆仓的概率。

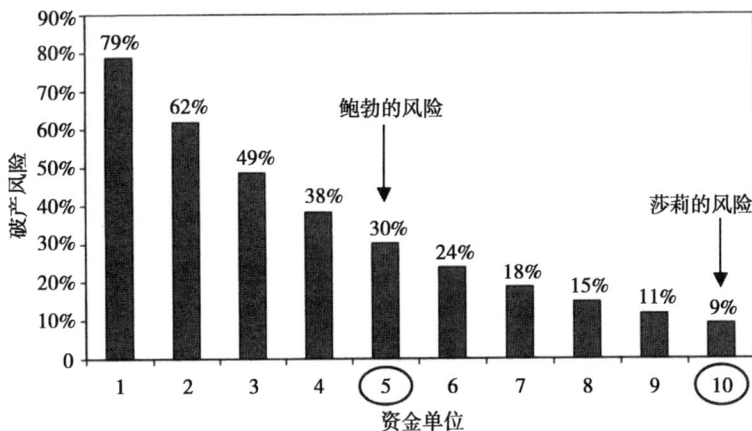

图 4-4　破产风险与资金单位数的关系

　　正如你所看到的，虽然鲍勃和莎莉使用同一个货币交易系统，但是他们具有不同的爆仓概率。鲍勃失去风险资金的概率为 30%，而莎莉只有 9% 的可能性被爆仓。显然，莎莉的爆仓风险低于鲍勃。

虽然一号系统可达到 56% 的准确度，但这并不意味着不会一输到底。因此，如果两个交易者都以 10 000 美元为起点，它只需五次失败交易就可以使鲍勃爆仓，而对莎莉来说，需要连续十次失败，才可能爆仓。

那么，要想在交易中生存，莎莉 9% 的爆仓概率是否已经足够低了呢？答案是否定的。作为一名交易者，你应该让交易爆仓风险趋近于 0。

任何 0 以上的财务爆仓概率都算高，可以肯定，你始终有爆仓的可能，只不过是一个时间早晚的问题。然而，即使是爆仓风险为 0 的交易，你也必须明白这依然不能保证你避免爆仓的风险。因为一个爆仓风险为 0 的交易，不能保证你的交易方法的准确性，也不能保证平均收益和平均损失在未来不会改变。如果准确度保持不变甚至提高，0 的爆仓风险将确保你不会倾家荡产。然而，0 的爆仓风险不能保证你的交易方法不会变差，也不能保证该方法在将来一直适用。你需要明白，爆仓风险是一个统计学上的衡量指标，有赖于计算它的各个变量。如果这些变量保持不变或增加，那么 0 的爆仓风险将防止你达到爆仓点。但是，如果它们发生变动，那么你的爆仓风险也会改变，逐渐变得比 0 更大。你需要记住，爆仓风险只是统计学上的衡量方法，不能创造出交易奇迹！

接下来的问题是如何降低交易方法的爆仓风险。前面的例子提供了第一条线索——减少每笔交易的风险资金。这条建议强调了资金管理的重要性，明确了一名风险管理者在交易中生存和成功的前提，即确保资金管理策略的正确性。为了使你的爆仓风险降到可接受的范围，逻辑上要求你在任何一次交易中保持较低的风险资金。如果太高，你迟早会被淘汰。

当我开始交易时，我没有爆仓风险的概念，更不知道应如何管理资金，以减少和应对爆仓风险。这是我犯过的最大错误。当时我唯一的想法是，"在期货交易中我可以挣多少钱"，请不要重复犯我的错误！

让我们介绍另一位交易者汤姆，并且把他的爆仓风险与鲍勃和莎莉的进行比较。汤姆也使用一号系统进行货币交易，并具有同样10 000 美元的财务边界和对爆仓的定义。他比别人多一点经验，知道爆仓风险的概念以及如何降低它。汤姆知道，减少每笔交易的风险资金，将会降低他的爆仓概率。汤姆想让交易有一个较低的爆仓风险，因此他决定为每笔交易设立 500 美元的风险资金（即交易预案）。于是汤姆将有 20 个单位的资金用于交易（10 000 美元 /500美元）。也就是说，即便他没有一次交易获得成功，他至少有足够的钱做 20 次交易。使用相同的公式，交易员汤姆的爆仓概率也可以计算出。图 4-5 显示了每个交易者的爆仓风险。

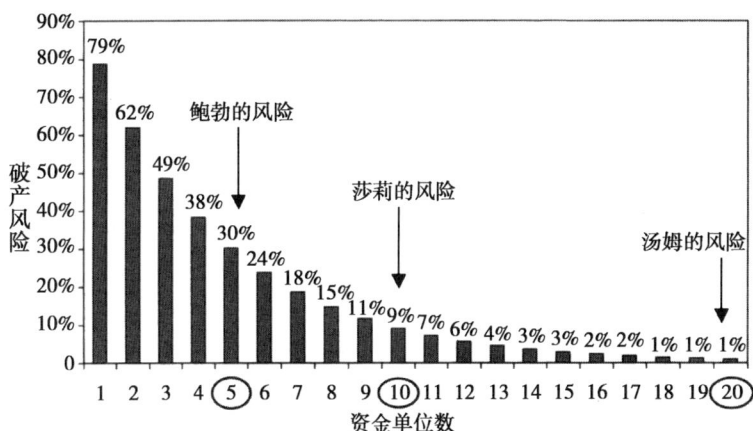

图 4-5　破产风险的比较

正如你看到的，汤姆把他每笔交易的风险资金减少到 500 美元，与鲍勃的 5 次机会和莎莉的 10 次机会相比，这为他提供了 20次交易机会，使他的爆仓风险下降到 1%！ 1% 的爆仓风险比莎莉9% 的爆仓风险容易接受得多。当然，如果鲍勃交易成功，汤姆赚的钱不会像鲍勃一样多。但是不要忘了那 30% 以上的爆仓可能，鲍勃靠 2000 美元风险资金赚钱的次数很有限。

请记住，成功的交易就是生存和良好的风险管理。这是减少爆仓风险的第一课，即减少每笔交易的风险资金数额，即学会明智的资金管理方法。作为最起码的要求，你应该把风险资本分成20份，所以你至少需要20个单位的资金，并将你的爆仓概率下降到1%（假设你的方法有56%的准确度，平均收益和平均损失之比为1∶1）。虽然这并不能保证你的生存，但它至少会帮助你降低爆仓概率和提高生存机会。

减少爆仓风险的第二课是提高方法的准确性。假设一号系统升级到一号系统第二代，一号系统第二代在准确性方面得到了优化，准确度从56%的获胜率上升到63%的获胜率。平均收益与平均损失仍然保持相等。利用前面的公式，让我们用更高准确度的系统重新计算每个交易者的爆仓风险，假设他们保持各自的单位交易风险资金（2000美元、1000美元及500美元）。图4-6列出了他们各自的爆仓风险。

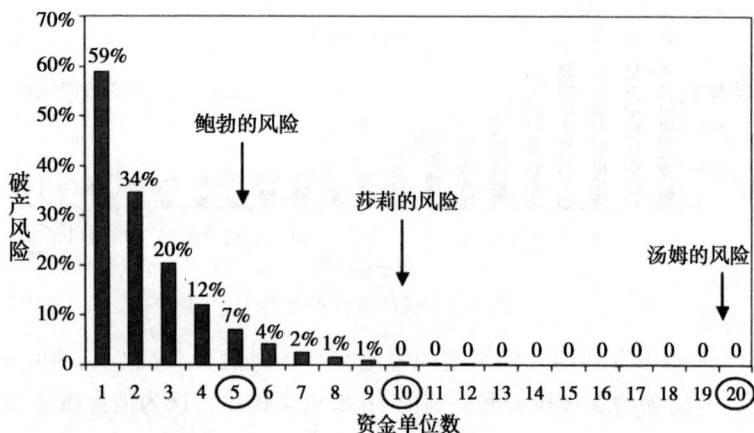

图4-6　高精确度策略的价值

利用高准确度的系统进行交易（当平均收益和平均损失仍然相等时）以减少爆仓风险，三类单位交易风险资金（即货币单位的数量）的爆仓风险都下降了。鲍勃的爆仓风险已经从 30% 下降到 7%，莎莉从 9% 下降至 0.5%，汤姆从 1% 降到 0。这并不奇怪，因为根据定义，高准确度的系统应该有一个较低的失败概率，因为它赢的时候比它失败的时候多（假设平均收益与平均损失仍然相等）。

现在，在我继续下面的内容之前，需要补充说明的是，从数学意义上而言，爆仓风险不可能达到 0（0.0）。然而，让爆仓风险降到 1% 的一半以下（0.5%）肯定是有可能的。

减少爆仓风险的第三条途径是提高方法的平均收益 – 平均损失比率。很遗憾，没有一个简单的公式可以用来计算平均收益大于平均损失时的爆仓风险。但有文献试过用模拟练习来展示较高的回报会降低爆仓风险。在好朋友兼同事杰夫·摩根的帮助下，我建立了一个类似的模型（爆仓风险模型），效仿了瑙泽 J. 鲍尔绍拉（Nauzer J. Balsara）的《期货交易者资金管理策略》[⊖]一书中的逻辑（见附录 B）。附录 A 解释了我的爆仓风险模型的逻辑，附录 B 完整给出了这个风险模型的编程代码。

模型计算的结果见表 4-1。对于每一次模拟，我假设方法有 50% 的准确度，交易商拥有 20 单位的资金。我将账户上的资金减少 50% 定义为爆仓。对于每个回报率（平均收益 / 平均损失），我模拟计算了 30 次，然后取平均值，算出一个爆仓风险值（附录 C 是对 30 次模拟的汇总）。除 1.1:1 的回报率以外，这个简单的模型证实了较高的回报率减少爆仓风险。从这个例子中可以看到，你唯一想要交易的比率是 1.5:1，因为它模拟的爆仓风险是 0%。所有其他的比率算出的爆仓风险都在 0% 以上，因此保证你将会失败，这只是时间问题。

⊖　瑙泽 J. 鲍尔绍拉，《期货交易者资金管理策略》（John Wiley 电子期刊全文数据库收录，1992）。中译本：（美）瑙泽 J. 鲍尔绍拉著；肖成，荣军译 . 期货交易者资金管理策略 . 上海：上海财经大学出版社，2007。
　　——译者注

表 4-1　不同收益 – 损失比例下的破产风险模拟值

平均收益 – 损失比例

	1.0	1.1	1.2	1.3	1.4	1.5
破产风险	64%	20%	32%	21%	5%	0

你现在应该知道要成为优秀的风险管理者，就是要寻求一个能使爆仓风险趋近 0 的交易方法。

概括起来，一共有三种工具可以减少爆仓风险。

- 减少每次交易的风险资金数量；
- 提高方法的准确度，或者说提高成功的概率；
- 提高平均收益 / 平均损失的比率。

应对爆仓风险的这三个重要工具可以被归纳为两大重要武器。

- 资金管理
- 预期

防御爆仓风险的第一道防线是对良好资金管理的认知、理解及其应用。防御的第二道防线是对交易准确度的期望的认知、理解，以及追求提高准确度。在这章中，我将更多地讨论期望。在第 8 章中，我会对资金管理策略进行更深入的讨论。

需要意识到爆仓风险总是存在的，作为优秀的风险管理者，你应该努力避免风险。如果你这么做，你将会在交易中生存下来，只有求得生存，才会最终在交易中取得成功。

然而，在我继续讨论之前，我要强调的是，在确定爆仓风险时，确实存在着很大的局限性。你需要认识到以下几点。

- 数据只是统计上的量度，它不能确保你可以避免爆仓风险，因为它基于一些投入因素。如果这些因素恶化了，结果也会变差。
- 数据并不是静态的，它们会随着交易的改变而改变。
- 数据对现实的交易没有实际价值。

在你开始交易之后，你不会根据爆仓风险做出诸如仓位高低或者交易终止点等的决定。你逐渐会明白，你需要通过不同的途径，如资产净值和系统止损点等，告诉自己何时停用某种方法，你的决定并不会建立在爆仓风险的计算基础上。

尽管有这些限制，爆仓风险的概念是非常重要的，它是生存的关键。在我看来……"爆仓风险是打开真正交易知识大门的钥匙"。正如我前面提到的，爆仓风险是交易中最重要的概念。

爆仓风险的概念要求我们明白，除非爆仓风险趋近 0，否则不应该交易。每个交易者都有一个统计上的爆仓风险，但大多数人不知道或忽视了它，于是大多数人都失败了。那些不知道自己的爆仓风险的交易者应该立即算一算：如果爆仓风险达到 0 以上时，就应该停止一切交易。他们没有去做那些交易，因为肯定会爆仓，只是不知道什么时候而已。交易者一旦意识到爆仓风险的重要性，就逐渐成为更有知识的人，如果能诚实面对，他们在将爆仓风险减少到 0 之前，他们应该远离交易。记住，任何 0 以上的爆仓风险都确保你会爆仓，那只是一个时间问题。

我坚信爆仓风险是交易中最重要的概念。它揭示了交易的真相，指出如果你对交易的风险不敏感，你将难以持续交易。

如果减少每次交易的风险资金，你的爆仓风险会降低，从而会有更多的机会，经历更长久的交易生涯。如果提高交易方法的准确度，爆仓风险也将降低。如果提高投资回报率，你的爆仓风险会降低，同时增加你的生存机会。我认为最后不管你采取哪种方法，只要你设法降低你的爆仓风险就可以了。最重要的是记住：除非你的爆仓风险达到 0，否则就不得在市场上从事交易。切记，如果爆仓风险不为 0，请不要进行交易！

信奉交易"圣杯"

看到这个活灵活现的交易"圣杯"时，说明你的启蒙还在继续。你可能听说过人们对（就像我以前追求过那样）最完美的交易系统求知若渴。"圣杯"是这样一个交易系统：有很高的准确度和最低的损失。如果说这样的交易"圣杯"是子虚乌有，人们并不会感到惊讶。

但是，我认为存在这样一个交易"圣杯"，即追求某种交易方法，这种交易方法能对每个交易机会都产生正值的预期，如图4-7所示。

$$\$\$ = E \times O$$

E表示积极的预期
O表示机会

图 4-7　我的交易圣杯

假设你想避免爆仓风险并在交易中生存下来，你的目标应该是在每个交易机会中运用有效的方法。这是增加你交易账户金额的唯一办法。那么，这一切究竟是怎么回事呢？

预期

从我的经验来看，预期这个概念是那些计划或正在交易的人最不理解的。预期是指你能指望平均每1美元风险资金从交易中赚取的收益。为了计算你的交易方法的预期，你需要知道你盈利的概率、亏损的概率以及平均收益（或损失）的金额。将这些信息代入图4-8中的公式可以计算出你的预期。

$$\text{每美元的预期回报} = \left(\text{盈利概率} \times \frac{\text{平均收益}}{\text{平均损失}} \right) - \left(\text{亏损概率} \times \frac{\text{平均收益}}{\text{平均损失}} \right)$$

图 4-8　预期的公式

让我们计算一下鲍勃在一号系统中的预期。一号系统准确度达到56%，为了便于说明，我将它提高到60%。一号系统的平均收益等于平均损失，每年10次交易。鲍勃每次交易的风险资金为2000美元。表 4-2 显示了鲍勃的交易业绩（假设他成功地避免了爆仓危险）。

表 4-2　鲍勃在一号交易系统中的表现

一号系统		
准确率		60%
平均收益		$2 000
平均损失		$2 000
每年的交易报酬		
		交易
6 次盈利	1	$2 000
	2	$2 000
	3	$2 000
	4	$2 000
	5	$2 000
	6	$2 000
4 次损失	7	-$2 000
	8	-$2 000
	9	-$2 000
	10	-$2 000
利润		$4 000

　　正如你看到的，鲍勃经过一年的交易能赚取 4000 美元。他开展了 10 次交易，6 次赢 4 次亏，风险资金总计 20 000 美元。基于这一年的表现，鲍勃预期下一年回报率可达到 20%（4000 美元 /20 000 美元）。换句话说，假如他的方法一直运行良好，鲍勃应期望平均每 1 美元风险资金赚取 20 美分。

　　另外，你可以使用预期公式计算鲍勃的预期，如图 4-9 所示。

　　让我们计算一下莎莉在一号系统中的预期，如图 4-10 所示。

　　莎莉和鲍勃唯一的区别是，莎莉的平均收益和平均损失是 1000 美元。假设她回避了爆仓风险，她也希望平均每美元风险资金能够赚取 0.20 美元。当她使用 1000 美元风险资金时，她预期平均会赚取 200 美元。如果她在一年内进行 10 笔交易，她将赚取 2000 美元。莎莉也有一个正值预期。

一号系统

准确率	60%
平均收益	$2 000
平均损失	$2 000

每美元风险资金的期望值

E(R)=[60% × ($2 000/$2 000)]–[40% × ($2 000/$2 000)]

　　=20%

每次交易的期望值

　　=20% × $2 000

　　= $400

每个交易年的期望值（假设避免了破产风险）

交易次数	10
风险资金总额	$20 000

　　=10 × 20% × $2 000

　　= $4 000

图 4-9　鲍勃在一号交易系统中的期望

一号系统

准确率	60%
平均收益	$1 000
平均损失	$1 000

每美元风险资金的期望值

E(R)=[60% × ($1 000/$1 000)]–[40% × ($1 000/$1 000)]

　　=20%

每次交易的期望值

　　=20% × $1 000

　　= $200

每个交易年的期望值（假设避免了破产风险）

交易次数	10
风险资金总额	$10 000

　　=10 × 20% × $1 000

　　= $2 000

图 4-10　莎莉在一号交易系统中的期望

最后，让我们计算汤姆在一号交易系统中的预期，如图 4-11 所示。

```
一号系统
准确率                    60%
平均收益              $500
平均损失              $500
每美元风险资金的期望值
E(R)=[60%×($500/$500)]-[40%×($500/$500)]
     =20%
每次交易的期望值
     =20%×$500
     = $100
每个交易年的期望值（假设避免了破产风险）
交易次数          10
风险资金总额    $5 000
     =10×20%×$500
     = $1 000
```

图 4-11　汤姆在一号交易系统中的期望

　　同理，交易者之间唯一的区别是每次交易的风险资金数额不同，汤姆是 500 美元，也期望平均每一美元风险资金赚取 0.20 美元，假设他避免了爆仓风险。当使用 500 美元风险资金时，预期平均会赚取 100 美元。如果在一年内进行 10 笔交易，将赚取 1000 美元。汤姆也可能有正值预期。

　　很有趣吧。那么你认为哪个交易员的收益最好呢？没有确切的答案。他们的盈利率都达到风险资金的 20%。唯一的区别是他们的爆仓风险不同：鲍勃是 30%，莎莉是 9%，汤姆是 1%，这意味着汤姆在交易中幸存的可能性比鲍勃和莎莉都大。

　　现在你已经知道，预期是指你希望自己的方法能给投入的每一美元交易风险资金带来的收益。从前面的例子中可以看出，一个方法的预期值是所有收益和损失的累积。这涉及 4 个变量：

- 盈利的次数
- 亏损的次数
- 平均收益
- 平均损失

预期不偏袒任一变量，虽然你可能有所偏爱，喜欢具有较高准确度的方法。

让我们来看看表 4-3 中的四种方法，看看是否可以对预期有进一步的认识。

表 4-3　不同方法之间的预期比较

每次交易的风险资金 （美元）	500			
每年的交易结果	一号交易系统	证券经纪人	波段法	趋势法
1	500	400	650	2 100
2	500	100	700	2 500
3	500	300	350	2 200
4	500	350	400	−500
5	500	200	900	−500
6	500	150	800	−500
7	−500	400	500	−500
8	−500	350	−500	−500
9	−500	450	−500	−500
10	−500	−500	−500	−500
利润	1 000	2 200	2 800	3 300
风险资金总额	5 000	5 000	5 000	5 000
期望值	0.5	0.44	0.56	0.66
绩效				
盈利次数	6	9	7	3
损失次数	4	1	3	7
准确率	60%	90%	70%	30%
平均收益	500	300	614	2 266
平均损失	−500	−500	−500	−500
平均收益：平均损失	1	0.6	1.2	4.5
期望值	20%	44%	56%	66%

在每种方法中，假设每笔交易的风险资金为固定的 500 美元，则 10 次交易的风险资金总额为 5000 美元。这些方法之间的差异体现在准确度和平均收益两方面。这些差异将有助于让你体会到预期的重要性。

综上所述，一号交易系统有 60% 的准确率，平均收益达 500 美元。证券经纪人具有显著的准确率 90% 和最低的平均收益 300 美元。波段法具有 70% 的高准确率和 614 美元的较高平均收益。趋势法只有 30% 的较低准确率，但有着最高的平均收益 2267 美元。

哪一个是最优的方法？答案是趋势法。它的最高利润达到 3300 美元，并有 66% 的最高预期，尽管它只有 30% 的准确率。

奇怪，是不是？准确度最低的方法却具有最高的利润和最高预期。然而，这并不表明所有低准确率的方法都将有最高的预期。我只是想说明预期的重要性，如果低准确度系统的平均收益明显高于其平均损失，就可以得到一个不错的预期值。

显然，准确性并不是那么重要。最重要的是制定一个可能产生正值预期的方法。预期值是由准确度和回报率决定的。

作为风险管理者，你应该制定方法以达到一定的预期值，而不是某个准确度。一旦你进入市场，你应该为了预期交易，而不是为了准确度。

这都与预期有关。不要太关心你的准确率或平均收益／平均损失回报率。应该把注意力集中到你的预期。提高准确度和平均收益／平均损失的回报率，是减小爆仓风险的重要工具。当你把准确度和平均收益－平均损失的回报率结合起来考虑时，你正朝着预期目标前进，这是抵御爆仓风险的重要武器。

制定一个可能产生正值预期的方法，将增加你的生存机会。这是一个交易计划，在较长时间里产生足够的收益，不仅可以弥补损失，还能有一定的利润。我的交易策略在交易时就有一个正值预期。

为了能在交易中生存，必须要有预期。预期就是你的利器，无预期的交易无异于拿刀与枪对峙，太不明智了。然而，预期只是我的圣杯的一半，另一半则是机会。

机会

简单地说，机会是指你可以实现你的预期的次数。你可以采用高预期的方法进行交易，但除非你存在这样的机会，否则不会有什么好结果。看看下面的例子，如表4-4所示。

如果你只关心预期，你将偏好用高回报法交易，其100%的预期值明显优于波段法和频繁交易法。然而高回报法是最优交易方法吗？当然不是，因为它虽然具有最高的预期，但它只生产了1500美元的利润，因为在一年内只有很少几次交易机会。因此，高回报法是三种方法中最无效的方法。

波段法和频繁交易法在很多方面似乎很一致，两者都有相同的精确度（70%）、相似的平均收益（614美元和604美元）和差不多的预期（56%和55%）。那么，这两者之间你该如何选择？你需要看看它们呈现出的机会。在同一期间，频繁交易法有20个交易机会，而波段法只有10个交易机会。因此，频繁交易法产生了一个更高的利润，达5450美元，而波段法只有2800美元。频繁交易法有机会使10个额外的交易机会都实现56%的预期。因此，频繁交易法优于波段法。

这里透露的信息是，你必须考虑到你的方法将呈现给你的机会。即使你发现了神话中的圣杯，但如果它每年只有一次交易机会，那也没什么好处。每年交易一次是不够的。将预期与机会相结合，你才会真正拥有属于你的交易圣杯。

等你认识到以下两点，我们再继续看其他的启蒙内容。

- 作为风险管理者，你必须制定权衡了预期和机会的方法。
- 作为交易者，你的交易要考虑的是预期和机会，而不是准确度。

表 4-4　三种方法下的交易机会

每次交易的风险资金（美元）	500		
每年的交易结果	高回报法	波段法	频繁交易法
1	1 000	650	400
2	1 000	700	650
3	−500	350	700
4		400	400
5		900	800
6		800	900
7		500	700
8		−500	500
9		−500	600
10		−500	500
11			550
12			400
13			700
14			650
15			−500
16			−500
17			−500
18			−500
19	—	—	−500
20			−500
利润	1 500	2 800	5 450
风险资金总额	1 500	5 000	10 000
期望值	100%	56%	55%
绩效			
盈利次数	2	7	14
损失次数	1	3	6
准确率	67%	70%	70%
平均收益	1 000	614	604
平均损失	−500	−500	−500
平均收益：平均损失	2	1.2	1.2
期望值	100%	56%	55%

如果你能够在交易中生存下来，那么是预期和机会让你的交易账户余额增加，而不是趋势线、指标或权威专家。

如果你想要生存和成功，只想着赚钱是不够的。你要知道你的预期，并寻求最大化，这并不是通过提高准确度就能实现的。现在你应该知道，如果你想提高预期，可以通过牺牲准确度来提高回报率。此外，你不应该按照最高预期来制定方法，这样会减少机会。

如果你制定了一个具有很好的预期值的方法，但发现它没有提供足够的机会，你就必须想办法增加你的机会。

最简单的方法是增加其他市场的交易。如果你增加了1个市场，你的机会就会增加1倍；增加第3个，你的机会是原来的3倍，等等。假设你的账户可以承受额外的保证金要求，而且你能承受潜在的额外损失，那么一揽子市场交易就不失为一条明智的途径，可以为你的方法提供更多的机会。

追求简单

当你认识到简单性是制定具有稳健强大期望值的方法的关键时，就可以继续我们的启蒙。简单性在两个层面上起作用，即简单的设计和简单的支撑线与阻力线。

简单的设计

交易方法必须能够通过"麦当劳"测试，即这个交易方法能否被一个青少年理解并使用。如果不行，那么你的方法可能太复杂了。你需要简化它。

在方法的设计上，应以简单为好。如果包含太多的可调节变量，那么在逻辑上更容易出问题。你需要避免交易中的智力陷阱。许多在交易中失败的人都以为，答案肯定很复杂，因为市场一定不会轻易泄露它的秘密。他们开始把市场看作需要想破脑袋破解的鲁比克魔方。所以，任何一个有着高明和深刻观点的理论都会吸引他们的注意力。他们喜欢智力的挑战和刺激，这些挑战和刺激来自学习和理解复杂的理论，以及将其应用于市场分析。

我的建议是抵御这些理论对你的吸引。如果你投降了，请记住存在大量高明的理论，以及更明智的中间道路理论，它们都很有说服力、逻辑性和引人注意的观点。当你听到这些诱人的观点时，请不断提醒自己，它们不可能都是正确的，绝对不可能，希望你挑出的理论是正确的那一个。你觉得自己是那个幸运儿吗？你如果想靠这些理论赚钱，那就祝你好运了。其实，正如我已经说过的，简单的方法才是最好的。

简单的支撑线与阻力线

确定潜在的支撑线和阻力线是交易的核心。因为有潜在的支撑线和阻力线，交易者的每一次交易才会有赚钱的可能。当交易者认为市场的潜在支撑线和阻力线破位时，这个位置就是止损点，需要止损离场。成功的交易就是恰到好处。你之所以买入，是因为你相信市场已经触及潜在的支撑线，并且这个支撑线将抬高。你在某一水平上止损离场，是因为你认为自己原先的设想是错误的。你卖出是因为你相信市场已经碰触潜在的阻力线，并且阻力线将下降。而再一次你在某个水平上止损离场，是因为你觉得自己的设想将被证实是错误的。

不要陷于最新的软件或复杂的市场分析。切勿忽视分析的基本目的：寻找潜在的支撑线和阻力线。

为什么你只有在市场已经碰到支撑线时才会买入，或者为什么你在市场碰触阻力线后卖出？听起来很简单，不是吗？然而，许多交易者深陷他们特定领域的分析中（艾略特波浪、江恩理论、几何法、K 线图、电脑系统、占星术、周期性、多样性，等等）不能自拔，以致迷失了目标，即寻找市场可能碰触的支撑线或阻力线。

你应该定期暂时停止手头的分析，时刻关注大局变化，市场碰触的是潜在支撑线还是阻力线？就这么简单。在第9章中，我将通过几个例子更深入地阐述简单化的妙处。

涉足众人不敢去的地方

继续你的启蒙：学会涉足众人不敢去的地方。如果多数交易者失败了，你应该反其道而行之，涉足众人不敢去的地方，而不是效仿他们。你必须学会远离大众，与从众心理对抗，不能因为人多就感到安全。

这意味着要跳出固有的思维框架。从本质上讲，它的意思是指，如果大多数人都朝西看，你应该看看东边。只有10%或更少的交易者能跻身成功者之列，所以为了生存，你需要站在少数人这边。你不仅应该涉足众人不敢去的地方，还应该待在少数人喜欢待的地方。

众人害怕涉足之处包括：

- **成为输得起的人**：人们大多最讨厌失败，总是时不时地调整止损点来延长交易时间。你要输得起。我愿意成为输得起的人。
- **成为最大的赢家**：大多数交易者都非常焦虑，以致连仅有的那一点点利润都保不住。他们忽略了自己的交易计划，并过早获利出局。你应该努力成为最大的赢家，努力成为成功的交易者，只要坚持一直按照交易计划行事就能做到。我愿意这么做。
- **成为趋势交易者**：不幸的是，市场趋势并不总是那么明朗。因此，趋势交易法的准确度通常较低，一般只有1/3左右的准确率。现在，多数人不能忍受仅有1/3的交易能赚钱，即使事实证明趋势交易法毫无疑问能让交易者成功！所以你应该努力学习如何利用趋势法成功地交易，学会如何在只赢得 1/3 交易时仍能生存下来。你要努力在大多数人无法成功的地方成功，咬牙忍耐 67% 交易失败带来的痛苦。相信自己能够做到大多数交易者不能做到的，因为大多数交易以失败告终。我愿意这么做。

- **崇尚简单**：大多数交易者不信任简单明了的解决方案，一直把问题想得过于复杂。你应该努力开展调查、研究，并制订简单易行的交易方案。如果这种解决方案被证明是有价值的，那么简洁的步骤将保持交易的稳健，而且有利可图。我愿意这么做。

- **对公开销售的图形分析程序持怀疑态度**：大多数交易者都有通用指标的图形分析程序。在将指标列入方法之前，请务必对指标进行独立验证。我愿意这么做。

- **对公开销售的交易系统持怀疑态度**：大多数人会听信交易系统的市场炒作，也很容易受到精心安排的广告和市场活动的影响。你应该尽量保持客观，不能相信一夜暴富的鬼话，要敢于质疑。我愿意这么做。

- **业精于勤，荒于嬉**：你应该努力开展调查、研究，独立验证任何一个你认为有价值的交易想法。你应该设法独立完成工作。我愿意这么做。

验证

验证指的是用 TEST 这个程序验证你的预期。TEST 是 30 次电邮模拟交易（thirty emailed simulated trades）的缩写。用 TEST 验证你的预期能够帮你完成启蒙。

制订一个简单且有良好的预期和机会的交易预案之后，在把真金白银投入交易之前要做的最后一步，是验证你的预期。准确验证预期的唯一方法是采用模拟实时交易样本以外的数据，也就是指那些在模拟交易中并未使用过的数据。最好的样本数据应选取实时产生的"现实"数据。

纸上模拟交易无法验证方法的预期，因为缺失独立观察者。只有自己参与的纸上模拟交易没有任何意义，因为它无法模拟市场随机的特性。市场不会允许你中途更改或捏造你的交易规则。纸上模拟可以抹去交易中蒙受的损失，市场绝对不会给你这样的机会。纸上模拟交易并不像市场那样让你本性毕露。纸上模拟交易不能说明任何问题，只是一个自己闹着玩的游戏，度过了一段赚取虚无利润的欢笑时光而已。

TEST 是能准确验证方法预期的唯一途径。你须在市场开市之前将完整的指令电邮给你的交易伙伴，这样的操作需要 30 次。你的交易伙伴将你的模拟指令打印出来，应按照约定在开市之前接受这些指令。你的交易伙伴将充当你的虚拟客户顾问，记录你的交易结果。在 30 次模拟交易完成后，你的交易伙伴将电邮复印件返还给你。你可以使用在本章前面提到的公式据此计算你的预期。

如果你的预期是正值，你应该将这个权益曲线用于市场，希望这是一条光滑的权益曲线，据此可以检验你的方法是靠着一两次"幸运"的交易偶然得到的，还是方法得当应得的。显然，如果结果是均匀分布，而不是依靠几次关键的交易，那就是正常的，否则，你就不知道交易取得的成果只是因为"走运"，还是你应得的回报。

为确保你的模拟样本足够大并在统计上有效，30 次电邮模拟交易是必要的。使用电子邮件就是为了模拟真实的市场。这就是拥有一个与你保持距离交易伙伴如此重要的原因。正如一次真正的交易，一旦发出了模拟交易指令，就无法再回头。你不能撤回电子邮件（除非是在开市之前，或者市场变化无法执行你的指令要求）。就像真实交易一样，模拟交易的命运将掌握在上帝手中。

你会发现很难向交易伙伴袒露你的交易想法，但是这样做却可以让你最大限度地接近实时交易。虽然它可能会让你感到尴尬和倒霉，但却比你在现实市场中失去辛苦赚来的钱要好得多。

使用 TEST 程序进行电邮模拟交易要记住只做一手（100 股）就可以了。你的目标应该是验证方法的预期。如果预期是正值，而且不是依赖于个别的交易，那你的方法就通过了验证。

如果你没有通过检验，说明你的方法的预期还不够好，那么就重新选择方法，重复进行 TEST 测试，直到你验证了预期。

TEST 测试程序对随机应变型和机械型交易者都适用。如果你是一个机械型交易者，你不应该凭借一条光滑的过往的权益曲线来验证你的交易系统，因为这只能说明，你已经成功地使你的方法拟合了历史数据。向后看是自欺欺人，向前看才是最重要的。

随机应变型交易者或许认为向交易伙伴电邮一份完整的指令是不可能的。他们可能会说在市场开张以前，他们不知道应该做什么，他们想伺机而动。他们可能觉得虽然购买了一定的仓位，但还不能确定何时或如何赚取利润。如果是这样，说明这些交易者缺乏一个明确的交易计划。虽然你可能想等开市后再发指令，但你在进入市场之前就应该知道要达到什么目标。如果你有了目标，这就可以清晰明确地体现到指令中，然后发给你的交易伙伴。

这也适合那些不愿获利了结的随机应变型交易者。尽管如此，你仍然可以向交易伙伴发出明确的卖出指令，因为你应该已经制定了明确的获利退出规则。如果你使用移动止损点，必须告诉你的交易伙伴，那样他才可以进行相应调整。

即使是随机应变型交易者也应该有一个清晰的交易计划，明确买入价位、设置止损点以及获利退出点位。每次交易都应该遵循相同规则，即使你的每个交易遵循不同的交易计划，但同一个交易，对应一个交易计划。

如果你在考虑你的交易计划，你可以将它写下来。如果你能记录你的交易计划，你就可以把它电邮给交易伙伴。如果你可以发电子邮件，你就可以在开市前发电子邮件。这一方面可以验证你的预期，另一方面你也可以确信自己的方法是否有效。

即使你碰巧建立了一个有良好预期值的系统，你可能也会觉得很难利用它开展交易，因为你潜意识里并不相信它。这也是你运用外购的交易系统（假设它们很强大）感到很困难的原因：你并没有相信这个系统的预期。只有当你的内心无条件地信任自己的方法时，你才能熟练地将它运用于交易。这个时候，你才会全身心投入，顺利克服心理障碍（而不是其他所有障碍），从而在交易中获得生存和发展。

要绝对信任自己的方法，最好是尽可能真实地模拟实时交易，这就是 TEST 程序可以为你提供的。如果你的方法保持着正值预期，你自然就会相信并运用这个方法，同时会在实时交易中得心应手地运用。

电子交易模拟器

许多电子经纪人可以让你开立虚拟账户测试自己交易的技能。你可以把这些虚拟账户当作交易模拟器来测试你的方法。在使用 TEST 程序之前，你会发现利用其中的一个虚拟账户进行第一道测试是很有用的。我不认为虚拟账户是 TEST 程序的替代品，因为我相信这不能实现交易伙伴对你的交易表现的监控。没有什么会像他们那样时刻专注地观察你的一举一动，就像你在市场中投入真实的风险资金一样，所以用 TEST 程序验证你的预期，是无可替代的最佳途径，它是你交易路途中必须经过的一个环节。不过，我们可以看到虚拟账户不妨作为一个"备用"TEST 程序运行，还是有它的好处的。

小 结

　　启蒙是成功交易必备的第二个通用原则，而且我认为是最重要的。启蒙为你划定了清晰的界限，让你在这些边界内运作。如果你能够始终恪守这些界限，你就会有更大的存活机会，从而实现成功交易。启蒙的目的是帮助你避免爆仓危险。避免它，你就会成为一个成功的交易者。

　　启蒙通用原则告诉你可以通过以下方法降低你的爆仓风险。

- 根据审慎资金管理通用原则降低每次交易的风险资金数额
- 提高交易方法的准确率
- 提高交易方法的平均收益－平均损失回报率
- 设计方法时要考虑预期，而不是准确度
- 设计方法时要考虑机会
- 设计一个简单的方法
- 设计一个能够鉴定支撑线和阻力线的方法
- 涉足众人不愿去的和鲜有人关注的地方
- 用 TEST 程序验证你的预期
- 通过验证预期建立信任机制

　　但愿启蒙通用原则为你指明了交易生存之道。如果你可以存活，就将会在交易中成功！可以看一下启蒙"金字塔"（见图 4-12）。

　　在第 5 章中，我将讨论成功交易的第三个通用原则——建立一种交易风格。

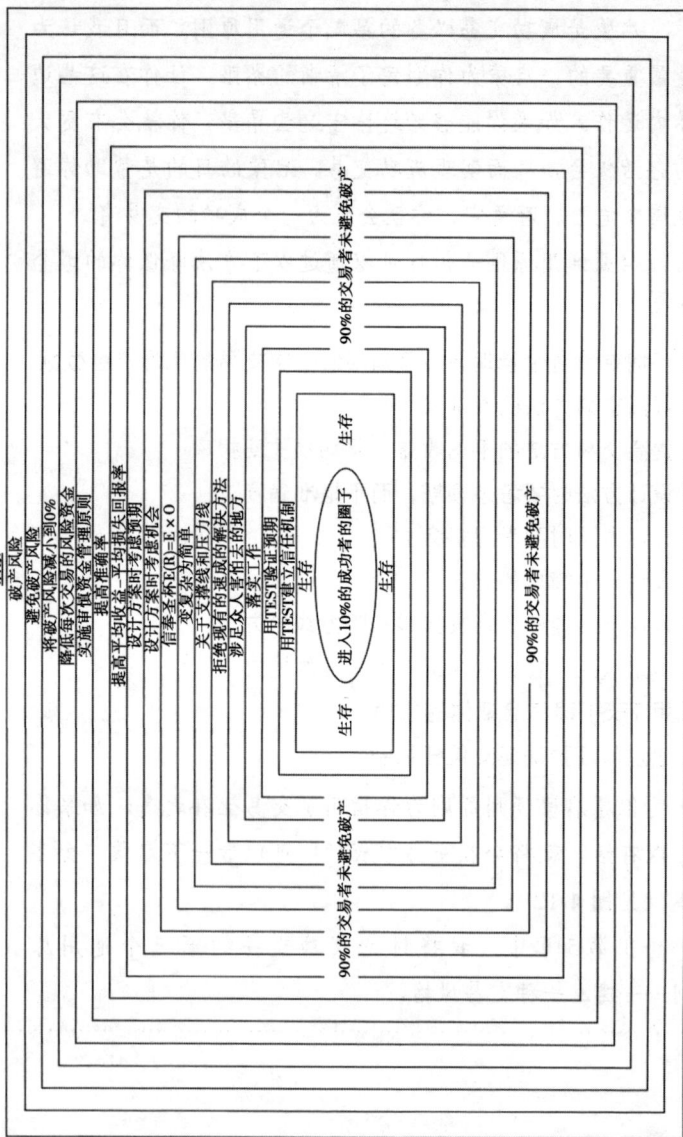

图 4-12 启蒙 "金字塔"

通用原则三：交易风格

The Universal Principles of
Successful Trading

在这一章中，我将探讨如何选择合适的交易风格，这是成功交易的第三个必不可少的通用原则。选择一种合适的交易风格要求你在这两个方面做出决定：

- 交易模式
- 交易长短期限

交易模式

交易模式指的是你想采用的交易类型，共有两种。

- 顺势交易
- 逆势交易

你不是顺势交易者[⊖]，就是逆势交易者，这很简单，困难的是要找出明确的趋势。逆势交易通常被称为摆动交易（swing trading）。所以，我在讨论中会用"摆动"而不是"逆势"这个词。可以在图 5-1 中看到对顺势交易和摆动交易的简单解释。

市场很难保持一致的趋势，它大约有 85% 的时间在盘整，这让顺势交易者感到非常沮丧。当顺势交易者看到了一个明显的趋势时，他们才会顺着趋势的方向做交易。摆动交易者逆着市场趋

⊖ 也称为"趋势交易"，在本书这两个说法可以根据上下文需要采用。

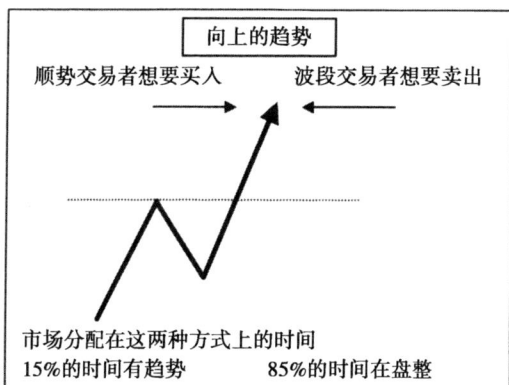

图 5-1 趋势交易与波段交易

势的方向交易。他们认为市场的趋势将发生逆转，或者市场趋势回调时，便是一个短暂的交易机会。

顺势交易者通常有较低的准确度，而且会经常亏钱，但是当他们获胜时，赚到的是大钱，交易平均持续时间为几个月，至少会有几个星期。摆动交易者通常会有较高的准确度，但是平均收益较低。他们的持仓时间通常是几天或者最多是个把星期。这两种交易方式的难点都在于正确地确定趋势方向。

作为交易者，你需要选择一种交易方式：不是顺势交易，就是摆动交易，或者是两者的结合。很多成功的交易者通常将顺势交易和摆动交易都纳入他们的交易计划中，另一个重要的因素是交易的长短期限。

交易长短期限

你需要决定一个交易时限：当日、短线、中线或者长线的交易。当日交易是指在当日"清仓"或者退出市场。

当日交易者从来不持仓过夜，他们可能会在一天内交易好几次。短线、中线或长线的交易者通常会持仓一天以上，虽然时间长短不一。短线交易者的持仓时间可能长达 1 个星期，中线交易者可能持续几个星期，而长线交易者的持仓时间可能超过 1 个月。然而，这三类时限的交易者之间并没有严格的界限。

选择交易风格

交易模式和交易长短期限有很多种组合方式，你可以从中选择一种合适的组合，形成自己的交易风格。目前，与交易相关的一些书籍在交易风格选择上有个共识：应该使用、挑选和建立一种与本人的个性和气质相匹配的交易风格。让你感到舒适的交易风格，才是适合你的，如果你感到不舒服，那么这种交易风格很难维持和得到执行。

你可能已经看过或听过不止一次这类建议。乍听上去很有道理，因为我们每个人都不一样，有着不同的气质和个性。寻找一种适合我们个性的交易方法是讲得通的。然而，这个通用指导思想也存在一些小问题。虽然它的设想很好，但是忽略了市场和交易的实际情况。

第一，如果所有与市场相关的言论都与现实相符，那么你完全可以选择让你感到舒适、温暖和安全的最优的交易方法。不幸的是，大多数有关交易和市场的公开言论都只是纸上谈兵，甚至连基本的支持证据也找不到。通常，读者看到的只是一些精心挑选的图例，来支持相应观点。没有客观证据可以证明这些方法能够持续盈利，对此情况，我并不感到惊讶，因为大多关于交易的说法确实不起作用。事实上，如果它真的能起作用的话，你看到的就不会是 90% 的交易者失败了，而是另一番景象：90% 的交易者成功了。很不幸，你无法根据自己的个性选择最佳的交易理念或方法，因为大多数交易理念实在是不堪一击。

第二，交易时感到"舒适"这种现象通常不会发生。如果交易是舒适的，那么每个人都会从事交易，而且能坐享丰厚利润。记住，你几乎不可能舒舒服服地获取利润。比如，当交易者认为自己投资了一家公认不错的公司时，交易就会让人感到如沐春风般的惬意。交易者对所进行的长线投资感到舒适，是因为他看到的所有分析、访问的各家论坛均持有一致的看法，那么多人看法相同，这使他感到满意。然而，通常地，当一种想法已形成共识，那么它就已经充分反映在价格上了。在达成共识后才进场交易的，往往是最后几位的交易者。最后几位意味着之后不会再有别的交易者进场抬高价格。一旦每个人都处于"舒适"的交易中，市场将会开始恼人的逆转：把所有人堵在里边。从我的经验来看，通常成为少数人是最好的。不过，成为少数人或者赞同少数人的观点并不舒服，因为你显得与多数人格格不入。一般地，"舒适"会置交易者于死地。因此，虽然大多数人建议采用一种与你个性相符的交易风格，但是这忽略了一个市场事实，"舒适"的交易几乎不会带来利润。

第三，不是所有的交易风格对交易者的财务要求都相同。通常，短线的摆动交易对财务要求较低，而长线的顺势交易的要求相对较高。如果你拥有不受限制的财务资源，那么这不会成为障碍。然而，如果你像大多数个人交易者一样，交易风险资金相当有限，那么就必须将这一点纳入考量。一般地，你的交易期限越长，你需要的交易资金越多。

例如，当你看到20天移动平均线向上穿越了较慢的60天移动平均线时，你会想要买入；反之，你会卖出。我不知道这种长线投资方法会带来怎样的结果，但是，如果你利用市场组合正确交易并实施审慎的资金管理，如果你还不能赚钱的话，我才会觉得奇怪。这种策略的结果是，即使你只有30%的时间可以获利，你也可以得到3∶1的平均收益损失比，最终将获利。如果使用第

4 章的期望公式计算，你可以预期每一美元风险资金至少将赚 0.20 美元或 20% 的回报率。然而，要在这种两条移动平均线交叉的系统中交易成功，你必须有 20 ~ 30 个市场组合交易，不过这超出了大多数个人交易者的财务承受能力。

当你看到成功交易需要的市场组合数量时，资金实力小的个人交易者的问题就出现了。长线顺势交易能够成功运作的原因在于，交易者在足够长的时期内，要覆盖尽可能多的市场。这样一来，顺势交易者将不会受到一个或两个失控市场的影响。长线顺势交易者若要成功，需要对 20 ~ 30 个市场进行监控和交易。

我们用海龟交易系统作为例子。这是一个著名的长线趋势交易系统，需要在 20 ~ 30 个市场中进行交易。图 5-2 显示了 2007 年的变化，假设投入了 1 000 000 美元的交易资金。2007 年是卓有成效的一年，唯一的不足是在 2007 年 2 月到 2007 年 3 月下旬，资金账户从 1 250 000 美元下降到 500 000 美元，一下子缩水了 750 000 美元，回撤率高达 60%。现在，没有多少个人交易者能够承受这么大的损失。

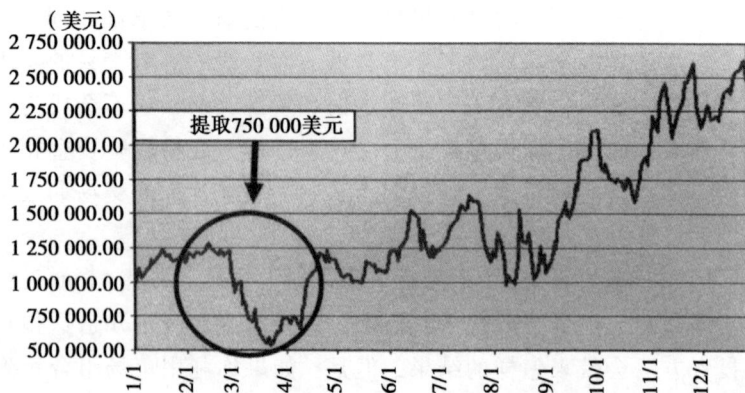

图 5-2　海龟交易系统 100 万美元的投资组合实际余额变化图（2007 年 1 月 1 日 ~ 2007 年 12 月 28 日）

资料来源：www.turtletrading.com.

一些鼓吹者可能认为，长线趋势交易者进行交易的市场可以少于 20 个。然而，他们是用拟合市场曲线的方法伪造了一个投资组合，以便更好地推销他们的课程或产品。如果你挑选的 15 个市场多年都没有实现巨大的盈利，结果会怎么样？可以想象，这些可怜的长线趋势交易者必定会度日如年。如果你能负担得起20 ～ 30 个期货合约的初始保证金和追加保证金，以及各个市场可能出现的跌幅，你可以考虑将长线趋势交易作为你首选的交易风格。如果没法做到，即使长线趋势交易适合你的个性，也不能考虑它。通常，短线摆动交易能让你将注意力集中到一个或两个市场，对个人交易者来说，这样做会更现实一些。那些资金稍微充裕的交易者，他们一般能对大约 10 个市场进行监控和交易，可以考虑选择一种中线趋势交易风格。

罗素·桑德斯⊖和拉里·威廉斯⊖各自推出了有用的交易方面的培训班。桑德斯讲授具有传奇色彩的长线趋势海龟交易系统，而威廉斯则传授基于模式的短线交易方法。培训者与培训班都很棒，特别是拉里·威廉斯，当场进行实时现场交易，向学生展示他的百万美元挑战（MDC）课程的威力。顺便提一下，拉里之所以将他的课程称为"挑战百万美元"，是因为他要在教学过程中现场交易上百万美元，这是他对自己的挑战，因此称为"挑战百万美元"。在 MDC 课程中，他已经胜利了，完成了 120 多万元美元的交易。我在表 5-1 中对结果进行了归纳总结。

⊖ 罗素·桑德斯（Russell Sands）是正宗海龟交易员、华尔街著名操盘手和资本经理、系统交易大师。

⊖ 拉里·威廉斯（Larry Williams）是美国华尔街知名投资大师、众所周知的短线交易员，是著名的 W%R 指标发明人，有着多年的交易经验。

表 5-1　拉里·威廉斯现场交易结果

时间	金额	时间	金额	时间	金额	时间	金额	时间	金额
1999 年 10 月	$250 000	2000 年 11 月	$46 481	2001 年 10 月	$48 225	2003 年 04 月	$12 046	2004 年 09 月	$26 023
2000 年 05 月	$302 000	2001 年 05 月	−$9 640	2002 年 05 月	$32 850	2003 年 05 月	−$750	2004 年 10 月	$92 075
2000 年 05 月	$35 000	2001 年 04 月	$149 000	2002 年 10 月	$79 825	2003 年 10 月	$34 600	2005 年 06 月	$6 000
2000 年 10 月	$22 637	2001 年 05 月	$23 300	2003 年 05 月	$35 034	2004 年 06 月	$34 000	2005 年 11 月	$34 000
								2006 年 06 月	$3 800
									$1 256 506

资料来源：Larry Williams.

我曾两次亲自参加 MDC 课程，目睹了拉里的两次现场交易。让我们对罗素·桑德斯和拉里·威廉斯的培训班做个比较。正如我之前所说，它们都很精彩。不过，威廉斯的交易方法比桑德斯的长线趋势海龟交易系统，更加适合个人交易者。桑德斯的海龟交易系统需要一个更大的交易账户，以满足 20 ~ 30 个市场的资金需求。要是我早知道在海龟系统中交易需要大量的资金，我肯定不会参加他的培训班，不是因为他的方法没有价值，而是我的账户资金没那么多。

这里顺便插一句，以前有个交易者为了解我对海龟系统的看法而打电话给我，我和他交谈过，向他表达了上面的观点：海龟系统不适合小规模资金的个人交易者。他最近刚好又打电话给我，他对他的交易很失望。他忽视了我的建议，真的参加了罗素·桑德斯的周末海龟交易培训班，不可避免的事情终于发生了：对长线趋势交易者来说，发生了十分正常的回撤，导致他被迫退出市场。这并不是交易系统的问题，因为他告诉我是自己加杠杆开了过多的仓位，随着出现急剧回撤，才导致被爆仓。请记住这个经验教训。

从现在开始，我们会更细致地讨论长线趋势交易和短线摆动交易。

长线趋势交易

正如你所知，只有那些资金账户充裕、能够负担得起大量市场交易的人，才应该考虑长线趋势交易。如表 5-2 所示，你可以看到几个关键特性及其对长线趋势交易的影响。我将这些特性进行分类，归为成功交易必需的三个重要部分：资金管理、方法和心理。

表 5-2　长期趋势交易的重要特性

组成部分	关键指标	影响	
资金管理	组合	大	20 ~ 30 个市场
	账户缩水	大	
		长	
	财务保证	高	（20 ~ 30）× 最初的保证金
方法	时间周期	长	一个月以上
	准确率	低	25% ~ 35%
	平均收益：平均损失	高	3.0 以上
	期望	好	
	每个市场的机会	低	
	佣金和亏损	低	
心理	情感障碍	高	频繁的损失
			仓位长期下降
			没有喘息机会

资金管理

投资组合

长线趋势交易要获得成功，必须采用大的组合，因为市场只有 15% 的时间是存在趋势的。趋势交易者需要对 20 ~ 30 个市场进行监控和交易，以保证他们每年都能够捕捉到一个或两个具有最佳趋势的市场。

回撤

长线趋势交易中，成功者只占少数，大多数为失败者。如果你在 20 ~ 30 个市场里交易，而且频繁失败，那么回撤就会越积越多。这种方法在时间分布上亏多赢少，因此将会也确实会导致长时间的回撤。

财务保证

正如我提到的，长线趋势交易需要的财务保证相当高。对 20 ~ 30 个市场进行监控和交易要求趋势交易者能够同时对所有市场提供资金。虽然长线交易系统同时触发 20 ~ 30 个市场的入场信号是不太可能的，但趋势交易者必须随时为此做好准备，他们不能对交易时机挑三拣四。趋势交易者不清楚哪个市场或者交易时机会让自己赚大钱，所以他们不得不抓住所有的市场和机遇，而不考虑时机问题。

方法

期限

趋势交易者应该想到持仓时间可能会持续一个月以上。他们需要学会控制住手中的筹码并最终取得胜利，以补偿这段时间里所遭受的损失。

准确度

长期趋势交易的准确率较低，为 25% ~ 35%。这并没有什么好奇怪的，因为市场只有 15% 的时间呈现明显趋势。

平均收益 – 平均损失比率

平均收益 – 平均损失之比会很高。一种良好的趋势交易方法应该使交易的平均收益至少达到平均损失的 3 倍以上。趋势交易者需要高平均收益的交易，不仅用于弥补所有较小的损失，而且可以使风险资金产生一定回报。成功的长线趋势交易者总能把握住几个大的盈利机会，确保这一年收获颇丰。

期望值

长线趋势交易的期望值是正的。趋势交易方法若可以使30%的交易者成为赢家，那么，根据3:1的平均收益－平均损失比率，这种方法会产生20%的预期值 [= (30%×3.0) − (70%×1.0)]。

机会

单个市场的交易机会少得可怜。使用趋势交易法的交易者建仓很慢，单个市场一年内并不会出现很多交易机会。为了解决单个市场机会缺乏的问题，趋势交易应该采用多个市场组合。在20～30个市场组合中交易，可以提供足够多的成功机会。

然而，对于想要在单个市场中交易的操盘手，即使你有足够的资金可用于长线趋势交易的话，这样做还是不适合你。因为和其他任何方法一样，长线趋势交易方法需要大量的机会以实现预期。在单个市场交易，不能为长线趋势交易带来足够多的机会。唯一的方法是在一揽子市场组合中交易。

交易成本：佣金和滑点

在长线趋势交易中，交易成本（佣金和滑点）较低，因为这是一种慢速的交易方法，交易次数比摆动交易少，交易次数越少，则意味着佣金越低，佣金和滑点占利润的比重很低，因为平均收益非常高。

心理

情感障碍

长线趋势交易一般存在情感障碍。频繁的损失会让我们的身心受到挫折。与生活中的其他情形一样，如果在所选择的道路上行进时一帆风顺，那么继续前行就简单多了。如果频繁受到阻碍，那么要坚持下去就困难多了。你的手指想按下交易键时，你的心里会响起另一个声音："不，不要一错再错，没准这又是一次失败的交易！"

经常性的失败导致仓位长期下降。而且，当你面临仓位持续下降的局面时，继续开展交易会产生情感障碍。

除此之外，长线趋势交易会让你身心疲惫，因为长线趋势交易者永远不能错过任何一次交易机会，他们不知道下一个巨大的盈利机会在什么地方，或者什么时候会出现。长线趋势交易令人筋疲力尽，几乎不可能有什么假期，除非有人可以替你下达交易指令。

短线摆动交易

表 5-3 总结了短线摆动交易的重要特性。

表 5-3　短期波段交易的重要特性

组成部分	关键指标	影响	
资金管理	组合	小	1 个市场
	账户缩水	小	
		短	
	财务保证	低	1× 初始保证金
方法	时间周期	短	1 ~ 5 天
	准确率	高	50% 以上
	平均收益：平均损失	低	1.0 以上
	期望	好	
	每个市场的机会	高	
	佣金和亏损	高	
心理	情感障碍	低	频繁的收益
			仓位短期下降
			随时可以休息

资金管理

投资组合

短线摆动交易只需要在单个市场就可以操作。这对想在单个市场交易的资金小的个人交易者来说是很不错的。自然地，你可以在多个市场交易。然而，短线摆动交易并不要求在多个市场进行交易。

回撤

既然短线摆动交易可以在单个市场中运作，那么回撤是可以控制的。在单个市场中交易还是会让你感到不适，但这种不适感至少不会被多个市场放大。

另外，回撤持续的时间较短。短线摆动交易通常产生一条相对光滑的权益曲线，因为短线交易结果并不依赖于每年几次的巨大盈利机会。光滑的权益曲线意味着回撤幅度和持续时间有限。

财务保证

短线摆动交易的财务要求较低。在单个市场中交易需要的资金比在多个市场中交易要少得多。

方法

期限

短线摆动交易者通常持仓时间在 1 ~ 5 天。他们通常只是抓住市场中短暂的"摆动"，并不会一直追踪至新趋势的最高点。

准确度

短线摆动交易准确率一般都在 50% 以上，比趋势交易要高，不过它的平均收益 – 平均损失比率较低。

平均收益 – 平均损失比率

因为短线摆动交易者在市场中交易的时间很短，所以他们的

平均收益 – 平均损失比率较低，通常在 1.0 ~ 2.0。

期望值

如果准确率和回报率能够恰当地组合，短线摆动交易的预期值依旧是正数。短线摆动交易方法若可以有 55% 的准确率和 1.3 的回报比率，那么可以预期，每 1 美元风险资金可以赚 26.5 美分 [= (55% × 1.3) − (45% × 1.0)]。当然，预期值可以随着准确率或者报酬率的提高而提高。

机会

短线摆动交易者拥有相对多的机会，因为市场 85% 的时间在盘整中。短线摆动交易者可以遇到大量的支撑线和阻力线，这意味着有大量的交易机会。

交易成本：佣金和滑点

短线摆动交易的交易成本（佣金和滑点）较高，因此在验证交易方法的预期值时要将其考虑在内。因为存在大量的交易机会，短线摆动交易频率较高，每次收益相对较小，这产生了很高的佣金。此外，由于与长线趋势交易相比，短线摆动交易的平均收益较小，因此交易成本占利润的比率很高。这就是日内交易者很难赚到钱的原因。日内交易者可以利用的市场日内价格变动幅度较小，而且还需要支付交易成本，但是长线趋势交易者却可以利用每月价格变动来支付佣金和滑点。

心理

情感障碍

短线摆动交易并不像长线交易系统那样让人在情感上产生如此多的困扰，因为频繁的盈利为短线交易者提供了频繁的正反馈，让他们肯定自己的决策是对的。频繁的盈利能够养成良好的交易习惯，使得短线摆动交易者持续交易更为简单。这时，回撤也会更容易控制，而且不会下降太多。如此一来，交易者执行交易计划时遇到的情感障碍可以降到最低。另外，短线摆动交易者能够抽空休息，因为就算错过 1 ~ 10 个交易机会，也不会对他们整年的交易成果带来多大的影响。

长线趋势交易 VS 短线摆动交易

对长线趋势交易和短线摆动交易所做的分析表明，后一种交易风格更能得到资金小的个人交易者的青睐。短线摆动交易在以下几个方面比长线趋势交易容易应付。

- 投资组合
- 回撤
- 财务保证
- 情感障碍

不同交易风格的预期值可能是一样的，因此预期值不能作为选择交易风格的决定因素。然而，如果你偏爱单个市场的摆动交易，你应该考虑你可获得多少交易机会。

我已经对两种极端的交易风格进行了比较，让你深入了解它们的复杂之处。交易者可以选择不同长短的期限进行交易，可以是当天，也可以是短线或者中线。既然已经考察过两种极端情况，那么有必要再看一下介于它们之间的其他交易策略。

表 5-4 为你提供了一个简洁的指南，告诉你每种特定交易风格可能出现的情况。你应该适时地阅读这张表格，看看哪种类型合你的意。我自己同时采用短线和中线摆动交易，以及中短线的趋势延续型交易方法。

表 5-4 各种交易风格的关键特性

各类交易风格通览

组成部分	关键指标	短期波段交易	中期波段交易	短期趋势交易	中期趋势交易	不宜采用
						长期趋势交易
资金管理	组合	小	小	小	小	大
	账户缩水	短	一般	短期	一般	大
	财务保证	低	低	低	低	长
方法	时间周期	短	一般	短	一般	长
	准确率	高	高	低	高	低
	平均收益：平均损失	低	好	低	好	高
	预期	好	好	好	好	好
	每个市场的机会	高	一般	好	一般	低
	佣金和亏损	高	一般	高	一般	低
心理	情感障碍	低	一般	低	一般	高

很抱歉在此需要提个醒。如前所述，最大逆境法则将让交易者无法轻松找到适合自己个性的交易风格。

最终决定你的交易风格的将是预期值、机会和验证，而不是你的个性。换句话说，赚钱可不容易。

小 结

成功交易的第三个通用原则说明，当你在挑选一种合适的交易风格时，需要将以下因素考虑在内。

- 特定交易风格下所需的财务保证
- 交易风格的预期值、机会和验证
- 这种交易风格是否让你感到舒适或者是否适合你的个性（如果你是幸运的）

无论你是效仿明星交易者、利用指标、识别图表模式，还是跟随意大利数学家（斐波那契数列法）寻找交易时机，只要你的方法具备正的预期值，那么就是可行的。机会总是属于有准备的人。交易是处理现实问题，而不拘泥于细节。我将在第 6 章讨论怎样选择一个合适的交易市场。

通用原则四：市场

The Universal Principles of Successful Trading

在这一章，我们看看成功交易的第四个必不可少的通用原则：如何选择合适的交易市场。我将探究是什么造就了一个良好的交易市场，并解释为什么指数和货币市场是最好的。你将会看到我喜欢的交易市场及其原因。然而，你可能喜欢其他的市场，所以在这一章中，你可以学到是什么造就了一个合适的交易市场，从而帮助你做出自己的选择。

我认为一个适当的交易市场应具有表 6-1 中所列的大多数特性。

表 6-1

良好操作风险管理特性	良好交易特性
价格和交易量的透明度	波动
流动性	研究
24 小时覆盖	简单化
零交易对手方风险	便于卖空
诚信和有效率的市场	专业化
低交易成本	机会
	增长性
	杠杆

如果一个市场具备所列的大部分特性，那么它就值得考虑。市场需要克服的第一个困难与操作风险管理特性相关，这应该在情理之中。因为前面已经强调过，生存是交易的第一个目标，所以我们首先了解与操作风险管理相关的问题。

良好操作风险管理的特性

价格和交易量的透明度

价格和交易量的透明度是指一个市场向所有参与者显示价格和交易量的能力。

关于市场应该了解以下几个问题：你能够看到所有交易活动的进展，并且得到所有价格和交易量的信息吗？你能利用这些信息做出明智的交易决定吗？操作风险：你能够看清一切吗？

只能在一个市场中交易的证券才是最好的。在任何特定的时刻，单个市场可以保证你得到最优的买入或卖出价格。你需要确定你的证券是否只在单个市场交易。应避免选择在多个相互竞争的市场中交易的证券，因为这些市场中可能存在其他交易者操纵重大业务和隐瞒市场成交量的情况。

流动性

一旦你确定你所选择交易的证券不存在其他竞争市场，你还需要确定它是否有足够好的流动性。操作风险：你可以快速平仓吗？是否有足够的流动性保证做到这点？

虽然进入一个市场通常很容易，但如果要输得起就意味着你可以在必要时清仓，而不是干等着成交量回升到一定程度时才能卖出。为了确保这点，你应该选择具有高流动性的证券。

24 小时覆盖

一个优秀的交易市场应该24小时覆盖。唯一能够做到这点（完整的24小时连续交易）的是通过银行间大额柜台交易的外汇市场。这种场外交易市场从不停业，因为世界各地的银行都在报价。然而，在芝加哥商业交易所（CME）的全球期货交易系统中，电子期货合约每天交易23小时，停业1小时。芝加哥商业交易所的外汇期货交易在美国时间下午 4 点关闭，一个小时后的 5 点再次开放。

操作风险：当一切都搞砸了，你能连夜清仓吗？

24 小时交易的好处是，一天 24 小时你随时都可以止损离场。这是操作风险管理的关键。

零交易对手方风险

交易者面临的另一个风险是交易对手方的履约能力。如果你没法拿到钱，即使是一笔成功的交易也白搭。操作风险：你能拿到钱吗？

由于票据清算所保证履行所有期货合约，你建仓后不用担心交易对手方风险。但是，别的证券就不具有这么高的信誉。比如，当你购买一家公司股票时，你无法确保这家公司不会破产清算。当你进行外汇保证金、差价合约或点差交易时，你也不能保证卖家不会陷入财务危机。如果选择这些证券进行交易，交易者就面临着交易对手方风险，因此必须权衡证券交易风险和潜在利润。

诚信和有效率的市场

如果不解决操作失误和效率低下问题，想要在交易中生存会很困难。操作风险：是否存在可遵循的明确规则？

期货交易市场是一个诚信和有效率的市场。这是因为这些外汇交易场所是受到监管的。规章要求外汇交易所及其参与者（期货经纪公司和顾问）按照法定程序交易，而这些程序完全是为了保护像你和我一样的市场参与者。

外汇交易所及其参与者运作时严格恪守诚信，不能根据自己的意愿改变规则，因此你就可以从容地开展交易。股票市场却不是这样。在 2008 年的全球金融危机中，全球很多股票交易所禁止卖空。如果你是那时的一个股票交易者，可能为此丧失了一半的交易机会！在我看来，股票交易市场并不像很多人所说的那么有效率（特别是那些交易所）。

低交易成本

最后一个操作风险是交易成本, 也就是佣金和滑点。操作风险: 交易成本是否足够低?

交易者交易的目的是预期值, 而佣金和滑点会降低预期值。交易成本越低, 你的预期值会越高, 你在交易中生存的机会也越大, 所以你应该关注那些能够减少执行成本的市场。

我们比较一下期货合约与股票组合之间的佣金成本。在这个例子中, 我们利用澳大利亚 SPI 指数期货合约, 你也可以使用你正在交易的其他指数期货合约, 结果都是一样的。SPI 的点值为 \$25, 所以每移动一个点, SPI 的价值就变化 \$25。当指数在 6250 的点位上, SPI 合约的价值为 \$156 250 (= \$25 × 6250)。买入和卖出一个 SPI 期货合约, 交易者所需资金不足 \$50。不过, 假设某股票交易者负担的佣金率低至 0.15%, 他买入和卖出价值为 \$156 250 的股票组合, 需要支付 \$468.75 (= 2 × 0.0015 × \$156 250) 的佣金。若两个交易者平均每星期交易一次, 那么 SPI 交易者需要支付 \$2600 的佣金, 而股票交易者将支付 \$24 375! 孰高孰低明摆着, 当然应该选择佣金低的证券! 显然, 指数期货的交易成本比股票更具竞争力。

总之, 你交易的任何证券都应该符合上述大多数操作风险管理要求。

让我们现在看一看什么是良好的市场交易。

良好交易的特性

波动性

没有价格波动的话, 交易者无法赚钱。交易特性: 是否有足够多的便于交易的价格波幅?

我认为，全球两个波动性最大的细分市场是指数市场和外汇市场。

研究

没有调查和研究的交易就是不折不扣的赌博。交易特性：是否存在充足的便于研究的历史数据？

最好的方法是利用尽可能大的数据样本，研究和回测交易方法的预期值。如果数据样本足够大，你可以分出一半用于回测的话，就更好了。你可以用前一半数据制定方法，一旦满意了，在另一半数据上运行你的方法，看看回测结果如何。这样做，基本上可以达到我之前提到的用 TEST 程序验证系统预期值的效果。

简单化

说实话，与长期趋势交易者要专注于20 ~ 30个市场组合相比，集中在单个市场要简单得多。交易特性：市场便于监控吗？

在这里，你需要考察是否很容易进行市场日常数据的搜集和监控。现今，因为互联网和众多电子数据供应商的出现，要做到这一点相当简单。只要点击一下鼠标，就可以在几分钟甚至更短的时间内下载 100 多个市场的数据。

便于卖空

交易者在选择交易时，希望将来能够买入或者卖出。交易特性：可以无条件卖空吗？

对于在监管的交易所中从事期货和期权交易以及外汇保证金交易时，没有什么条件会限制交易者卖空（除非一个特定的交易所确实存在价格限制，而且市场当天确实达到了这个限制）。

非常遗憾的是，股票并非如此，就像你在 2008 年金融危机中

看到的一样，那时股市低迷，很多交易所禁令卖空股票，特别是
金融股。

专业化

对于资金小的个人交易者而言，专业化十分重要。集中投资
几个相似的市场，比投资大量不同的市场中交易的资金要求要低
得多。交易特性：能否成为这个市场的专家，并且学以致用？

对市场组合中的单个市场进行监控和交易，如指数期货、外
汇期货、利率、能源、金属或者肉类，肯定可以成为单个市场专
家，并能学以致用。

机会

交易方法仅有正的预期值还是很不够的，还需要足够多的交
易机会，否则你连建仓都无法完成。交易特性：市场是否会提供
足够的交易机会？

你会发现，那些具有良好的流动性和价格波动性的市场将提
供大量的交易机会，但是你必须考虑自己的交易风格，长线趋势
交易产生的交易机会，要比短线摆动交易少。

成长性

在选择时，交易者希望市场足够大，使他们易于进入和退出，
同时在交易资金增加时可以加仓。交易特性：市场的日交易量是
否大到能够随时加仓？

这也是市场流动性如此重要的原因之一。

杠杆

杠杆使交易者可以在正常情况下无法进入的市场实现交易。
交易特性：交易者在只能支付一小部分面值的情况下，是否能够

进入市场?

期货、期权、认股权证、外汇保证金、差价合约以及点差交易等，都允许交易者在只支付部分合约面值的情况下进入市场交易。

········· 小 结 ·········

我希望这个通用原则能够让你明白，选择一个正确的市场是多么重要。在我看来，你应该选择基本符合这些特性的市场，因为这是在交易中生存的基础。我个人会从事指数和外汇交易，因为我认为它们满足所有特性，是个人交易者眼中最理想的交易市场。

我们在第7章看看成功交易的另一个必备的通用原则：三大支柱。

通用原则五：三大支柱

The Universal Principles of
Successful Trading

在本章中，我们将继续讨论成功交易的第五条通用原则，即交易的三大支柱。与此同时，该通用原则也是我自认为促成交易成功的最重要的普遍原则，它由以下几部分构成。

- 资金管理
- 方法
- 心理因素

上述三者是构成实际交易的基本要素。成功多半是以银行账户里的钱数来衡量的，如果你想成为成功交易者，那么针对三大支柱的每一部分内容，你必须领会、制订并执行相关计划。

如上所述，我个人以为资金管理是成功交易最关键的要素，其次是方法，再次是心理因素。尽管相当一部分人认为心理因素是成功交易中最重要的一环，但我认为它并没有资金管理和方法更重要。我深信，失败者较之稳操胜券者，他们之间的差别不在于智商高低，而在于前者的无知、轻信和懒散。

也许你还记得，图 2-2 向我们展示了交易的过程，与此同时，也指出了这三大支柱在通往成功交易的道路上所迈出的最大一步。比起试图在这一章节描摹三大支柱而言，我更倾向于另辟章节论述每个关键的要素，但首先我会介绍一下每个支柱的要点。

资金管理

　　资金管理是成功交易中头等重要的一环，它是生存与成功的密钥。生存使你免遭灾祸，而成功将使你心中充满欢乐。我将会在第 8 章中讲述资金管理的七大策略，包括以下几个方面。

- 固定风险
- 固定资金
- 固定比率
- 固定单位
- 威廉斯固定风险
- 固定百分比
- 固定波幅

方法

　　方法为你每天的奋斗提供了指引，它告诉你为了实现预期，该如何进行交易。方法该由两部分组成。

- 交易预案
- 交易计划

　　恰当的交易预案会让你明确未来可能产生的支持位和阻力位。换言之，何时该进入市场，以及是不是买卖的时机。

　　你的交易计划会使你明确如何利用前期的准备。它必定涵盖了清晰的进入、止损、退出机制的说明。

　　而你的方法必须言简意赅而且合情合理。倘若如此，你将赢得一个绝无仅有的机会，你掌握了稳健可行的交易方法，这代表着实时交易结果将合乎已经验证的 TEST 结果。

　　在第 9 章中，我将会进一步探究交易方法的架构。清楚地了解交易方法的基本构成，这对于你创建自己的一种交易方法，抑或是接受或者修改他人的方法，都将大有裨益。

心理因素

即使你拥有了最佳资金管理策略和方法，你仍然需要一个处理情感的计划，而心理因素则将三大支柱结合了起来。有时候，欲望、贪婪、恐惧、痛苦将使你偏离成功的道路。市场的重重困难造成的经常性的情感伤痛，会动摇你坚持到底的决心。

第 10 章将讲述心理因素，并探究应如何控制情绪。你能够及时地体会到，实际交易恰如烹饪，具有可供参考的秘诀。遵从这些秘诀，如食物支撑着身体一般，你的交易将会逐渐实现你的财务目标，而背离这些秘诀，将会让你与目标渐行渐远。

一旦你为三大支柱的每一部分都制订了计划，那么你是时候考虑交易了，而此前却不可以。

第 8 章

资 金 管 理

**The Universal Principles of
Successful Trading**

在本章中，我将对实际交易中最重要的因素——资金管理加以分析考量。这是交易三大支柱中的第一要件，是应对爆仓风险的关键武器。既然你的目标是在交易中求得生存，你就一定要了解并运用合理的资金管理措施。如果不这样做，我敢说你有 90% 的可能性将会成为输家俱乐部中的永久会员，而不会获得仅有 10% 的人士才能获得的赢者俱乐部的邀请函。

求得生存和取得巨大利润的秘密就在于资金管理。恰当的资金管理的本质其实非常简单：当在交易中遭受损失时，你应该减少你的交易风险或头寸规模；反之，当在交易中取得利润时，你应该增加你的交易风险或头寸规模。

一个简短的备注：由于我自己进行期货交易，所以在本章讨论调整头寸时，我会以期货为例。如果你更喜欢做股票、期权、差价合同（CFD）、保证金外汇、外汇、认股权证等交易，那么当我提到"期货合同"时，还请多多包涵。如果我提到增加交易期货合同的数量，那就仅指增加头寸规模。相似地，如果我说减少期货合同的数量，那就指削减头寸规模。我只是觉得，用自己每天做的事来讲解会比较简单。因此，如果期货合同对你来说很陌生，或者你对期货交易没有兴趣，那么请接受我的道歉。我只是希望你能明白，这样对我而言比较简单。谢谢你对此的理解和耐心。现在我们回到资金管理上来。

合理的资金管理有两个目标。

- 生存——避免爆仓风险
- 巨大利润——产生以几何级数增长的利润

合理的资金管理将使你达到这些目标，要求你在交易亏损的情况下减少交易（即减少头寸规模），在获利的时候增加交易（即扩大头寸规模）。能够立足生存以及取得巨大利润的真正秘诀就是合理的资金管理，而不是具体的交易方法。正确的交易方法只能够为你提供优势，而良好的资金管理可以扩大这种优势。

资金管理有两种形式。

- 马丁格尔资金管理模式
- 反马丁格尔资金管理模式

马丁格尔资金管理模式

马丁格尔资金管理模式是指在亏损时签订更多的交易合同，在盈利时减少这种合同的签订量。它要求玩家在输钱后把赌金翻倍。马丁格尔资金管理模式是根据这样一个理论，即在交易损失之后，出现盈利交易的概率会升高，所以交易者应该利用这个机会，在交易失败后开展更多的交易。

这个策略是灾难的开始。在交易损失之后增加合同数量（也就是增大头寸规模），无疑加大了爆仓风险，没有人可以保证交易亏损之后就一定会盈利，也就是说交易出现损失之后，并不意味着后续交易就会有更高的盈利概率。实际上，无论盈利或损失，之后的盈利机会仍然是50%。另外，没人能保证你不会遭受长期连续的交易损失，从而导致你提前爆仓。

马丁格尔资金管理模式会增加爆仓的可能性，玩家最好放弃这个策略。

反马丁格尔资金管理模式

反马丁格尔模式是资金管理的正确策略。反马丁格尔资金管理模式会有助于你生存下来，因为它会指示你在亏损时减少交易，在盈利时扩大交易。接下来谈论的资金管理策略都属于反马丁格尔体系。

反马丁格尔资金管理模式有两个关键特征：呈几何级数增加的利润和非对称杠杆。

反马丁格尔策略会在一系列交易获利的过程中，使利润呈几何级数增加，但是在一系列交易损失或利润下降过程中，产生所谓的"非对称杠杆"。

呈几何级数增长的利润要比运用资金管理策略的单一合约交易的盈利大很多。非对称杠杆意味着在遭受损失时，弥补亏损的能力下降。也就是说，如果遭受 10% 的损失，你将需要高于 10% 的收益来弥补（见图 8-1）。如果遭受 50% 的资金损失，你将需要100% 的收益来弥补。

$$收益率 = \frac{1}{1-损失率} - 1$$

图 8-1　非对称公式

你可以用图 8-1 的公式来计算弥补损失的收益率。

以 30% 的损失率为例，如图 8-2 所示。

$$
\begin{aligned}
收益率 &= \frac{1}{1-损失率} - 1 \\
&= \frac{1}{1-0.30} - 1 \\
&= \frac{1}{0.70} - 1 \\
&= 1.4286 - 1 \\
&= 0.4286 \\
&= 0.43 \\
&= 43\%
\end{aligned}
$$

图 8-2　30% 的损失率需要 43% 的收益率来维持收支平衡

表 8-1 表示弥补一定损失率要求的收益率的大小。

表 8-1　弥补不同损失对应的收益率　　　（%）

发生的损失	要求的收益
10	11
20	25
30	43
40	67
50	100

不只是反马丁格尔策略具有"非对称杠杆"现象，马丁格尔策略也一样。然而，它们只能利用较少的合同或者较小的头寸规模，因为反马丁格尔策略要求在损失之后签订较少的合同（较小的头寸规模）。反马丁格尔策略需要更长的时间来达到更高的收益率，这比保持原来的交易规模需要耗费更多的时间和精力。

关键概念

第一个需要理解的概念是关于风险管理。即使你具有最强大和最有效的方法，你也不能预知你自己的业绩。同样地，你更不可能影响市场走势。你可以稍加控制的一个因素是你在交易上打算冒风险投入的资金数量。资金管理将告诉你投资多少风险资金。

第二个需要理解的概念是关于预期业绩。一般来说，权益曲线越稳定，在选择和应用资金管理策略时就越有竞争力。

一个稳定的权益曲线表明你的方法表现得和往常一样好，即具有稳健性。如果你对已被实践验证有效的方法很有信心，那么你应该选择能产生最大的呈几何级数增长的利润的资金管理策略。如果你担心这个方法的未来业绩，你应该选择保有本金并减少爆仓风险的资金管理策略。如果你既有信心也有顾虑，那么你可以选择一个这样的资金管理策略，它能够在保有本金和使利润呈几何级数增长之间取得均衡。世上没有绝对正确或者错误的资金管理策略，每一种策略都有它的拥护者和批评者。唯一正确的决定就是保证它是一个反马丁格尔策略。这章会讲述各种反马丁格尔策略。

在你看这些策略的时候记住，它们的应用并非一成不变。稍加想象你就可以调整和改善这些策略，或者结合你喜欢的两种策略。不要认为接下去的观察报告和应用是使用它们的唯一方法。你可以做出自己的调整，只要保证在损失时减少交易，在盈利时增加交易。

另外，即使你可能会对自己将要看到的结果感到兴奋，开始相信资金管理是实现巨大利润的唯一秘诀，但是你不能认为这比方法的预期值重要。这听起来可能很矛盾，但是仔细想一想就会明白，即使你有世界上最好的资金管理策略，如果没有能够产生可验证的正预期值，并且形成稳定的权益曲线的方法，你等于什么也没有。

良好的资金管理能把一个低预期的系统转化成一次有价值的经历，把一个具有良好预期的系统转变成令人兴奋、足以改变人的一生的经历。但是，这里的重点是正的预期值是首要的。另外，良好的资金管理结果是依赖于交易方法产生的持续的正的预期，或者换句话说权益曲线保持稳定。一个良好的资金管理策略可以在持续衰退中保护资金，避免爆仓，但是在交易方法的预期值变成负值的时候，它肯定不会赚钱。总之，权益曲线越稳定越好。

历史回顾

在讨论各种反马丁格尔资金管理策略之前，首先和你分享从拉里·威廉斯写的书《短线交易秘诀》(*Long-term Secrets to Short-term Trading*)⊖里摘录的内容。可以看到，拉里是第一个公开讨论资金管理策略的人，很多交易者并没有意识到这一点，也没有意识到拉里对这个领域所做的贡献。因此我认为分享他书中的部分内容，重述拉里在资金管理领域的个人经历、发现和旅程，将会让你受益匪浅。

从 1966 年开始到现在，拉里·威廉斯全职从事交易活动，但是直到 20 世纪 80 年代，经过不寻常的努力，拉里才将资金管理融合到他的个人交易当中。这种做法如此行之有效，以致帮他赢得了交易冠军的宝座。

尽管现今的资金管理已成惯例，并且经常性地被提及。但是回到以前，只有像理查德·丹尼斯这样的专业基金经理才会进行资金管理。20 世纪 70 年代，他运用固定波幅的资金管理方法；1984 ~ 1985 年，他把这个资金管理教给他著名的海龟培训班的学生。然而，在个人交易者中没有人知道资金管理，它并没有得到普及。过去并不存在资金管理这个词汇，直到拉里·威廉斯和拉尔夫·文斯一同研究这个问题。此后，拉尔夫·文斯的三本有关资金管理的书籍引起了公众的注意。

接下来的内容我相信不仅会让你洞悉资金管理发展的历史和方向，而且将使你理解资金管理的作用及其重要性。这些内容来自他的著作《短线交易秘诀》的第 13 章。

> 这就是本书最重要的章节，同时也是我交易人生中最重要的章节，更是我可以传达给你的最有价值的思想。你将要学习的是最有价值的东西，除此之外，别无他物，而这并不是夸大其词的说法。

⊖　该书中文版已由机械工业出版社出版。——译者注

首先我需要解释的是，我用小额资金比如2000美元如何赚到4万美元，或是如何用1万美元赚到11万美元、用1万美元赚到110万美元的资金的公式。这并不是臆想中的胜利……我们谈论的是现实的、真正的时间、资金、利润……关于资金管理这个方面，真正令人讶异的是，想要听取或从中学习的人居然如此之少。

普罗大众或是一般投机者认为：交易一定存在类似于魔法的秘诀……然而，事实并非如此。资金是在交易游戏中通过取得优势、占得先机获得的，在前后一致的方法（如资金管理）的基础上，在每次交易中获得资金，持续强化这个优势。

1986年，我碰巧看到了一篇关于玩二十一点的资金管理公式文章《资讯比例新解》（*A New Interpretation of Information Rate*），其中探讨了信息流（information flow）的定义，现在被期货交易者称之为"凯利公式"（Kelly formula）。

……我开始用如下的凯利公式进行商品期货交易：

$$F = [(R + 1) \times P - 1] / R$$

式中　P——系统获利的准确率；

　　　R——交易盈利和交易亏损的比率。

现在我们来看一个65%的准确率，盈利和亏损的比率为1.3的范例。以下是以 P 为0.65，R 为1.3做的计算：

$$F = [(1.3 + 1) \times 0.65 - 1] / 1.3$$

$$F = 38\%$$

在这个例子中，你会用38%的资金来做每笔交易。如果你的账户中有10万美元的资金，那么你就可以使用38 000美元，用这个金额除以保证金，计算出可以交易的合约数量。如果保证金是 2000 美元，这就意味着你可以交易 19 份合约。

这个公式使我的交易成绩表现惊人。在极短的时间里，我成为一个以少许资金赢取暴利的传奇人物。我的法宝就是根据"凯利公式"，将账户中的资金金额乘以某个百分比，再除以保证金的金额。这种奇效竟然导致我在某场交易竞赛中被除名，因为举办者认为除了作弊，恐怕很难拿到如此佳绩。

这里我插几句话，是关于下面引文的一些说明。1987 年，拉里在 12 个月内完成了从 1 万美元起步到账户余额超过 110 万美元的交易，赢得了罗宾斯期货交易世界杯冠军，这个成就迄今无人企及，其收益率至今仍保持最高纪录。现在回到引用的内容。

直到今天，仍有人在网上声称我有两个账户，一个专门用来记录获利交易，一个专门用来记录亏损。他们似乎忘记了，或者说根本不知道，这样做，除了严重违法之外，所有交易员在交易进入之前必须要有一个账户，所以经纪人或者我本人，怎么可能确知哪笔交易应记录在盈利的那个账户呢？

但是一如你能想到的，据我所知，在交易史上从来就没人取得如此好的业绩。更"糟糕"的是，我不止一次做到了。失败者会悻悻地说，若不是一时侥幸，就一定是在某些数字上做了手脚。

我所做的事情带有一定的革命性。革命不是请客吃饭，必然有流血和牺牲。因此，我不被信任流下的第一滴血，首当其冲来自全美期货协会（National Futures

Association），其次是商品期货交易委员会（CFTC），他们着手彻查我所有的账目记录，以查证是否有作假的可能。

商品期货交易委员会彻底审查经纪人公司的记录，并拿走我所有的交易记录达一年之久。归还记录一年后，猜猜怎么样？他们竟然要求再拿回去，只因我的交易成绩实在是令人难以置信。

这都归咎于没有听说过如此好的市场表现。我管理的一个账户运用这种全新的资金管理模式，在18个月内从开始时的6万美元增长到接近50万美元。而后有顾客控告我，其律师声称她应该赚了5400万美元而不是50万美元。

……多好的故事，不是吗？

但是这个资金管理方法也是一把双刃剑。

我非凡的业绩表现吸引了大量资金交给我管理。大量的资金的情况就不同了：双刃剑的正面效应在太阳下一闪而过，负面情形则逐渐显现出来。在努力变成基金经理的过程中（即经营一个资金管理公司）……我的市场体系和方法却失灵了，眼睁睁地看着资产以惊人的速度连连亏损消耗殆尽。是的，我过去赚钱势如破竹，而今损失的也一样快。

经纪人和客户都被吓得惊声尖叫……我自己的账户第一年开始的时候是10万美元（是的，就是10万美元整），随后高达210万美元……和其他所有人一样惨遭滑铁卢，它也是身陷旋涡之中，又一路骤降到70万美元。

在当时，除我以外其他所有人都弃船潜逃，作为一个大宗商品交易员，我就喜欢云霄飞车，我还有另一种形式的生活可供选择吗？别无他法，唯有坚守。1987年年末，我坚持着，把交易账户追回到110万美元。

多么精彩的一年啊！

拉尔夫·文斯在我的身边目睹了一切……早在我看到之前，他就看出来了……我们过去采用了错误的公式！而这个看起来是基本常识……但当时我们正处于资金管理行业的变革时期，这个谬误是不容易被洞悉的。就我而言，我们尽己所能地在尚无人迹的领域探寻市场、从事交易。当时我们看到的是交易成绩相当可观，所以我们不愿对彼时彼刻的作业方式做出太大改变。

……当我们不断搜寻任何可能驯服市场这只野兽的方法时，我的交易生涯就在这钟摆式的振荡中，跌跌撞撞地前进……尽力避免凯利公式本身存在的缺陷：爆仓问题。

在和拉尔夫讨论时……我开始意识到引起资金剧烈振荡的原因，并不在于系统的准确率百分比，也不是盈利/损失比率。这个故障和失灵来自亏损最大的那笔交易，并且这个概念非常重要……压垮我们交易"骆驼"的最后一根稻草来自那笔最大的亏损。这是我们需要对付的恶魔，并且要将其纳入我们的资金管理体系中去。

我解决这个的做法是，首先决定在任何一个交易中我要冒多少资金的风险……一般来说，你愿意花费账上10%或者15%的资金，然后除以系统中的最大平仓亏损金额……以达到你将要交易的合同数量。

所以，我的资金管理公式为：

（账目余额 × 风险百分比）/ 最大损失 = 交易或股票的合同数量

也许可能还有更好、更高级的方法，但是像我们这样平庸的普通交易者，对数字难以有更深入的了解，这已经是我所知道的最好方法。其美妙之处是，你能依据自身状况调整所能接受的风险和回报率。如果你是胆小鬼，就用资金的 5%；你把自己当成了普通人，就用资金的 10% ~ 12%；如果你希望以小搏大，玩投机杠杆游戏，那么就用资金的 15% ~ 18%。

我已经用这个方法赚取了上百万美元。接下来我能告诉你的是，开启投机王国的钥匙已经握在你的手中了。

我之所以讲述这段历史，是为了告诉你资金管理的有效性与重要性，并且说明拉里·威廉斯是资金管理的革命者和先驱。拉里把他的资金管理策略称为威廉斯固定风险法，接下来我将让你对此有更深入的了解。

现在，让我来总结一下能运用在交易中的几种反马丁格尔资金策略（包括威廉斯固定风险法）。

反马丁格尔资金管理策略

我将检测下面几种反马丁格尔资金管理策略。

- 固定风险法
- 固定资金法
- 固定比率法
- 固定单位数法
- 威廉斯固定风险法
- 固定百分比法
- 固定波幅法

为了帮助你了解和比较这七种策略，我使用同一种货币交易方法，我将其命名为 FOREX-TRADER，即外汇交易法。这个方法用于交易货币期货，所以头寸规模指的是交易合同的数量。在这个试验时期，这个方法产生了 362 个虚拟交易，所以有足够的数据应用于多种资金管理策略。用同样的方法可以帮助你比较不同的策略，透彻了解每一种策略所独具的特征。另外，之所以限制一个策略可以达到的最大期货合同数量为 100 个，是为了使结果更真实。当你对资金管理越熟悉时，你就会很快意识到，独特的策略会让你虚拟交易大规模的期货合同或者头寸，而它们未必能够反映实际的交易。因此，为了保证虚拟交易的"真实性"，我将每个策略对应的合同数量限制为 100 个。

在开始之前让我先看看该方法的交易结果，即在不采用资金管理策略下，对应自身信号的单个合同的交易结果。

无资金管理策略的单个合同的外汇交易法

以下所列出的所有结果和图表都是以美元为单位的。在测试过程中，一个日元/美元的外汇期货合同能够产生虚拟净利润 255 100 美元。而每个期货合同需要扣除 50 美元作为经纪佣金和滑点。这个账户的初始金额为 2 万美元，没有追加保证金，而且由这个模型产生的交易之间的标准差为 2.3%。每一个信号下的交易都不考虑个人风险、市场波动或汇率下降。那个时候，金额下跌的最大幅度为 13 638 美元，而下跌的最大百分比是 9%。这种方法在收益/损失率较高的情况下变得很有价值，在美元下降最严重的时候，每损失 1 美元能够赚取 19 美元。图 8-3 是固定头寸规模或在没有运用资金管理策略的情况下的单个期货合同的权益曲线。

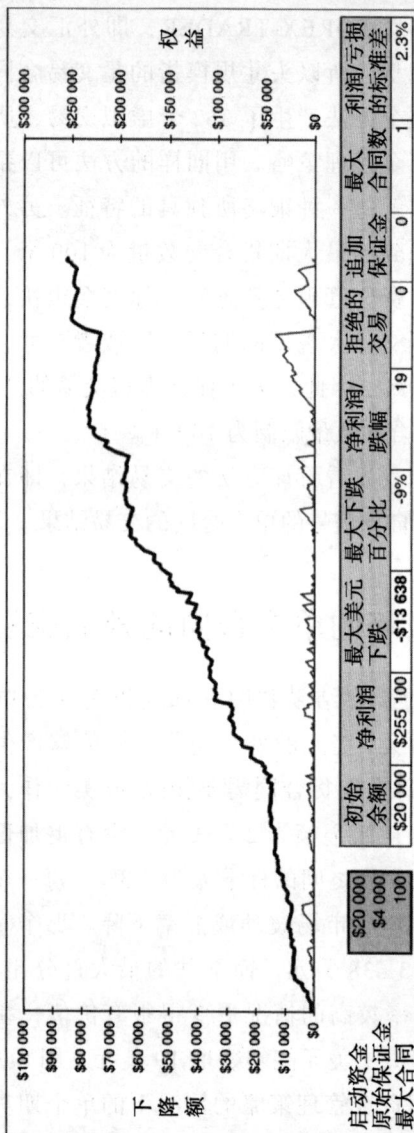

图 8-3

问题是运用反马丁格尔资金管理策略是否就能达到较高的利润。

为了回答这个问题，我首先逐个检测这七个策略，把它们各自运用到外汇交易的结果中。一旦探索出每个策略在数据样本上如何运行和显示，我将比较和分析这些策略，看是否能更深入地洞悉它们。

固定风险资金管理策略的外汇交易法

图 8-4 显示了固定风险资金管理下的外汇交易的权益曲线。在检测固定风险管理对外汇交易表现的影响之前，首先让我们讨论一下固定风险资金管理。

固定风险资金管理对每笔交易限定一个预先确定的或者固定的美元风险。每笔交易的固定风险金额，都能通过初始账户余额除以最初希望投入交易的单位资金数量的计算得出。这是一个简单计算公式，如下：

固定风险金额 ＝ 账户余额 / 资金单位数

这里的主要变量是账户余额和资金单位数（或者你可能喜欢用交易次数这个说法）。

在这个例子中，开始的 20 000 美元账户余额被分成 40 个资金单位，得出固定风险金额为 500 美元。相应地，在交易风险等于或者少于 500 美元时，你才会交易。为了计算你将要交易的合同数量，用固定风险金额除以单次交易风险金额（即入市价与止损价之差加上佣金），将计算结果截尾（舍去尾数）到最接近的整数。

可用下面的简单公式计算：

可交易合同数量 ＝ 固定风险金额 / 单次交易风险金额

如果单次交易风险金额为 200 美元，根据资金管理一般原则，你可以签订两个交易合同（500 美元 /200 美元）。表 8-2 显示了固定风险金额为 500 美元时的可交易合同数量。

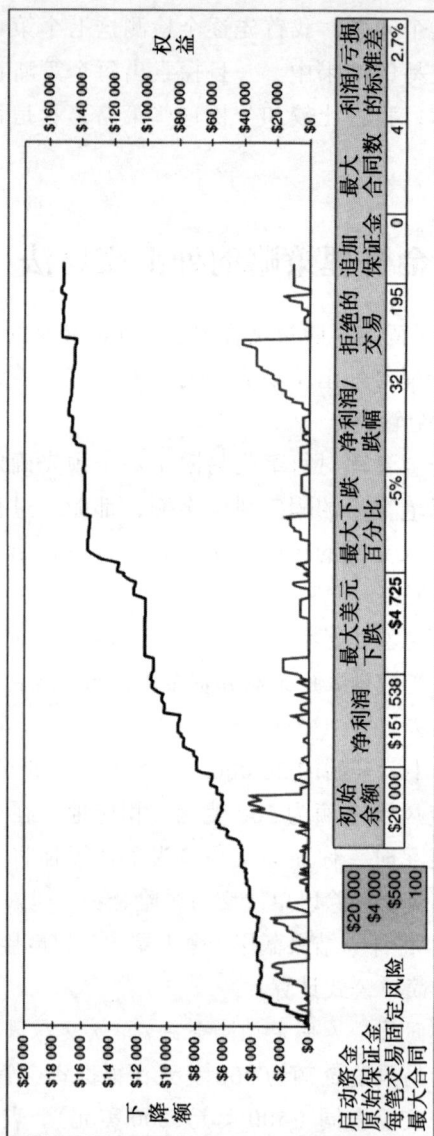

初始 余额	净利润	最大美元 下跌	最大下跌 百分比	净利润/ 跌幅	拒绝的 交易	追加 保证金	最大 合同数	利润/亏损 的标准差
$20 000	$151 538	-$4 725	-5%	32	195	0	4	2.7%

启动资金	$20 000
原始保证金	$4 000
每笔交易固定风险	$500
最大合同	100

图 8-4

表8-2　可交易合同数量

固定风险金额 （美元）	单次交易风险金额 （美元）	可交易的合同数量	
		实际数据	取整后的数据
500	650	0.8	0
500	350	1.4	1
500	265	1.9	1
500	200	2.5	2

在把固定风险资金管理策略应用到外汇交易的结果时，首先要问的是，固定风险资金法是否能够达到资金管理的目标，即损失时减少交易，盈利时增加交易。不幸的是，在这两个方面，固定风险资金法都无法满足。当你正在遭受损失时，固定风险资金法仍然希望你投资固定的500美元；当你的交易处于滑坡时，你根本没有机会减少交易合同。在遭受损失时，每笔交易中你的账户承担的风险增加，事实上意味着你的爆仓风险增加。当你盈利时，又不允许你交易更多的合同，能交易的最大合同数量是两个，这造成了更大的伤害，因为交易被限制在500美元，195个交易信号只好被搁置或者弃用，因此只能盈利151 538美元。这与单个合同所能取得的255 100美元的净利润中相比，所获甚少。

可以调整的是根据已完成的40笔交易数量，增加固定风险金额。你可以再一次把账户余额划分成40个资金单位，提高风险金额。另外，你甚至可以通过增加资金单位数进一步降低爆仓风险。无论采用哪种方式，你都将会获利。更多的风险资金意味着可以签订更多的交易合同，而且与此同时，你可以降低爆仓风险，因为单位资金数量增加了，这样就不容易造成爆仓。稍后我所介绍的固定单位数法是建立在固定风险资金之上的。

尽管并不能用每笔交易500美元的固定风险资金法来实现正确的资金管理，它仍具有一些好处。它允许拥有少量资金的交易者进行交易。只要你的方法有一个有效的、稳定的期望值，不管这40笔连续不断的交易出现何种特殊状况，你都不太可能遭遇财务爆仓问题。

固定风险资金法的另一个好处就是，能区分不同个体的交易风险。如果一个交易的风险太高，它不会允许你开展该项交易，从而减少你的头寸。尽管固定风险资金法在它的资金管理目标上是失败的，但是在管理风险上是有帮助的，具有积极意义。

固定资金管理策略的外汇交易法

图8-5表示在应用固定资金法，外汇交易的单个合同利润已经从255 100美元高涨到18 000 000美元。尽管利润以几何级数的速度快速增长，但是高利润也伴随着高风险。

固定资金法的交易合同有一个固定的资金单位。如果这个固定的资金单位是15 000美元，而你的账户余额是20 000美元，你就能交易一个合同。如果你的账户余额是30 000美元，那么可以交易两个合同。根据固定资金法，你可以用下面的公式来计算交易合同的数量。

合同数量 = 账户余额 / 单个合同的固定的资金单位

你应该把这个数字舍入取整后再计算合同的数量。用上面的例子，如果你的账户余额为32 000美元，那么可以交易两个合同（32 000美元/15 000美元=2.1，取整数为2.0）。如果你遭受损失，账户余额下滑为29 000美元，则固定资金法只允许你交易一个合同（29 000美元/15 000美元=1.9，取整数为1.0）。所以直到你的账户余额达到上面的30 000美元时，你才可以交易两个合同。表8-3阐述固定资金是怎样把数字截尾为最接近的整数（即取整）。

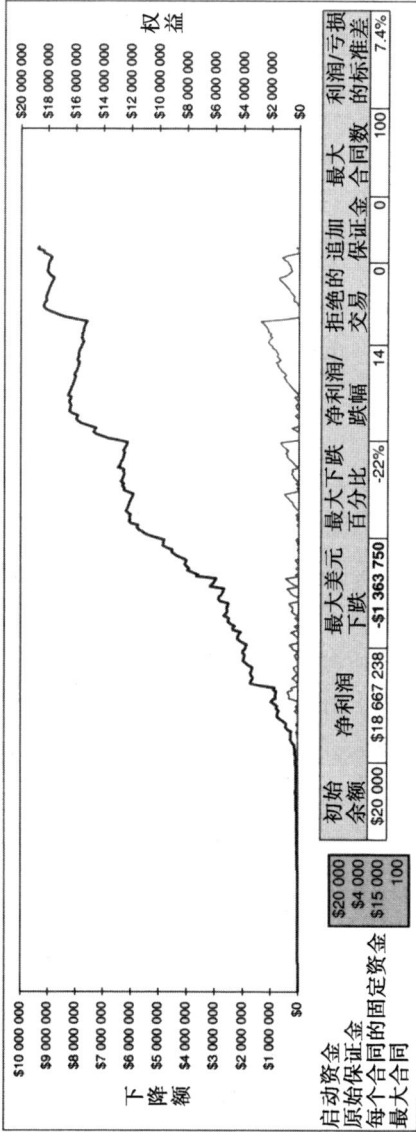

启动资金		$20 000
原始保证金		$4 000
每个合同的固定资金		$15 000
最大合同		100

初始余额	净利润	最大美元下跌	最大下跌百分比	净利润/跌幅	拒绝的交易	追加保证金	最大合同数	利润/亏损的标准差
$20 000	$18 667 238	-$1 363 750	-22%	14	0	0	100	7.4%

图 8-5

表 8-3　可交易合同数量

固定资金（美元）	账户余额（美元）	可交易的合同数量	
		实际数据	取整后的数据
15 000	8 000	0.5	1
15 000	29 000	1.9	1
15 000	32 000	2.1	2
15 000	48 000	3.2	3
15 000	51 000	3.4	3

固定资金法允许你交易的合同数量最小为一个（即使你的账户余额下滑到固定的资金单位以下），否则你只能停止交易。如果你想继续交易，你可以从一个低于固定资金单位以下的金额开始交易，充实账户资金。

你可以用以下公式来计算固定资金单位：

固定资金单位＝最大的跌幅实际或预期 / 风险临界比例

在这个案例中，我任意选择了固定资金单位为 15 000 美元。

根据单个合同的例子，外汇交易中最严重的下跌额为 13 638 美元。对该数字加以研究，将有助于你了解如何计算一个固定的资金单位。你既可以使用历史数据，也可以使用一个更大的数据。我相信最糟糕的下跌总是近在眼前，触手可及。记住，交易都是为了求得生存。处在一个防守的位置，对市场的最坏情况做出预期，将令你维持对抗市场最大逆境的能力，而这不会让你在最不合时宜时感到失望。

我将采用外汇交易者的最大的历史回撤值，并把它增加到 14 000 美元。

首先需要简单解释一下风险临界值（percentage blowtorch risk）这个概念。它指的是你能承受多大的痛苦，或者说你的账户损失按百分比计算，在损失多少时，你仍旧能保持怡然心境。

使用以前的公式，如果失去 30% 的账户余额还不足以破坏你内心的舒适感，你会根据固定资金单位，按照每个合同金额为 46 667 美元（14 000 美元 /0.3）进行交易。在账户余额变成 93 334 美元（46 667 美元 ×2）之前，你不会交易两个合同。

大多数保守的交易者会降低他们的风险临界比例，而更激进的交易者可能会增加这个比例。因此，固定资金法可以提供很大的弹性空间。

表 8-4 表明基于个人风险水平固定资金单位将如何改变。

表 8-4　个人风险承受度如何改变固定资金单位

风险临界值（%）	预期下跌（美元）	固定"单位"资本（美元）
20.0	14 000	70 000
30.0	14 000	46 667
40.0	14 000	35 000
50.0	14 000	28 000
93.3	14 000	15 000

如果你假设预期下跌金额为 14 000 美元，并采用激进的（可以说有自杀性的）93.3% 的风险临界值，那么账户中的每 15 000 美元都可形成一个交易合同（14 000 美元 /0.933）。

如果你的交易正是如此，将获得超过 1800 万美元的惊人利润，如图 8-5 所示。

让我们进一步看看固定资金法是如何使你在交易时增加合同数量的。

固定资金法是增加交易合同数量最快的策略之一。它能够做到这一点，是因为在移动到下一个新的可交易合同水平之前，它只要求每个合同实现较小的利润率。

正如图 8-6 所示，你可以从一个初始金额为 2 万美元的账户开始交易。由于单个合同创造了 10 001 美元的利润，它使得账户余额增加到 3 万美元以上，此时你将被允许进行两个合同的交易。一旦账户余额超过 45 000 美元，你最多可以交易三个合同。这个

15 000 美元的差距，有两个合同的交易可以帮助你达到。因此，与其只能用一个合同赚取 1 万美元，倒不如转到下一级，即每份合同盈利 7500 美元。而达到 6 万美元的账户余额就可交易 4 份合同。3 个合同时每个合同只要赚取 5000 美元。随着合同数量增加，你可以看到每个合同要求的利润数额减少。合同数量之所以能够不断增加，是因为每增加一个交易合同，要求的利润贡献金额就越小。

（金额单位：美元）

合同数量		账户余额	合同利润总额							
			合同1 33 893	合同2 23 893	合同3 16 393	合同4 11 393	合同5 7 643	合同6 4 643	合同7 2 143	合同8 0
合同增加时单位合同的利润不同	8									
	7	120 000	2 143	2 143	2 143	2 143	2 143	2 143	2 143	
	6	105 000	2 500	2 500	2 500	2 500	2 500	2 500		
	5	90 000	3 000	3 000	3 000	3 000	3 000			
	4	75 000	3 750	3 750	3 750	3 750				
	3	60 000	5 000	5 000	5 000					
	2	45 000	7 500	7 500						
	1	30 000	10 000							
固定资本		15 000	20 000 起点							

合同数量不断增加，每增加一个合同要求的利润贡献就越小

图 8-6　合同数量增加时账户余额的变化

这就解释了为什么固定资金法能产生超过 1800 万美元的呈几何级数增长的高利润。每到达一个后续的更高的合同水平，每个合同要求的利润金额就越低。

由于固定资金法具有促进交易合同迅速增加的能力，在以外汇交易为例的分析过程中，我已经限制了交易合同的最大数量为 100 个。我之所以这样做，是因为交易 1200 份合同（18 000 000 美元/15 000 美元）很容易让人失去理智，换言之，这可能不太现实。

如果你认为你的策略有稳健的权益曲线，或者确信未来的预期，你会考虑采用固定资金法交易，因为它将产生近乎天文数字

的利润。然而，由于我们无法保证交易的成败，或许不适合采用固定资金法。

让我们更进一步地看看这个固定资金法的运作方式。固定资金法能实现恰当的资金管理目标吗？换句话说，是否可以在亏损时减少交易合同，盈利时增加交易合同？这两个问题的答案都是肯定的。

固定资金管理方式可以通过一种简单的计算，得知基于你的账户余额可以交易的合同数量和固定的资金单位。当发生损失并且你的账户余额低于一定水平时，固定资金法要求你减少一个交易合同。当然，如果你的账户余额水平下跌两三个层级，你需要减少的交易合同数量会更多。当你盈利时，你的账户余额持续增长，你可以按照同样的计算方式交易更多的合同。因此，固定资金法能够达到这两个资金管理目标：生存和获得丰厚利润。确实它可产生相当高的呈几何级数增长的利润。

固定资金法就像固定风险金法，是可供拥有小额账户的交易者使用的一种方法。它提供了一种能够快速开立账户，并在遇到麻烦时可以迅速退出的简单机制。然而，与固定风险金法不同的是，固定资金的方式不能控制单次交易风险，它采纳了所有的信号，因为在它看来，每个合同的风险都是一样的。

虽然固定资金法投资的最大优势就在于它可以让小额账户快速变大，但其缺点是增加了操作风险，且不容小觑。它时常会造成账户余额大幅缩水，如例中所示（22%，见图8-5）。在你赚取1800万美元时，损失1 363 750美元可能看上去不是太糟糕，但是我可以向你保证，发生这种情形时，你心里并不会觉得舒服。

固定比率资金管理策略的外汇交易法

图8-7显示的是外汇交易者应用固定比率资金管理的结果。在仔细观察此图之前，我们先看一下固定比率资金管理策略。

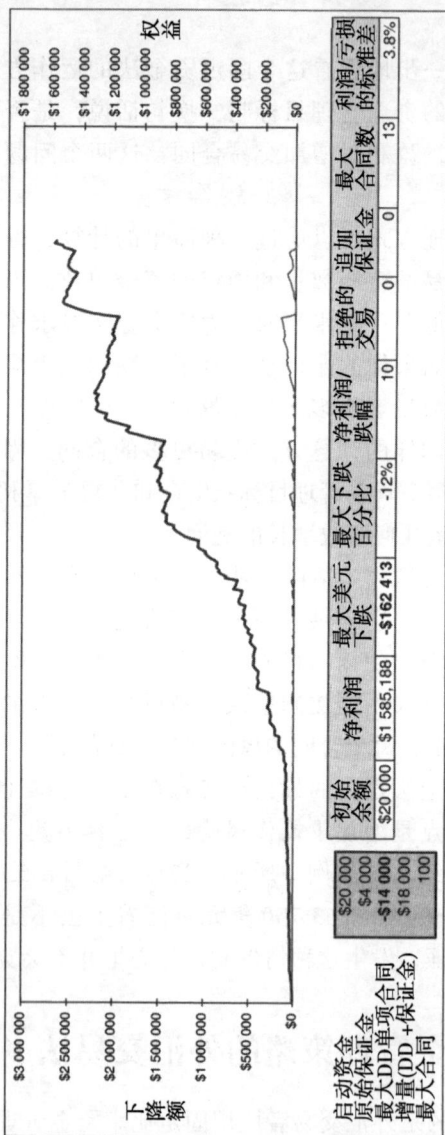

图 8-7　固定比例资金管理下的外汇交易情形

固定比率法是由赖安·琼斯（Ryan Jones）创立，并在其著作《交易博弈》（*The Trading Game*）中做了进一步论述。固定比率法要求交易者根据一个"固定比率"调整交易合同数量。"固定比率"被称为增量（delta），与回撤方法论有关。你可以使用下面的公式来计算你增加一个合同所需要的账户金额水平。

下一个账户金额水平 = 当前的账户金额水平
+（当前合同数量 × 增量）

虽然没有确切的快速方法计算增量，但它却是固定比率资金管理中最重要的变量。增量的变化会影响固定比率法的表现：增量越高，回报和跌幅更趋保守，而更小的、更激进的增量，将会产生更多的利润，但却要付出遭受更大跌幅的代价。这个增量应该与基于单个合同的方法的跌幅相联系。

为保守起见，你应该使你的增量足够大，直至即便单个合同遭受足够大的下跌，仍有充足的资金用于支付保证金，维持继续交易。在这种情况中，增量可以采用以下公式进行计算。

增量 = 跌幅 + 初始保证金

在以下示例中，我采用最大跌幅 14 000 美元，并假定初始保证金为 4000 美元，得出增量为 18 000 美元。固定比率的资金管理策略意味着，只有当你目前的每个合同都能产生 18 000 美元的利润时，你才可以将合同数量增加到下一个水平。一旦达成利润目标，你可以放心增加一个交易合同，此时原先的合同与新合同都必须赚取 18 000 美元，在这之后才能增加另一个合同。较为激进的交易者可以使用一个较小的增量，而较保守的交易者可以使用一个较大的增量。固定比率法适用于所有风险特性不同的交易者，具有很大的灵活性。

图 8-8 显示了如何使用固定比率公式计算增加合同数量时的账户金额水平。

（金额单位：美元）

合同数量		账户余额水平	合同利润总额							
			合同1 126 000	合同2 108 000	合同3 90 000	合同4 72 000	合同5 54 000	合同6 36 000	合同7 18 000	合同8 0
合同增加时单位合同的利润相同	8									
	7	524 000	18 000	18 000	18 000	18 000	18 000	18 000	18 000	
	6	398 000	18 000	18 000	18 000	18 000	18 000	18 000		
	5	290 000	18 000	18 000	18 000	18 000	18 000			
	4	200 000	18 000	18 000	18 000	18 000				
	3	128 000	18 000	18 000	18 000					
	2	74 000	18 000	18 000						
	1	38 000	18 000							
增量		**$18 000**	20 000 美元起点							

合同数量不断增加，每增加一个合同要求的利润贡献不变

图 8-8　合同数量增加时的账户余额水平变化

　　这个例子首先假设 2 万美元的账户余额和采用 18 000 美元的增量。在增加到两个合同之前，需要满足一单位的增量，即每个合同需获得盈利 18 000 美元。一旦利润达到 18 000 美元和 38 001 美元的账户余额水平，那么就可以交易两个合同。针对这两个合同，固定比率法要求获得额外的 18 000 美元利润，以使两个合同可以同时交易。一旦 36 000 美元的额外利润得以获得，并且 74 001 美元的账户余额得以满足，则随后又三份合同可以进行交易，如此等等。

　　这是固定比率法的关键，即除非现有的每个合同都能获得一个额外的增量利润，否则你不能扩大你的交易合同数。

　　当然，如果你遭受损失或账户余额水平下降，你必须减小交易的合同数，直到你的账户余额得到恢复为止。当你的合同规模缩小时，你仅能使用以前的账户金额水平进行交易或提高比率。因此，与其在合同规模缩小之前等待亏损达到整一个增量，还不

如赶紧采取行动。你可以使用一小部分的增量作为触发点,这样就可以更快速地缩小合同规模。然而,这意味着在不对称杠杆下得到恢复,必须花费时间和精力。你不仅需要达到一个比损失率更大的收益率,也只能利用较少的交易合同获得更大的收益,因此恢复要花较长的时间。

你必须随时做出权衡取舍。如果减少合同数量的速度快于增量的提高,这将有利于你降低风险,保护利润。但是必须付出的代价是,较少合同下的不对称杠杆效应也会更显著。或者在保持同样的增量提高与减少合同数量的情况下,你就会在较长时间内维持相同的合同数量,以保持呈几何级数增长的利润潜力。不利的是,随着持续下跌,维持利润呈几何级数增长,是以高风险和潜在偏低利润为代价的。

固定比率这种方法能否达到盈利时增加合同、失利时减少合同的资金管理目标呢?答案是肯定的。一旦你为交易的每笔合同争取到了足够的增量,就可以增加合同数量。如果你正遭受损失或低于先前的水平,就必须减少合同数目。

如图8-7显示的固定比率法能够使得利润呈几何级数增长,利用18 000美元增量产生超过150万美元的净利润。虽然没有固定资金法的利润多,但这远远大于单个合同产生的255 100美元净利润。另外固定比率法产生的净利润与跌幅之比为10:1,即每1美元亏损对应10美元的收益。

除了实现其资金管理目标,固定比率法还有其他诱人的特质。与固定风险法和固定资金法一样,固定比率法也为小额交易者量身定制了一个资金管理策略。你可以从一个合适的增量开始交易,随后逐步增加合同数量(或者交易规模)。增量也具有足够的灵活性,可根据保守或激进程度而定。一个较小的增量将使你的账户呈较快增长,同时保持跌幅保持一定的比例。

图8-9所示为当增量减至11 000美元时的潜在收益。

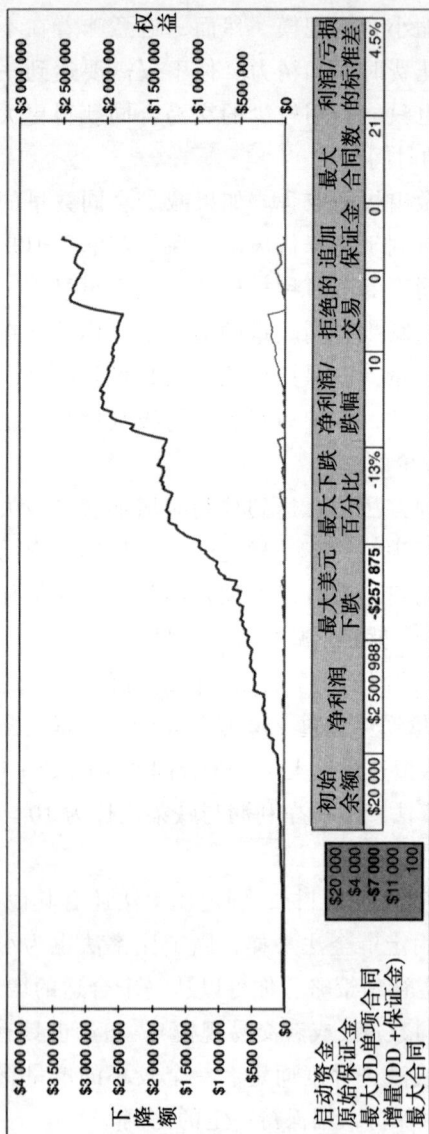

图 8-9 增量较小时交易绩效

当使用最大跌幅的一半，并且将增量减少到 11 000 美元时，你会发现其中的净利润将增加 60% 以上。此外，不仅跌幅与高增量变化相一致，而且净利润与跌幅之比也是一致的，即每 1 美元损失对应 10 美元的收益。

然而，正如固定资金法一样，固定比率法也难以区分单次交易风险，交易者可能会忽视单次风险，而采纳所有交易信号。

是要 1800 万美元还是 150 万美元，这是个问题

到目前为止，固定资金法似乎是最好的资金管理策略，能够产生 1800 万美元的假设利润，而固定比率法只产生了 150 万美元的净利润。

然而 1800 万美元的利润伴随着高风险。如果思考一下固定资金法和固定比率法这两种方法都遭受灾难性的损失时产生的后果，那么不同方法下的风险也逐渐变得明朗起来。

在这些例子中，以 2 万美元的小额账户开始交易，并假定回撤幅度为 14 000 美元。我把一笔交易的损失额超过这个跌幅的 70%，即每个合同损失 10 000 美元，定义为灾难性的损失。这一数字较为保守，但从目前的讨论看来比较贴近现实。

我假定上述单笔 1 万美元的灾难性损失也会同样发生在 7 个合同上，由于固定资金法增加合同的速度远快于固定比率法，这意味着这样的灾难性损失将会发生在不同时期。然而，这个问题仅仅与将要交易的合同数量相关联，并不影响本次试验的目的，故而无关紧要。你需要了解的是，在同样的合同数量或头寸规模时，这种损失对每一种策略下的交易产生的影响。此外这也与他们各自的主要变量——固定的资金单位和固定增量相关。不管灾难性的损失将发生在哪个合同水平，下面的例子都具有一定的启发意义。

如果这 1 万美元的灾难性损失突然发生在 7 个合同上时，将
会怎么样？

图 8-10 展现了一个交易者使用固定资金法产生的影响，而图
8-11 显示了一个交易者使用固定比率法产生的影响。

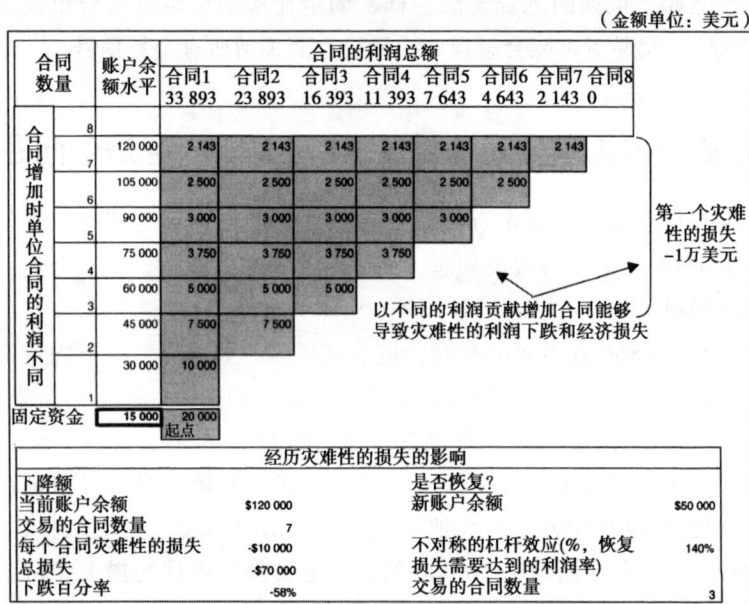

图 8-10　固定资金法如何应对灾难性损失

采用固定资金法的交易者将会遭受 7 万美元的亏损和 58% 的
下跌。采用固定比率法的交易者将遭受 7 万美元的损失和 13% 的
下跌。对于前者而言，这几乎是财务危机！虽然发生灾难性损失
的可能性不大，一旦发生的话，就只好对固定资金交易者说再见
了。对于固定比率交易者而言，只是运气不佳而已，但是能够幸
存下来，而且依旧有从事交易的能力。

让我们仔细看看每一个资金管理策略，看看为什么固定资金
交易者会遭遇惨败，而固定比率交易者却能屹立不倒。

（金额单位：美元）

合同数量	账户余额水平	合同的利润总额							
		合同1 126 000	合同2 108 000	合同3 90 000	合同4 72 000	合同5 54 000	合同6 36 000	合同7 18 000	合同8 0
8	524 000	18 000	18 000	18 000	18 000	18 000	18 000	18 000	
7	398 000	18 000	18 000	18 000	18 000	18 000	18 000		
6	290 000	18 000	18 000	18 000	18 000	18 000			
5	200 000	18 000	18 000	18 000	18 000				
4	128 000	18 000	18 000	18 000					
3	74 000	18 000	18 000						
2	38 000	18 000							
增量		18 000	20 000 起点						

合同增加时单位合同的利润相同

第一个灾难性的损失 -1万美元

在增加合同时要求每个合同具有同等的利润贡献，这为每一个合同提供了吸收灾难性损失的内动力

经历灾难性的损失的影响			
下降额		是否恢复?	
当前账户余额	524 000	新账户余额	454 000
交易的合同数量	7		
每个合同灾难性的损失	-10 000	不对称的杠杆效应(%恢复	15%
总损失	-70 000	损失需要达到的利润率)	
下跌百分率	-13%	交易的合同数量	7

8-11　固定比率法如何应对灾难性损失

如前文所述，固定资金法积累合同数目的速度更快，这是因为固定资金法在合同数量增加时，只要求有较少的合同利润。在第二个合同交易之前，第一个合同需要盈利 1 万美元。而当你交易 7 个合同时，每一合同只需要盈利 2143 美元的利润，你便可以开始第 8 个合同的交易。固定资金法在提高合同数量的不同阶段上要求的单位合同利润水平是不同的。

这种不同的利润要求建立了一个"空中楼阁"。它使得呈几何级数增长的利润令人印象如此深刻，却并没有揭示其基础的脆弱性。单笔合同经历了 1 万美元的灾难性损失，7 个合同就损失了 7 万美元，这意味着 12 万美元的账户下跌 58%。如果这仍不足以让你爆仓的话，那么 140% 的不对称杠杆收益率的要求，肯定会令你欲哭无泪，尤其是当需要以三个合同为起点去争取 140% 的升幅来

挽回损失的时候。

让我们看看固定比例。图 8-11 概述了固定比率的资金管理策略和一个灾难性损失会对它的影响。

固定比率法在合同数量得以提高之前，每一合同的交易需要获得同等的利润。每笔合同需要盈利 18 000 美元，才能提高交易合同数量。在下一个水平，固定比率法与固定资金法拉开了差距。一旦你的账户金额到达 38 001 美元，你可以交易两份合同，而且在开始第三笔交易之前，每份合同要盈利 18 000 美元。当你交易 7 份合同时，每笔仍需要获利 18 000 美元，才能考虑增加至 8 份合同。

固定比率法为了增加交易合同的数量，对利润增量有相同的标准。这种情况为你的交易账户创建了一个坚实的基础。

尽管呈几何级数增长的利润，不像固定资金法创造的利润那样令人印象深刻，但它们的确会给人一种真实存在的感觉。单笔合同产生灾难性的 1 万美元损失，意味着一个 524 000 美元的账户下跌了 13%。这可控的跌幅仅需要利用 15% 的不对称杠杆收益率来恢复。不仅因为 15% 的收益率少于固定资金法所要求的 140%，而且因为即便是在每个合同损失 1 万美元之后，固定比率法仍不会让你减少交易的合同数量，这使得你可以继续交易 7 份合同来赚取 15% 的利润以弥补 13% 的损失。因此，固定比率法优于固定资金法。

固定单位资金管理策略的外汇交易法

图 8-12 显示的是外汇交易者运用固定单位资金管理策略后的表现。在讨论图的含义之前，我们首先探讨一下固定单位数法的资金管理。

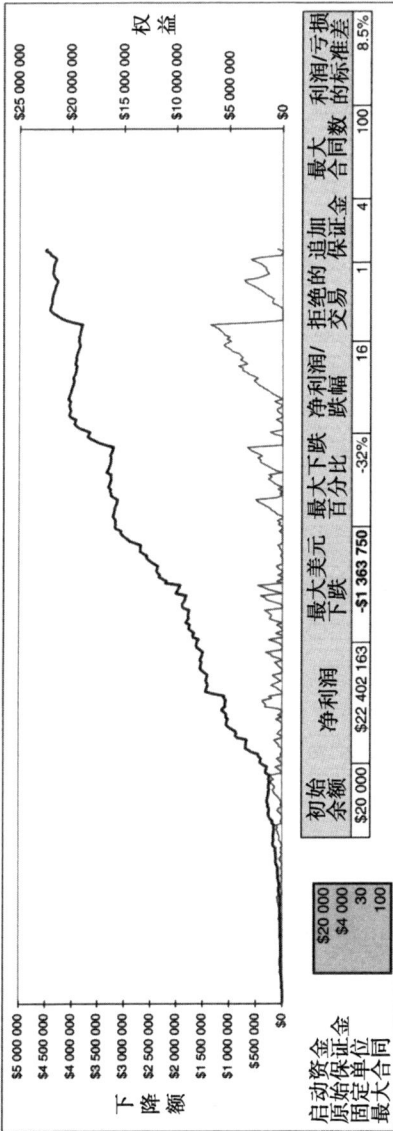

图 8-12　固定单位资金管理策略的外汇交易绩效

固定单位数法的策略建立在固定风险的基础上。固定单位的资金管理策略是将每个交易的风险限制在预先确定的风险金额之内，它是预先确定的资金单位数的函数。每笔交易的风险金额和固定风险法的计算公式一致，即用初始账户金额除以你想要开始交易的固定的资金单位数。同样的简单公式如下所示。

每笔交易的美元风险金额＝账户余额/固定的资金单位数

这里的关键变量是你的账户余额和资金单位数，如果你喜欢，也可以称之为交易数。当你的账户余额增长时，固定单位数会背离固定风险金额。当你的账户余额创新高，固定单位的资金管理方法将要求你重新计算单笔交易的风险金额。固定风险法的计算公式现在变成：

每笔交易的风险金额＝新账户余额/固定的资金单位数

当你处于盈利状态，并且你的账户余额在增长时，固定单位的资金管理方式将要求你增加每笔交易的风险资金。尽管交易单位的数量（在账户余额减至零之前，你所期望的交易数量）将保持不变，每笔交易的实际风险金额将会增加。

现在只有当你的账户余额增加时，每一单位的风险金额才会发生变化。当你遭受损失时它不会降低。如果你的交易头寸在下跌，固定单位的资金管理方法将依然要求你的每笔交易承受同样的风险。对交易者来说，这里的关键变量是他们想要交易的固定的资金"单位"数。

从第4章中关于爆仓风险的讨论中可以知道，一个交易者需要考虑的最小的单位数为20，在固定风险法中，我们用40单位的资金，因此对于这个例子，我将假设交易者偏好30个单位的资金。

如果一个交易者拥有2万美元的账户余额，并希望交易固定的30个单位的资金，他就可以将其账户余额除以30，从而计算出每笔交易的风险金额。这将是他们准备在每次交易中使用的风险资金，在这个例子中是 667 美元。因此，你只会接受那些风险金额等于或低于 667 美元的交易。为了计算你将交易的合同数量，你可以简单地用固定风险金额除以每单交易风险金额（即入市价与止损价之差加上佣金），并截尾取整得出整数。你可以使用下面的公式。

交易合同数量 = 风险金额 / 交易风险金额

如果每单交易风险是 200 美元，根据这个公式，你将会交易 3 份合同（667 美元 /200 美元）。表 8-5 显示了你将要交易的合同数量，假设固定风险为 667 美元。

表 8-5　交易的合同数量

风险金额（美元）	交易风险金额（美元）	可交易的合同数量	
		实际数据	取整后的数据
667	800	0.8	0
667	350	1.9	1
667	265	2.5	2
667	200	3.335	3

现在可以发现固定单位数法与固定风险法的不同之处，就在于风险金额并非始终保持不变，它将随着账户余额的增加而增加。表 8-6 显示了风险金额在账户余额增加，但在单位数量固定的情况下呈增长趋势。

表 8-6　不同账户余额时交易的合同数量

账户余额（美元）	固定单位数	风险金额（美元）	交易风险金额（美元）	可交易的合同数量	
				实际数据	取整后的数据
20 000	30	667	800	0.8	0
30 000	30	1 000	350	2.9	2
40 000	30	1 333	265	5.0	5
50 000	30	1 667	200	8.333	8

　　图 8-13 显示了交易者如何利用固定单位的资金管理方法快速增加可交易的合同数量。

（金额单位：美元）

合同数量	账户余额水平	合同利润总额							
		合同1 51 857	合同2 31 857	合同3 21 857	合同4 15 190	合同5 10 190	合同6 6 190	合同7 2 857	合同8 0
8									
7	160 000	2 857	2 857	2 857	2 857	2 857	2 857	2 857	
6	140 000	3 333	3 333	3 333	3 333	3 333	3 333		
5	120 000	4 000	4 000	4 000	4 000	4 000			
4	100 000	5 000	5 000	5 000	5 000				
3	80 000	6 667	6 667	6 667					
2	60 000	10 000	10 000						
1	40 000	20 000							

合同增加时单位合同的利润不同

固定单位数 30　20 000
每笔交易风险 667 起点

图 8-13　不同账户余额水平上增加的可交易合同数量

　　为了便于说明问题，我假定将每单交易风险金额固定设为 667 美元。当然，每单交易风险金额会因每单交易的设置不同而波动。然而，在此，固定的交易风险将充分展示固定单位的资金管理方法如何快速增加合同数量。

　　假设从一个 2 万美元的账户和一个固定的 30 个单位的资金开始交易，一个交易者对每笔交易能够承担 667 美元的风险。一旦账户余额达到 40 001 美元，交易者就能够交易两份合同，假定每份合同的交易风险金额仍为 667 美元（40 000 美元 / 30 = 1333 美元）。

$$2 = 1333 \text{ 美元} / 667 \text{ 美元}$$

　　一旦账户余额达到 60 001 美元，交易者能够交易三份合同（60 000 美元 / 30 = 2000 美元）。

$$3 = 2000 \text{ 美元} / 667 \text{ 美元}$$

如图 8-13 所示，每增加一个合同，每个合同要求实现的利润就越低，这使得交易者能够快速增加合同数量，也使得交易者能够获得呈几何级数增长的利润（假定你的策略能保持稳定）。

在采用固定单位的资金管理策略时，首先要了解的问题是固定单位的资金管理方式能否实现资金管理目标。也就是说，亏损时减少交易合同数量，盈利时增加交易合同数量。

答案是不能一概而论。

当你亏损时，固定单位数法仍希望你承担固定的风险金额，从而就没有机会减少交易合同数量或风险资金。当你遭受损失时，若每笔交易的风险资金占账户余额的比例不断增大，无疑说明你的爆仓风险正在增加。

答案是肯定的，因为当你盈利时，你的账户余额越来越多，美元风险也逐渐增加，这就允许你交易更多的合同。因此，合同可以达到最大数量，使得固定单位的资金管理方式能够赚取 2200 多万美元！这比单个合同赚取 255 100 美元净利润要多得多。固定单位数法确实能够让交易者获得呈几何级数增长的利润。

就像我之前提及的一样，由于该策略具有迅速增加合同数量的能力，我将合同的最大数目限定为 100 份。我之所以这样做，是因为交易者很容易失去理智而交易 1100 笔合同 [= (22 000 000 美元 / 30) / 667 美元]，尽管这可能不太现实。

总而言之，固定单位的资金管理方法取得了令人印象深刻的结果，在最大降幅达 1 363 750 美元和下跌比率达 32% 的情况下，产生了超过 2200 万美元的净利润。固定单位的资金管理方法实现了一个高水平的净利润与跌幅之比，即每损失 1 美元能赚取 16 美元来弥补，并且交易间的标准差为 8.5%。

尽管固定单位数法的优势令人印象深刻，然而如固定资金法一样，当账户余额下降时，固定单位资金管理方式也是脆弱的。

图 8-14 显示了固定单位数法是如何应对灾难性损失的。

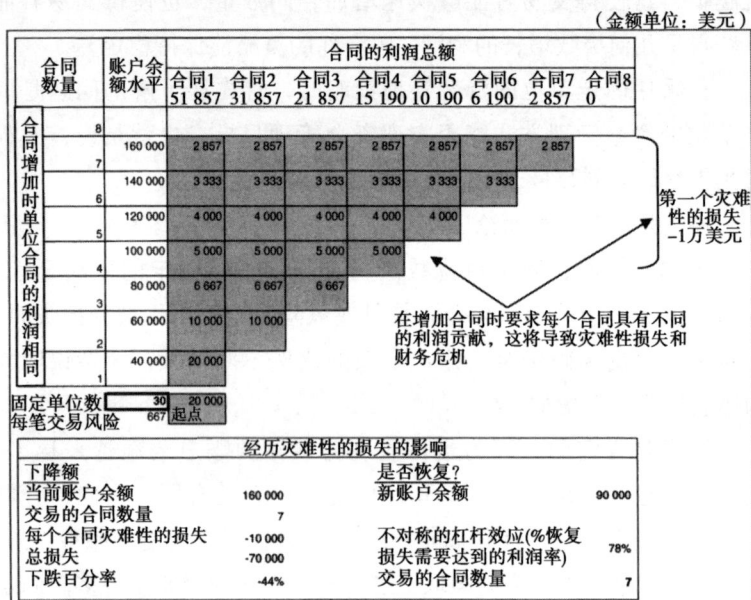

（金额单位：美元）

合同数量	账户余额水平	合同的利润总额							
		合同1 51 857	合同2 31 857	合同3 21 857	合同4 15 190	合同5 10 190	合同6 6 190	合同7 2 857	合同8 0
8									
7	160 000	2 857	2 857	2 857	2 857	2 857	2 857	2 857	
6	140 000	3 333	3 333	3 333	3 333	3 333	3 333		
5	120 000	4 000	4 000	4 000	4 000	4 000			
4	100 000	5 000	5 000	5 000	5 000				
3	80 000	6 667	6 667	6 667					
2	60 000	10 000	10 000						
1	40 000	20 000							
固定单位数	30	20 000							
每笔交易风险	667	起点							

（左侧纵向文字）合同增加时单位合同的利润相同

第一个灾难性的损失 -1万美元

在增加合同时要求每个合同具有不同的利润贡献，这将导致灾难性损失和财务危机

经历灾难性的损失的影响			
下降额		是否恢复？	
当前账户余额	160 000	新账户余额	90 000
交易的合同数量	7		
每个合同灾难性的损失	-10 000	不对称的杠杆效应(%恢复)	
总损失	-70 000	损失需要达到的利润率	78%
下跌百分率	-44%	交易的合同数量	7

图　8-14

所以虽然呈几何级数增长的利润令人注目，但它也伴随着高风险。

当你交易 7 个合同时，产生每个合同 10 000 美元的灾难性损失，就意味着 16 万美元的账户余额缩水了 44%。而这需要 78% 的高收益率来恢复。

虽然这个损失影响重大，和固定资金管理方式不同的是，下一个交易者在一次灾难性的损失后，只能从 3 份合同开始交易，而固定单位数法的交易者却仍旧维持了 7 份合同的交易量。这是固定单位交易者拥有的巨大优势，即在一个灾难性的损失之后，能保持获得高效益的恢复能力。但它的不足是，加大了爆仓的风险。

　　如果你认为你的策略具有稳定的权益曲线，那么你就会考虑能够产生巨大无比的利润的固定单位资金管理方式。然而不利的是，在下跌时，它不容许你降低风险，风险的增加将促使你迫近爆仓边缘。但是如我所言，如果你相信你的策略是稳健的，那么它就是一种值得考虑的进取型方法。因为在任何特定的 30 个单位的资金交易期间内，导致你走向毁灭（假设你的权益曲线是长期稳定的）的可能性极低。此外，如果你想更保守些，你甚至可以从 40 个单位的资金开始。另一个值得考虑的方法是使用一个可变的"固定"单位数目，比如在特定的账户余额水平上增加你的资金单位数。

　　虽然固定单位数法未能使交易者的风险下降，但确实存在一些好处。它允许小额账户交易者开展交易，允许交易者迅速增加合同数量。同时，它兼具足够的灵活性，允许交易者在任何连续交易和下跌的特殊时期，通过增加固定单位的数目来降低爆仓风险。尽管资金会大幅缩水，却能让交易者通过保持合同水平，在下跌结束后得到快速复原。

　　另一个好处是，固定单位数法能成功区分每个交易之间的风险。如果一笔交易的风险很高，它将不允许你进行此项交易，进而减少你的风险。虽然在下跌期间固定单位数法未能达到降低风险的目的，它仍旧有助于管理单次风险和赚取呈几何级数增长的利润。

威廉斯固定风险资金管理策略的外汇交易法

　　图 8-15 显示了利用威廉斯固定风险法的表现。在讨论此图的含义之前我将先介绍威廉斯固定风险资金管理策略。

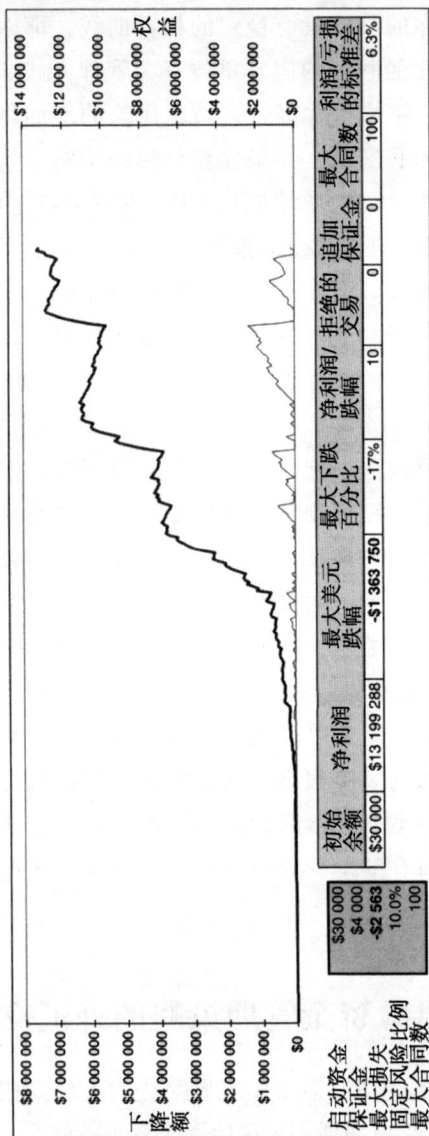

图 8-15 利用威廉斯固定风险资金管理的外汇交易者的表现

在之前与你分享的拉里·威廉斯的著作《短线交易秘诀》之中，该策略已然有所提到。

风险比例是指在你经受最大损失时，你所能承受的账户余额的缩水比例。

假设你有3万美元的存款余额，再假设当你经受最大损失时，你愿意承担10%的账户余额损失。这样的话，对于每笔交易，你愿意承受3000美元（= 30 000 美元 ×10%的损失）。如果你采用的策略的最大损失（或预计最大损失）是2563美元，那么你只能交易一个合同。

1.0=3000 美元（美元风险）/2563 美元（最大损失）

和所有其他策略一样，为保险起见，你在计算合同交易数量时需要取整。

表8-7 显示了可交易的合同数量，假定其固定风险比例为10%，最大损失金额为2563美元。

表8-7 可交易的合同数量

账户余额 （美元）	固定风险 比例（%）	风险金额 （美元）	最大损失金额 （美元）	可交易的合同数量	
				实际数据	取整后的数据
30 000	10	3 000	2 563	1.17	1
50 000	10	5 000	2 563	1.95	1
70 000	10	7 000	2 563	2.73	2
90 000	10	9 000	2 563	3.51	3

这里的关键变量是固定风险比例和最大损失金额。

随着你的账户余额增加，威廉斯固定风险法将会要求你重新计算每笔交易的风险金额，然后你用风险金额除以最大损失金额，计算得出你可以交易的合同数量（记住要取整）。

图8-16 显示了交易者如何利用威廉斯固定风险法提高可交易的合同数量。

（金额单位：美元）

合同数量	账户余额水平	合同利润总额							
		合同1 62 067	合同2 40 817	合同3 28 004	合同4 19 463	合同5 13 057	合同6 7 932	合同7 3 661	合同8 0
8									
7	205 000	3 661	3 661	3 661	3 661	3 661	3 661	3 661	
6	179 375	4 271	4 271	4 271	4 271	4 271	4 271		
5	153 750	5 125	5 125	5 125	5 125	5 125			
4	128 125	6 406	6 406	6 406	6 406				
3	102 500	8 542	8 542	8 542					
2	76 875	12 813	12 813						
1	51 250	21 250							
最大损失 固定风险（%）		2 563 10.0%	30 000 起点						

（左侧纵向标签：合同增加时单位合同的利润不同）

合同数量不断增加，每增加一个合同要求的利润贡献越小

图 8-16 账户余额随着交易合同数量的增加而增加

　　在这个例子中，我用了一个更高的 3 万美元的资金作为初始账户余额。这是因为这个策略无法真正应用于小额账户，除非最大损失相对较小或风险相对较高。以 3 万美元的账户和 10% 的固定风险比例为起点，当账户余额低于 51 250 美元时，交易者只能交易一个合同。一旦账户余额达到 51 250 美元以上，交易者便能交易两个合同 [= (51 250 美元 × 10%) / 2563 美元]。当账户余额到达 76 875 美元以上时，交易者就能交易 3 个合同 [= (76 875 美元 × 10%) / 2563 美元]。当它处于 51 250 美元与 76 875 美元之间时，交易者只能交易两个合同。

　　图 8-16 中，随着合同数量增加，每个合同需要获得的利润减少，这使得交易者能够较快地增加合同，赚取呈几何级数增长的利润。

　　首先要解决的问题是，在应用威廉斯固定风险资金管理策略时，它是否能够实现资金管理目标，即在亏损时减少交易，在盈利时增加交易。毋庸置疑，答案是肯定的。

　　当你失利时，你的风险金额将会被降低。此时你被要求以更少的合同数或者以较小的头寸规模进行交易。当你盈利时，你的

风险金额就会被提高，使你能够交易更多合同，或者扩大头寸规模。其结果是达到最大数量的合同，盈利超过 1300 万美元，这大大高于单个合同的 255 100 美元的净利润。威廉斯固定风险法确实能让交易者享受到呈几何级数增长的利润。

与其他策略相比，我已经限制了最大的合同数量为 100 个。总之，威廉斯固定风险法产生超过 1300 万美元的净利润，这一数字是最大化的收益，与此同时，最大亏损和下跌比率分别是 1 363 750 美元和 17%。每损失 1 美元能赚取 10 美元，而交易间的标准差为 6.3%。

虽然这个方式令人印象深刻，但仍需考虑，它会如何应对 1 万美元的灾难性损失。图 8-17 给出了解释。

（金额单位：美元）

合同数量	账户余额水平	合同的利润总额							
		合同1 62 067	合同2 40 817	合同3 28 004	合同4 19 463	合同5 13 057	合同6 7 932	合同7 3 661	合同8 0
8	205 000	3 661	3 661	3 661	3 661	3 661	3 661	3 661	
7	179 375	4 271	4 271	4 271	4 271	4 271	4 271		
6	153 750	5 125	5 125	5 125	5 125	5 125			
5	128 125	6 406	6 406	6 406	6 406				
4	102 500	8 542	8 542	8 542					
3	76 875	12 813	12 813						
2	51 250	21 250							
1									

合同增加时单位合同的利润相同

第一个灾难性的损失 -1万美元

在增加合同时要求每个合同利润贡献递减

| 最大损失 | 2 563 | 30 000 |
| 固定风险（%） | 10.0% 起点资金 | |

经历灾难性的损失的影响			
下降额		是否恢复？	
当前账户余额	205 000	新账户余额	135 000
交易的合同数量	7		
每个合同灾难性的损失	-10 000	不对称的杠杆效应(%恢复)	52%
总损失	-70 000	损失需要达到的利润率)	
下跌百分率	-34%	交易的合同数量	5

图 8-17 威廉斯固定风险资金管理如何应对灾难性损失

以几何级数增长的利润令人惊讶，但它确实伴随着风险。当交易 7 份合同时，若每笔合同遭受 1 万美元的损失，意味着205 000 美元的账户余额下跌了 34%，而这需要 52% 的利润率来弥补。在我看来，这个境况相当合理，因为交易者遭受了灾难性的损失。此外，威廉斯固定风险法的优势在于，交易者的失手只会减少两个合同。交易者能继续交易剩下的 5 个合同，而这将使交易者相对较快地从下跌中得到恢复。这一策略也存在一种批评的声音，它并不允许交易者从小额账户开始交易。

然而总的来说，威廉斯固定风险法不仅仅实现了亏损时减少交易、盈利时增加交易的资金管理目标，而且能轻而易举地应对灾难性的损失。

固定百分比资金管理策略的外汇交易法

图 8-18 显示了应用固定百分比法时的外汇交易表现。在我们讨论这个图形的含义之前，我将先对固定百分比资金管理策略予以探讨。

固定百分比资金管理策略也许是专业交易者使用最为普遍的一种资金管理策略。倘若你发现很难理解所有的这些资金管理策略，那么你还不如简单地"盲从赢家"，实施他们所使用的固定百分比策略。

固定百分比资金管理策略要求你限定亏损金额占账户余额的比例。你可以使用以下公式，根据固定百分比计算可交易的合同数量。

可交易合同数量＝固定百分比 × 账户余额 / 单次交易风险金额

如果你有 3 万美元的账户余额，并想将你的账户风险限定为2%，那么你就面临着一个 500 美元的交易风险金额，你便会交易一个合同 [(30 000 美元 ×0.02) / 500 美元 = 1.2 或 1.0]。表 8-8说明了你能交易的合同数量随着账户余额和每笔交易的风险金额而改变。

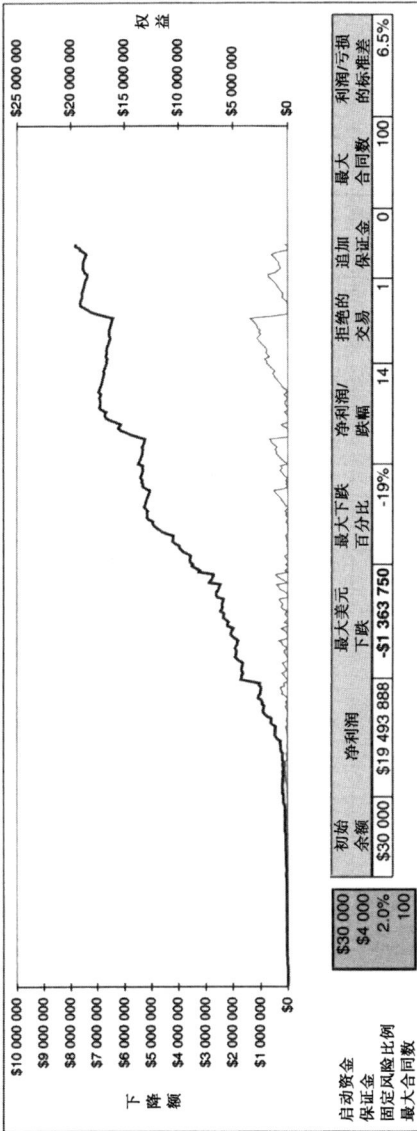

图 8-18 使用固定百分比资金管理策略的外汇交易者的表现

表 8-8 固定百分比资金管理方法的表现

账户余额 （美元）	固定百分比 （%）	风险金额 （美元）	交易风险金额 （美元）	可交易的合同数量	
				实际数据	取整后的数据
30 000	2	600	200	3.0	3
40 000	2	800	650	1.2	1
50 000	2	1 000	350	2.9	2
60 000	2	1 200	265	4.5	4

为谨慎起见，数据已经被舍入取整。你需要确定每笔交易中你愿意承担的账户余额的风险比例。如果你的账户余额增加，你将会有更多的风险资金和交易更多的合同。同样地，如果你的账户余额减少了，你将被迫减少风险资金，并交易更少的合同。

图 8-19 说明了固定百分比的资金管理方法是如何增加合同数量的。

（金额单位：美元）

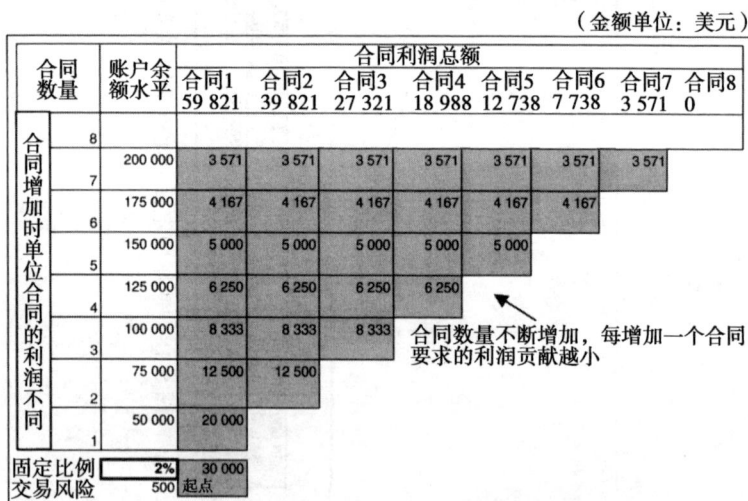

图 8-19 交易合同数量不断增加时的账户余额水平

图 8-19 以 3 万美元为初始账户余额，任意交易中的风险资金占账户余额的比例仅为 2%。为便于解释，假定每笔交易的固定风险金额均为 500 美元。如图 8-19 所示，一旦账户余额达到 5 万美元，那

么就可以交易两份合同 [(5 万美元 × 0.02) / 500 美元 =2.0]。一旦两个合同中的其中一个利润达 25 000 美元,而账户总额达 75 000 美元时,则可以进行 3 份合同的交易。依此类推,在此不一一赘述。

正如你所看到的,固定百分比资金管理方法下,随着合同数量的提升,每个合同中要求的利润贡献递减,这使得固定百分比法能够保证合同数量稳步上升。

图 8-18 显示了利用固定百分比法的外汇交易表现。从一个 3 万美元的账户起步,限制账户余额风险为 2%,舍入取整,并且最大的交易量限定为 100 份合同,此时,你就会发现,外汇交易者实现的利润超过 1900 万美元,产生的最大下跌幅度和下跌比率分别是 13 6375 美元和 19%。固定百分比法使得每损失 1 美元能赚取 14 美元,交易之间产生了 6.5% 的标准差。

固定百分比资金管理策略是否能实现亏损时减少交易、盈利时增加交易的资金管理目标? 答案是肯定的。当你亏损时,固定百分比法要求你为此减少风险资金,因此需要减少交易合同量;当你的盈利伴随着账户余额增长时,固定百分比法同样要求你增加风险资金,因此需要扩大交易合同量。

一如固定风险法、固定单位数法和威廉斯固定风险法,固定百分比法也有助于应对个人交易风险。由于账户中风险资金的最大比例被限定,因此你能够接受的交易也有一定的限制。固定百分比法会排斥一笔交易,只因这笔交易的风险金额过高。因此,这不仅仅是提供了一个良好的资产管理策略,而且有助于应对单次交易风险。

当然,也存在某种批评的声音认为,固定百分比资金管理策略使得小额交易者难以入市。如果你的风险资金受限于 1 万美元以内,你会发现很难找到一个风险足够小的交易来进行。如果你想要将 1 万美元的资金账户风险限制在 2%,你只能进行的风险金额为 200 美元或少于此数字,并符合以上种种条件的交易。然而你会发现,这样的交易并不多。

专业交易者偏好固定百分比法的主要原因是它非常有效地降低了交易者的爆仓风险。请记住，专业交易者并非执着于他们可以赚取多少钱，而是能否尽可能好地管理风险。凑巧的是，固定百分比法正好能够有效地应对风险。表8-9清楚地表明了这一点。

表 8-9　爆仓前亏损交易数量

固定百分比（%）	爆仓前亏损交易数量
5	104
4	130
3	174
2	263
1	528
0.5	1 058

表8-9给出了在每笔损失受限于账户余额的固定百分比时，一直亏损至账户余额为0时的亏损交易数量。例如，若将账户余额为0定义为爆仓点，而每笔交易账户余额的固定风险为5%，在账户余额趋向于0或者爆仓之前，将会发生104笔连续亏损的交易。如果固定风险为1%，则爆仓前需要发生528笔连续亏损合同。绝大多数专业交易者的交易风险小于1%。如果账户余额风险仅为0.5%，在账户余额倾尽至0之前，需要1058笔连续亏损交易发生才能达到。

让我换一种说法。如果小额交易者想维持较小的爆仓风险，他应采用固定风险法将小额账户划分成20个单位。如果利用固定百分比法的方式，并且能把风险比例限制到1%，那么这能提供528个单位的资金。在增加了508次额外的交易之后，固定百分比资金管理的交易者的幸存概率提高了。

图8-20显示了固定百分比的资金管理方式是如何应对灾难性的损失的。

采用与前述一样的例子，结果显示固定百分比的资金管理方式在应对灾难性损失方面表现绝佳。假定当账户余额为20万美元，并交易7个合同时，你每个合同损失了10 000美元，预期遭受7万美元的最大损失，即下跌35%。即便发生了令人如此不快或痛苦的情形，你仍然能够继续交易下去。你需要 54% 的收益率才能恢复，因为你只减少了两个合同，所以你仍可以开展 5 笔交易。如果这样一个灾难性损失发生了，它也并非一个非常不利的处境。

（金额单位：美元）

合同数量	账户余额水平	合同的利润总额							
		合同1 59 821	合同2 39 821	合同3 27 321	合同4 18 988	合同5 12 738	合同6 7 738	合同7 3 571	合同8 0
8									
7	200 000	3 571	3 571	3 571	3 571	3 571	3 571	3 571	
6	175 000	4 167	4 167	4 167	4 167	4 167	4 167		
5	150 000	5 000	5 000	5 000	5 000	5 000			
4	125 000	6 250	6 250	6 250	6 250				
3	100 000	8 333	8 333	8 333					
2	75 000	12 500	12 500						
1	50 000	20 000							

第一个灾难性的损失 −1万美元

固定比例	2%	30 000
交易风险	500	起点

经历灾难性的损失的影响			
下降额		是否恢复？	
当前账户余额	200 000	新账户余额	$130 000
交易的合同数量	7		
每个合同灾难性的损失	−10 000	不对称的杠杆效应(%恢复 损失需要达到的利润率)	54%
总损失	−70 000		
下跌百分率	−35%	交易的合同数量	5

图 8-20　固定百分比的资金管理方式如何应对灾难性损失

固定波幅资金管理策略的外汇交易法

图 8-21 显示了利用固定波幅的资金管理策略时外汇交易者的表现。在讨论它的含义之前，我将先对固定波幅的资金管理方法进行解释。

固定波幅法也可称之为固定波动比例法，因为它旨在将市场波幅限制为账户余额的固定比例。

你将会用到以下公式来计算可交易合同数量：

可交易合同数量＝固定比例 × 账户余额 / 市场波幅

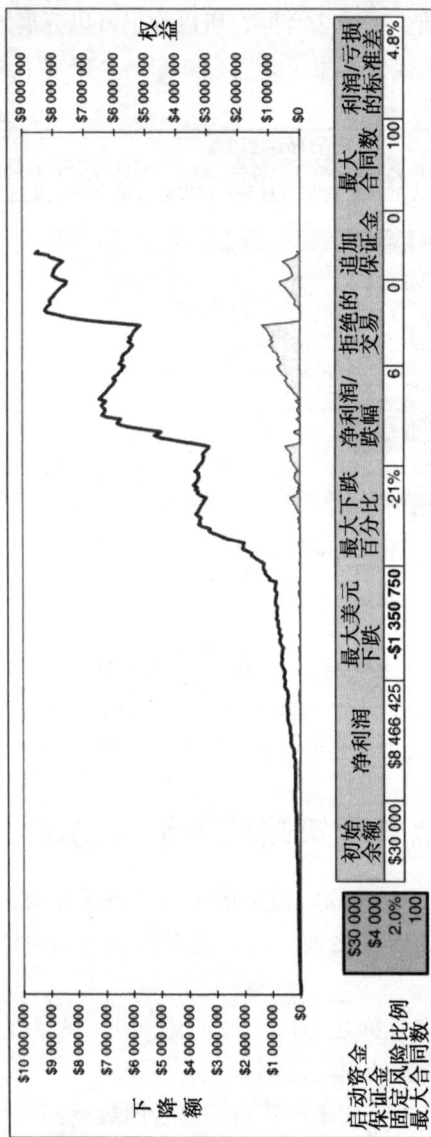

图 8-21　利用固定波幅资金管理策略的外汇交易绩效

市场波幅是指一定时期内的市场波动情况。可以用 10 天、20 天或 30 天的日波动均值来衡量市场波幅。你可以使用一个星期或一个月的时间作为期限来衡量市场的波动性。最好是将衡量波动幅度的方法与交易时间期限相匹配。短线交易者可以使用"日"作为衡量标准，而长线趋势交易者（大额账户）可以使用"月"作为衡量标准。这里我们采用日衡量标准。

你可以利用每日波动幅度或其真实波动幅度，衡量一个市场的波动性或其最高点和最低点之间的距离。真实波动幅度将考虑前一日收盘价与交易日的最高价或最低价之间的差距。

事实上，如果前一日的收盘价低于交易日的最低价，或高于交易日的最高价，那么它常常被用来测量真实波动幅度（或真实的差距）。所以一旦对首选的波幅进行了界定，就可以选择一个时段计算平均水平了。这个例子中，我将假设用一个 10 天的波幅均值（ATR）来衡量市场的波动幅度。

固定波幅并未考虑到交易的单次风险。如果市场的波幅低于账户余额的固定比例，那么交易可以接受，无论其风险大小。同样地，如果市场的波动增大并超过了账户余额的固定比例，不论其交易风险是多大，即便只有 100 美元的风险也不允许交易。

下面是理查德·丹尼斯在著名的海龟培训班上教授的资金管理策略。

让我们先看一个例子。以 5 万美元为账户余额，并把市场波幅限制在账户余额的 2% 以内，我会假设货币市场当前 10 天的日平均真实波幅（ATR）是 0.0031 点。将其乘以总价值为 125 000 美元可以计算出市场波幅为 388 美元（= 0.0031 × 125 000 美元）。也就是说，在之前 10 天，货币市场平均日波幅为 388 美元。如果我想将市场波幅固定在账户余额的 2%（50 000 美元 × 0.02=1000 美元），我将只能交易两笔合同（1000 美元 /388 美元 =2.6 或 2.0）。

类似于其他策略，为保守起见，我已舍入取整。

表 8-10 说明了交易的合同数量如何随着市场的波动情况发生变化。

表 8-10 不同市场波幅下的可交易合同数量

账户余额（美元）	固定比例（%）	固定比例金额（美元）	交易风险金额（可略）（美元）	市场 10 日真实波幅			可交易的合同数量	
				点数	点数总值（美元）	波幅（美元）	实际数据	取整后的数据（美元）
50 000	2	1 000	200	0.003 1	125 000	388	2.6	2
50 000	2	1 000	1 650	0.004 5	125 000	563	1.8	1
50 000	2	1 000	150	0.007 5	125 000	938	1.1	1
50 000	2	1 000	265	0.012 5	125 000	1 563	0.6	0

如你所见，用 10 日真实波幅（10 日 ATR）测量市场波幅，可交易的合同数量会随市场波幅的变化而变化。另外，随着账户余额的增长和市场波幅的下降，交易者将交易更多的合同。同样地，如果账户余额减少，或者市场波幅扩大，交易者将交易更少的合同（如减少头寸）。

图 8-22 说明了固定波幅法是如何促使合同数量增加的。在这个示例中，10 日 ATR 或者说是市场波幅，将会保持在 0.0060 点或 750 美元（=0.0060 × 25 000 美元）不变。当然，这是不切实际的想法，就像所有市场一样，这里的市场无时无刻不在变化之中——波幅持续变化，而可交易合同数目取决于市场条件。

（金额单位：美元）

合同数量		账户余额水平	合同利润总额							
			合同1 1 047 321.4	合同2 59 732.14	合同3 40 982.143	合同4 28 482.14	合同5 19 107.14	合同6 11 607.14	合同7 5 357.143	合同8 0
合同增加时单位合同的利润不同	8	300 000								
	7		5 357	5 357	5 357	5 357	5 357	5 357	5 357	
	6	262 500	6 250	6 250	6 250	6 250	6 250	6 250		
	5	225 000	7 500	7 500	7 500	7 500	7 500			
	4	187 500	9 375	9 375	9 375	9 375				
	3	150 000	12 500	12 500	12 500					
	2	112 500	18 750	18 750						
	1	75 000	45 000							
固定比例 10ATR		2% 750	30 000 起点							

合同数量不断增加，每增加一个合同要求的利润贡献越小

图 8-22　合同数量不断增加时的账户余额水平

然而，为了便于解释，两个变量（即固定比例和固定波幅）不得不被固定，以便观察随着账户余额的增加，合同数量如何增长。

如同固定资金、固定单位、威廉斯固定风险以及固定百分比等方法，随着合同数量的增加，每个合同要求的利润贡献下降，

比较而言，固定波幅法对利润贡献的要求更低。较小的利润贡献使得合同能以平稳的速度增加。

需要指出的是，倘若你的交易策略将 10 日 ATR 作为止损点，固定比例法和固定波幅法将产生同样的资金管理效果。

图 8-21 总结了固定波幅资金管理方法的表现。由一个 3 万美元的账户开始，将 10 日 ATR 波幅限定为账户余额的 2%，取整并且最多交易 100 份合同，这一切将实现超过 840 万美元的利润，而下跌的最大幅度以美元和百分比衡量分别为 1 350 750 美元和 21%。固定波幅的资金管理方法要求每损失 1 美元能赚取 6 美元，并产生了 4.8% 的标准差。

固定波幅法无疑实现了资金管理的目标，胜过单个合同 255 100 美元的利润。可能的原因有两个，一是因为不管账户余额下降或者市场波动增大，都将引起合同减少；二是不管账户余额增长或者市场波动减小，通过更多的交易合同能够赚取呈几何级数增长的利润。

固定波幅法能够实现之前的策略都无法实现的目标，即使市场波动，它还是有能力应对账户的风险敞口。当市场波动剧烈，固定波幅法告诉你应减少交易，因为市场充满危险。当市场开始走稳，固定波幅法将引领你增加交易，因为市场正在改善。

固定波幅法所无能为力的是应对你的单次交易风险。无论交易风险存在与否，只要市场波幅在你的账户固定比例限制之内，你都希望接受所有信号。另一个不足之处是，就像威廉斯固定风险法和固定比率法一样，固定波幅法也不支持小额账户交易者进行交易。

图 8-23 展现了固定波幅法如何应对一个灾难性损失。

你应该铭记试验中的固定波幅法和灾难性损失的限额，因为运用一个固定的真实平均波幅为 0.0060 或者 750 美元是不现实的。由于日常信息具有不断影响市场的能力，所以市场波幅不可

（金额单位：美元）

合同数量	账户余额水平	合同的利润总额							
		合同1	合同2	合同3	合同4	合同5	合同6	合同7	合同8
		104 732.143	59 732.14	40 982.143	28 482.14	19 107.14	11 607.14	5 357.143	0

合同增加时单位合同的利润相同

	账户余额水平								
8	300 000	5 357	5 357	5 357	5 357	5 357	5 357	5 357
7	262 500	6 250	6 250	6 250	6 250	6 250	6 250	
6	225 000	7 500	7 500	7 500	7 500	7 500		
5	187 500	9 375	9 375	9 375	9 375			
4	150 000	12 500	12 500	12 500				
3	112 500	18 750	18 750					
	75 000	45 000						

第一个灾难性的损失 –1万美元

固定比例 2% 30 000 起点
10ATR 750

经历灾难性的损失的影响			
下降额		是否恢复？	
当前账户余额	300 000	新账户余额	230 000
交易的合同数量	7		
每个合同灾难性的损失	-10 000	不对称的杠杆效应(%恢复损失需要达到的利润率)	30%
总损失	-70 000		
下跌百分率	-23%	交易的合同数量	6

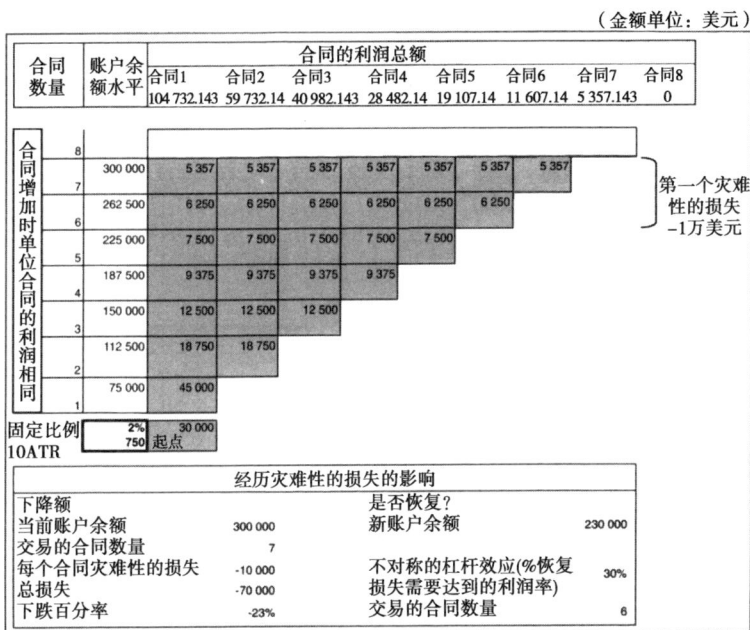

图 8-23 固定波幅资金管理策略如何应对灾难性损失

能保持不变。考虑到这个限定，固定波幅法确实能够很好地应对灾难性损失。假设当 30 万美元的账户上交易 7 个合同时，发生了7 万美元的损失，或者下跌 23%。如果发生了这样的情形，你仍有继续交易的能力。你需要用 30% 的盈利率来恢复，因为你只会下降 1 个合同的水平，所以仍有 6 个合同可用于交易。

这是反马丁格尔的七种策略（即固定风险、固定资本、固定比率、固定单位数、威廉斯固定风险、固定百分比和固定波幅）中的最后一种策略，因此关于反马丁格尔策略的探讨到这里就结束了。接下来我要更详细地分析每种策略，从而更好地把握个人策略。

选择哪种资金管理策略

图 8-24 和表 8-11 总结了外汇交易中各种资金管理策略的表现。

（单位：美元）

表 8-11 资金管理策略概要

	起始余额	净利润	最大下跌金额	最大下跌百分比（%）	净利润/下跌金额	拒绝交易数	追加保证金	可交易的最大合同数	利润/损失标准差（%）
单一合同	20 000	255 100	-13 638	-9	19	0	0	1	2.3
固定风险	20 000	151 538	-4 725	-5	32	195	0	4	2.7
固定资金	20 000	18 667 238	-1 363 750	-22	14	0	0	100	7.4
固定比率	20 000	1 585 188	-16 241	-12	10	0	0	13	3.8
固定单位数	20 000	22 402 163	-1 363 750	-32	16	1	4	100	8.5
威廉斯固定风险	30 000	13 199 288	-1 363 750	-17	10	10	0	100	6.3
固定百分比	30 000	19 493 888	-1 363 750	-19	14	1	0	100	6.5
固定波幅	30 000	8 466 425	-1 350 750	-21	6	0	0	100	4.8

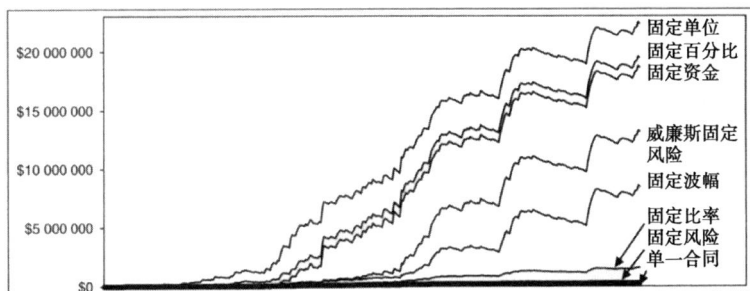

图 8-24　资金管理策略

　　首先，我想谈谈为何固定资金、固定单位、威廉斯固定风险、固定百分比和固定波幅之间具有同样的下跌程度。乍一看，这似乎是一种反常现象，可能是错误的。事实并非如此。这只是一个交易样本的要求，每一个策略限定了最大合约数量。我们规定，当所有策略达到了 100 份合同的限制时，均会遭遇最严重的下跌。因此，他们都经历了类似的下跌。

　　现在让我们回过头来看看这些策略的优劣。你必须接受的一个事实是，并不存在简便可靠的特征，可用于定量而明确地选择卓越的资金管理策略。你必须对每一个策略进行单独考量，并且进行全面分析。例如，如果你有信心，你的权益曲线将来一直会保持稳定，然后你可以选择更激进的策略。然而，你要记住，交易的首要目标是生存，所以，如果你感到自信，记住，市场的重重困境仍然存在，只是隐藏起来耐心地等候着，在你最不经意的时候伏击你。

　　不过，我觉得你可以放心地舍去固定风险法，因为它产生的利润太低，尽管它能产生最小的跌幅、最低的标准差和最高的净利润与跌幅之比。考虑到这一点，你实际上是在六大战略中进行选择。

　　一种方法是选择能够产生最低下跌比例的策略。如果是这种情况，你可以采用固定比率的交易方法，接受 12% 的跌幅。然而，因为威廉斯固定风险法只有稍高的17%下跌，并伴有8倍的利润，大部分人可能会更倾向于威廉斯固定风险法，而非固定比率法。

然而，威廉斯固定风险法的更高利润伴随着更大的波动性，因为其个人交易结果产生标准差高达6.3%，这一数字几乎是固定比率法的两倍。固定波幅法显而易见比单个合同赚得更多，它实现了一个21%的跌幅和4.8%的标准差。这一切看起来很有吸引力。如你所见，你必须考虑到个人的风险承受能力和需求，而这没有标准规则可言。

你也可以忽略下跌比例。尽管很重要，但是下跌比例只考虑了决策方程的一面：风险，而不提及决策的另一面：报酬。这一点值得记取。当你选择一个合适的策略，在你能够承受的单次交易风险之内，你也必须将它与可能的回报相权衡。

考量下降比例的一个方法是衡量实际的美元下跌与产生的美元报酬。这是一个简单的关于风险与报酬的问题，哪种战略会在每美元的下跌额度（或招致的风险）情况下产生最佳的价值或回报？

为了回答这个问题，首先看看美元的净利润与下跌金额之比，或者我所说的价值回报，使用下列公式计算：

价值回报 = 净利润 / 下跌金额

这种想法是选择一种策略，该策略产生能够补偿你在下跌时遭受忧伤和痛苦的最大回报金额。也就是说，在最大的下降幅度下，每损失一美元能赚回多少美元？而不是只专注于风险这一面，应该同时对风险带来的回报加以关注。表8-12归纳了每种策略的每一美元损失可得到的最高回报。

表8-12　价值回报表　　（单位：美元）

	净利润	最大下跌金额	净利润 / 下跌金额	利润 / 损失标准差（%）
固定风险	151 538	-4 725	32	2.7
单一合同	255 100	-13 638	19	2.3

（续）

	净利润	最大下跌金额	净利润/下跌金额	利润/损失标准差（%）
固定单位数	22 402 163	−1 363 750	16	8.5
固定资金	18 667 238	−1 363 750	14	7.4
固定百分比	19 493 888	−1 363 750	14	6.5
固定比率	1 585 188	−162 413	10	3.8
威廉斯固定风险	13 199 288	−1 363 750	10	6.3
固定波幅	8 466 425	−1 350 750	6	4.8

如你所知，固定风险法在最坏的下跌局面之时，每一美元损失的回报额度最高。然而，因固定风险法产生最低的利润，我认为很多交易者不会考虑它。如果忽略单笔合同的结果，那么固定单位数法将成为最受人欢迎的资金管理策略，在下跌最严重的时候，为每一美元的损失会赢得 16 美元的利润。使用这一方法的唯一缺陷是固定单位数法也产生了最大的标准差，会发生最大幅度的波动（更何况在下跌时可能产生破坏性更大的风险）。

尽管在策略选择上，考虑了风险与报酬的价值回报是重要的选择标准，但也必须考虑其他方面的问题。表 8-13 对每个策略的主要特点进行了概括，这将有助于确定需要考虑的问题。

表 8-13　策略的主要特点概览

	单一合同	固定风险	固定资金	固定比率	固定单位数	威廉斯固定风险	固定波幅	固定百分比
是否实现资金管理主要目标								
是否在无法保值或降低损失时减少交易	×	×	√	√	×	√	√	√
是否在获得几何级数利润时增加交易	×	×	√	√	√	√	√	√

（续）

	单一合同	固定风险	固定资金	固定比率	固定单位数	威廉斯固定风险	固定波幅	固定百分比
是否要求每个合同有相同收益	×	×	×	√	×	×	×	×
能否处置灾难性损失	√	√	×	√	√	√	√	√
是否允许小额交易	√	√	√	√	√	×	×	×
能否处置个别交易风险	×	√	×	×	×	×	×	×
能否控制市场波动	×	×	×	×	×	×	×	√
爆仓概率是否最低	×	×	×	×	×	×	√	√

　　最重要的特点是前两个，它们是资金管理的目标。只有固定风险法，无法做到在你失利时缩减交易、在你盈利时增加合同。固定单位数法不能在你挫败时削减交易，但在你盈利时能增加交易。

　　其他策略的一个重要特征，牵涉合同的利润贡献。这已经直接影响到每一个策略处理灾难性损失的能力。虽然这种极端损失不大可能发生，但市场的重重困难应该得到重视。你要相信市场能够并可能导致"意想不到的"灾难性损失。

　　一个策略能够赚取几何级数利润的能力的诀窍在于其积累合同的速度。累积合同最快的是那些每增加一个额外合同只需要较小利润贡献的策略，能够更多更快地积累交易合同，就能赚取更高的利润。这种每个合同要求不同的利润贡献的特点，使这些策略（固定资金、固定单位数、威廉斯固定风险、固定百分比和固定波幅）成为耀眼的新星。然而，当遭遇诸如1万美元的灾难性损失的压力时，这些明星就失去了它们的光彩。导致这一现象的原因是，其积累的合同是基于越来越小的利润贡献，当一个灾难性的损失发生在一个更高的合同水平时，其累积的利润不够弥补损失。

　　表8-14显示了每个策略如何处理灾难性损失。

表 8-14 策略灾难性损失概要

(单位：美元)

账户余额	可交易的合同数量	每合同灾难性损失	总损失	下跌百分比	不对称杠杆（%）	用于恢复的合同数量
单一合同	255 100	1	−10 000	−10 000	−4	4	1
固定风险	151 538	1	−10 000	−10 000	−7	7	1
固定资金	120 000	7	−10 000	−70 000	−58	140	3
固定比率	524 000	7	−10 000	−70 000	−13	15	7
固定单位数	160 000	7	−10 000	−70 000	−44	78	7
威廉斯固定风险	205 000	7	−10 000	−70 000	−34	52	5
固定百分比	200 000	7	−10 000	−70 000	−35	54	5
固定波幅	300 000	7	−10 000	−70 000	−23	30	6

虽然固定资金法因累计合同的速度最快，看起来像是一个盈利明星，它这样做基于每一个额外合同需要最小的利润贡献。结果，固定资金法在灾难性损失发生时，真正的危机也随之而来了，遭受 58% 的下跌，需要 140% 的收益率来恢复，而且必须从一个合同重起炉灶。因此，固定资金法或许应该从你的清单中剔除。

在这个阶段，策略的选择范围已经缩小到固定比率、固定单位数、威廉斯固定风险、固定百分比和固定波幅法。

尽管也遭受了灾难性损失，固定单位数法能够幸存下来，在合理期限内，它仍能通过 7 个交易合同，从下跌中恢复过来。

尽管其他策略遭受了灾难性损失，所幸的是它们也都幸存下来了。固定比率法和固定波幅法的情况最好。与 54% 的固定百分比法和 52% 的威廉斯固定风险法所需的收益率相比，它们分别只需 15% 和 30% 的涨幅，即可从损失中恢复。

如果你是仅持有 1 万美元账户的小额交易者，你会发现无论是用威廉斯固定风险、固定百分比还是固定波幅的资金管理策略进行交易都不容易。找到如此小额的单一合同，或者市场波幅足够低，以便让你能够入场交易，这近乎不可能。因此，如果你是小额交易者，固定比率法和固定单位数法似乎更合适你。如果你的偏好聚焦在风险控制上，那么固定比率法将胜过固定单位数法成为首选，因为它在灾难性的损失中遭受了较小的下跌，并且其个人交易结果的波动性较小。唯一的缺点是相比固定单位数法的 2200 万美元利润，固定比率法只实现了 150 万美元利润。这从来就不是一个容易的抉择。然而，正确且保守的选择应该是选择固定比率法，它优于固定单位数法。请记住，作为一个专业的风险管理者，你的目标是生存，而不是巨大的利润。随着你的账户余额的增长，你可以再考虑切换到威廉斯固定风险法、固定百分比法或固定波幅法。

理解固定比率法为何能够绝佳地应对灾难性损失也同样重要。不同于其他策略，它需要从每一个合同中获取相同的利润贡献。固定比率法为多个合同创造了一个坚实的基础。虽然在连续下跌时会赔钱，但比起其他任何策略，它会为每个合同赢得更多的利润，使其能够更好地处理灾难性损失。

然而，固定比率法不是处理长期亏损交易的最佳策略。不像固定百分比，固定比率不考虑交易者的单次风险，要求你接受所有信号。此外，当你经过一系列的失败交易之后，它也不会减少你的风险金额。当你下滑至一个较低的合同水平时，你只能减少合同数量。除非你加速减少合同数量，固定比率法降低每笔交易的风险金额的速度可能非常慢。

虽然研究每个策略如何能够从灾难性损失中幸存非常有必要，但它并没有真正反映交易者和他们的资金管理策略通常将面临怎样的正常市场条件。最有可能的是，你会经历一系列的失败交易，而不是灾难性的损失。如果是这种情况，威廉斯固定风险法、固定百分比法和固定波幅法都将比固定比率法要好。这是因为它们提供了将爆仓风险最小化的最佳战略，这就是为什么固定百分比法是专业交易者的首选，正是由于它在这方面是最佳的。

最大可交易合同数量的限制

如你所知，我对每个战略可以交易的最大合同数量做了限制。我这样做是为了使分析更加切合实际。缺点是，我制约了每种策略的全部潜力。因此，我的决策对每个策略的结果会产生重大影响。例如，当大多数的策略达成100份合约的限额，并且这些合约都在开展交易时，那么大部分策略的下跌金额是类似的。因此，我决定消除绝大多数策略间关于下跌金额的任何差异，隐藏任何你可以获得的真实信息。总之，我认为最好从一些不同的角度来看绩效图。

达到可交易合同数量限制的速度

表 8-15 显示了每个策略能够以多快的速度达到 100 这个最大的合同限制。

表 8-15　达到 100 份合同的速度

	总交易数	最大合同数量	达到最大合同数	达到最大合同数时的交易仓位	
				交易数量	交易百分比（%）
固定风险	362	100	1	NA	
单一合同	167	100	4	NA	
固定单位数	362	100	100	121	33
固定资金	362	100	13	NA	
固定百分比	361	100	100	93	26
固定比率	362	100	100	207	57
威廉斯固定风险	361	100	100	153	42
固定波幅	362	100	100	275	76

如表 8-15 所示，固定百分比法最先达到了其 100 份合约的限制，它利用了 26% 的数据样本。如果你在寻找最积极的策略，最快地积累合同数量，那么你可以考虑固定单位数法。如果你特别保守而且宁可延期增加交易规模，那么你可以考虑固定波幅法，因为它需要 76% 的数据样本，是最慢达到合同限制的。如果你喜欢速度快于固定波幅法但慢于固定单位数法，你可以把威廉斯固定风险法或固定百分比法作为资金管理策略的首选。

去除合同限制后的战略的全部潜力

表 8-16 总结了没有 100 份合同限制的每个策略的全部结果。

表 8-16 没有合同限制时策略的全部潜力

（单位：美元）

	起始余额	净利润	最大下跌金额	最大下跌百分比（%）	净利润/下跌金额	拒绝交易数	追加保证金	最大合同数	利润/损失标准差（%）
单一合同	20 000	255 100	-13 638	-9	19	0	0	1	2.3
固定风险	20 000	151 538	-4 725	-5	32	195	0	4	2.7
固定资金	20 000	12 144 227 375	-4 194 172 650	-61	3	0	0	866 672	13.8
固定比率	20 000	1 585 188	-162 413	-12	10	0	0	13	3.8
固定单位数	20 000	436 291 722 113	-186 714 403 862	-83	2	1	12	68 602 176	23.8
威廉斯固定风险	30 000	100 591 275	-22 762 050	-42	4	4	0	4 084	7.9
固定百分比	30 000	699 003 363	-198 115 237	-40	4	1	0	62 588	8.8
固定波幅	30 000	12 188 133	-2 332 475	-29	5	0	0	607	5.2

那么，结果会怎样呢？固定单位数法将胜出，得出净利润为4360多亿美元，高得离谱！但代价是什么？83%的下跌、23.8%的标准差，并且必须找到6800万个合同，这基本用光了所有交易。我告诉你，这个资金管理策略一定会失去控制的！

有趣的是，这些完整的结果可能使你更好地了解关于这些策略的下跌和波动性。虽然固定单位数法是赢家，但它带有自我毁灭性质的83%的跌幅，并且其利润和亏损易产生巨大波动，而且它也需要一个不切实际的6800万的合同数量。当今世界，找不到一种生意可以在一天内做到6800万个期货合同。

固定资金法遭遇了同样的61%的高下跌、高波幅和交易不切实际的大量合同。

一个优秀的风险管理者更喜欢威廉斯固定风险法、固定百分比法和固定波幅法，因为它们提供了良好的利润和下跌组合，固定波幅法可产生最大的净利润与下跌之比。

如果你把交易当成一场马拉松，我想你可以选择固定百分比法或固定波幅法，因为它们可在受控的下跌中产生最大的利润。

然而，交易并不一定是一场马拉松，也不能孤立地看待上述策略，只需从上述诸种方法中选择一种即可。为了达成目标，你没有理由不未雨绸缪，制定较稳妥的策略，也就是说，在交易时应尽早运筹帷幄，稳健操作，在损失加剧时要降低风险资金。

现在让我们从利润目标的角度来看看这些策略。

利润目标：10万美元

比方说，一个交易者的首个获利目标是10万美元。表8-17显示了每个策略目标实现的速度。

表 8-17　达到 10 万美元目标的速度

	总交易数	当利润达到 10 万美元时的交易仓位	
		交易数	交易（%）
账户起始余额为 2 万美元			
单一合同	362	150	41
固定风险	362	176	49
固定资金	362	68	19
固定比率	362	128	35
固定单位数	362	15	4
账户起始余额为 3 万美元			
威廉斯固定风险	362	119	33
固定百分比	362	32	9
固定波幅	362	67	19

　　正如你所期望的，固定单位数法能够只用 4% 的数据样本，第一个获得 10 万美元利润。表 8-18 总结了每个策略在达到 10 万美元利润时的表现。

　　这个结果很有趣。这一套假设的数据显示，固定单位数法拥有 6% 的下跌比例，排名倒数第二。但是能达到这一点的同时，它具有最高的波幅，有着 22.8% 的标准差，但这种波动是由那些高利润交易的高标准差造成的，因此并不那么糟糕！在基于这个数据样本集的 10 万美元利润"短跑赛"中，固定单位数法率先达标，即获得最大利润、最低跌幅和最高净利润与跌幅比，不失为杰出策略。

利润目标：100 万美元

　　现在让我们假设一个交易者的利润目标不是 10 万美元，而是 100 万美元。表 8-19 显示了每个策略取得新的更高目标的速度。

表 8-18 总结达到 10 万美元利润时的表现

（单位：美元）

	起始余额	净利润	最大下跌金额	最大下跌百分比（%）	净利润/下跌金额	拒绝交易数	追加保证金	最大合同数	利润/损失标准差（%）
单一合同	20 000	103 163	-4 187	-9	25	0	0	1	3.1
固定风险	20 000	101 250	-4 200	-5	24	62	0	4	3.7
固定资金	20 000	101 150	-14 750	-22	7	0	0	7	6.9
固定比率	20 000	121 213	-5 625	-9	22	0	0	3	4.2
固定单位数	20 000	126 013	-3 163	-6	40	1	1	11	22.8
威廉斯固定风险	30 000	120 063	-9 738	-14	12	12	0	4	4.1
固定百分比	30 000	102 600	-14 163	-12	7	1	0	15	10.3
固定波幅	30 000	112 038	-12 263	-13	9	0	0	7	5.4

表 8-19　达到 100 万美元的速度

	总交易数	当利润达到 10 万美元时的交易仓位	
		交易数	交易（%）
账户起始余额为 2 万美元			
单一合同	362	NA	NA
固定风险	362	NA	NA
固定资金	362	132	36
固定比率	362	269	74
固定单位数	362	89	25
账户起始余额为 3 万美元			
威廉斯固定风险	362	180	50
固定百分比	362	122	34
固定波幅	362	204	56

正如你所期望的，又是固定单位数法在 25% 的数据样本内首先获得 100 万美元的利润。表 8-20 总结了每个策略在达到 100 万美元利润时的表现。

现在，衡量绩效表现的指标正在变化。固定单位数法目前拥有最高的美元下跌数额和下降比例，尽管它也赢得了这场比赛，但与之相伴的是更多的痛苦！

在使用这个数据样本赚取 100 万美元利润的前提下，交易者会考虑威廉斯固定风险法、固定百分比法或固定波幅法。然而，如果速度是关键所在，那么固定百分比法将是首选，因为它能在 34% 的数据样本内获取 100 万美元利润，而威廉斯固定风险法和固定波幅法需要做超过 50% 的交易。

无论如何，我认为，你没有理由必须在以上各种策略中选择其一。你没有理由不根据你的账户规模和偏好混合搭配。我想如果交易者倾向于开始时更积极，当他们损失较小时可以用固定比例法或固定单位数法交易，然后当他们损失变大时转变为一个更保守的策略，这是合理的。

表 8-20　达到 100 万美元利润时绩效概览

（单位：美元）

	起始余额	净利润	最大下跌金额	最大下跌百分比(%)	净利润/下跌金额	拒绝交易数	追加保证金	最大合同数	利润/损失标准离差(%)
单一合同	20 000	255 100	-13 638	-9	19	0	0	1	2.3
固定风险	20 000	151 538	-4 725	-5	32	195	0	4	2.7
固定资金	20 000	1 075 263	-54 275	-22	20	0	0	61	9.6
固定比率	20 000	998 050	-66 250	-9	15	0	0	10	4.2
固定单位数	20 000	1 069 613	-105 438	-32	10	1	4	100	14.7
威廉斯固定风险	30 000	1 038 713	-85 500	-14	12	12	0	38	6.3
固定百分比	30 000	1 106 788	-100 475	-19	11	1	0	81	8.9
固定波幅	30 000	1 040 563	-58 850	-13	18	0	0	27	5.2

没有完美的方法

所有的交易者都是不同的。他们有不同的风险承受能力，对各自方法能否产生平稳的权益曲线的信心也各不相同。他们对个人风险和市场波动的管理方式具有不同的观点。然而，尽管存在这些差异，这里提供的信息应该能够帮助你选择合适的资金管理策略。

如果你有一个小额账户，你可能会倾向于采用固定比率法或固定单位数法。固定比率法的保守表现在要求所有合同有相同的利润贡献。利用固定单位数法，能够加快积累合同的速度，产生更多的利润，并且通过确保你至少有 20 个单位的资金交易以避免爆仓风险。如果你的预期值变成负值，而且你有着一个长期的连续亏损交易，这可能是危险的。固定比率法可能不允许你有足够的交易机会摆脱麻烦。当你刚刚经历了 15 次连败且你只剩下最后 5 个单位的钱时，固定单位数法也许会考验你的信心。

如果你有一个大额账户，你可以考虑威廉斯固定风险法、固定百分比法或固定波幅法。固定百分比法既能在将你每笔交易的损失限制到一个很小的百分比的情况下，为你提供一个较低的风险和损失，又允许你稳步积累合同并赚取几何级数的利润。此外，当限制为 100 份合同，同时适当地下跌 19% 时，固定百分比法相比威廉斯固定风险法和固定波幅法，能实现更高的利润，而且产生最高的净利润与跌幅比 14%。

用你的交易数据集去测试每一个策略，越来越成为更熟悉和适应各种战略的最佳方法。你应该检查每个策略对其关键变量的变化有多敏感。你也应该用灾难性的损失测试每个战略的恢复能力。

蒙特卡罗模拟法

蒙特卡罗模拟法是有助于选择的另一种工具，这种技术能让分析具备更强的可靠性。

虽然你已经研究出具有一条稳定权益曲线的方法，你对各种策略在历史交易数据中的表现表示满意，但是你不能确定交易数据在未来能否重复出现相同的序列。蒙特卡罗模拟法能对资金管理策略进行全程检验。它能够多次随机混合交易的历史数据，记录每个序列的主要特征，如下跌和价值回报率（净利润与跌幅之比）。然后通过计算平均值和标准差来检验结果的差异。从这些结果中，你可以赢得对未来的信心，你知道如何将策略应用于你的方法。但你应该明白，它有局限性。它仍然依赖于在未来同样的个人交易结果会发生，如果你的权益曲线保持稳定，那很好。然而，如果你的系统的业绩开始恶化，那么无论你做多少模拟，你的实时结果仍将很差强人意。

交易权益动量

虽然现在你知道正确的资金管理是多么重要，但你也应该知道其局限性。资金管理虽然可以将一种具有普通预期的方法转变为赚钱机器，但它不能把一个负预期的方法变成正预期的方法。也不能告诉你，你的方法何时会出现致命的失控，或何时你的正预期值已转变为负预期值。虽然资金管理是应对爆仓风险的头号武器，但它无法提供预警信号。这正是交易性权益动量的用武之地。

监测一个策略的权益动量会给你带来警告，告诉你策略的权益曲线是否会开始变得不稳定。它会在你的策略完全失效前给你一个警告。它会允许你在策略绩效恶化之前收回你所有的风险资金，从而能全身而退。

换句话说，为什么要让你的资金管理策略决定你什么时候停止交易？不应该有一个更明智的、更早的警告帮助你退出险局吗？将钱亏损殆尽似乎不太可能，但如果方法的预期值变为负数，这便是资金管理的最终结局。

　　你不应该在失去全部 10 000 美元的风险资金时才了解那些你本应该在损失了 5000 美元之后就应该了解的事情。的确，这有助于提早（即 3000 美元的时候）获得预警信号，让你意识到你开始惹上麻烦了。

　　你不仅应采用具有正预期的方法进行交易，也要采用具有正的权益动量的方法，或者换句话说，一条稳定的权益曲线。如果你的权益曲线是在单一合同的基础上开始下降，你应该准备靠边并停止交易，直到看到正的权益动量回来。

　　我的意思是对你所使用的方法确定一个止损点。就像在你交易时使用止损点一样，你应设置交易方法的止损点。或者换句话说，是一个系统终止点。

系统终止点

　　正如你总是停止交易，那么你也应该在交易时设置一个系统终止点。即使你可能会认为你已经建立了一种强大的正预期的方法，你已经使用测试程序正确地验证了它，也不能保证你的方法的预期不会在未来一段时间变成负值。使用系统终止点是一个重要的风险管理工具。

　　尽管我知道我的策略有优势，但不能保证它们在将来也一直有优势。如果它们做到了，我当然偏好它们；如果它们没有达到目标，我会目瞪口呆，但我要尊重市场的逆境原则，并做好最坏的准备。权益动量会帮助判断我的策略预期是否开始下滑。对每一个战略使用一个系统终止点，可以避免自己失去立足之地。

　　系统终止点有三个目的。第一，它应该能够告知你的方法在到达系统终止点时的账户余额，也就是系统终止点的仓位。这会告诉你在你的方法中应该准备投资（或失去）多少钱或多少风险资本。

　　第二，它应该能够鉴定方法的权益动量何时消失，并告知你何时停止交易。

第三，它应该能够鉴定方法的权益动量何时又回来了，并告知你何时重新开始交易。

关键是要选择一个有效的系统终止点。正如你在交易时可以使用不同的止损点，你可以使用很多方法设置系统终止点，需要充分发挥你的想象力。一个良好的系统终止点应该给你的交易方法有足够的空间来证明自己，如果不给它这么多的空间，它会损害你的风险资金。

正如我刚才所说的，永远不要忽略这个事实，如果你的交易成功了，这不会因为你是一个优秀的交易者，而是因为你幸存了下来，你已经成为一名优秀的风险管理者；而一名优秀的风险管理者将做好充分的心理准备，他的方法有可能在未来的某个点上失去优势。

图 8-25 显示，几乎是使用新方法开始交易之后没多久，权益曲线下降了。由于其权益动量丧失，触及 10 000 美元的风险资金限额（财务边界），交易强行结束。显然，在触及财务边界前停止交易比较好。这是交易的权益动量的用武之地。系统终止点会在交易者失去 10 000 美元的风险资金前发出警告。

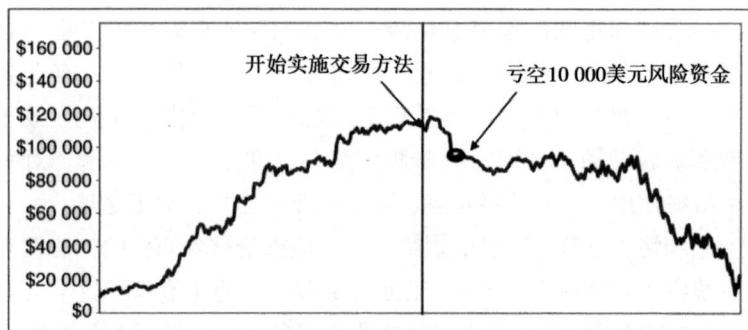

图 8-25 没有系统终点时的交易

系统终止点不局限于机械型交易者。不管采用哪种方式进行交易，无论是机械型交易还是随机应变型交易，你应该设计、采用并实施系统终止点。虽然这对随机应变型交易者来说比较困难，但它仍然是可行的。

需要构建一个单一的合同权益曲线，这样就可以包括你的系统终止点。它应该由三个部分组成。

- 模拟交易历史
- 在你验证时收集 30 次电子邮件模拟交易（TEST）结果
- 实时模拟结果

根据实时模拟结果，忽略实际交易中市场造成的任何活动。这是因为你关注的是方法的优势和权益动量，而不是市场如何快速地交易，或因此发生的下跌。虽然你将根据实时结果进行交易，但你在考察模拟结果时可以忽略它。

不管你是一个机械型交易者还是随机应变型交易者，权益曲线都必须不断更新和体现"实时"动态。此外，你还必须记住权益曲线基于单一合同交易，并不涉及任何资金管理。你应该关注的是：你的方法基于单一合同交易（或固定的头寸规模）时的固有优势、预期值和保值增值能力。如果应用了资金管理策略，这些就难以显现了。

没有正确或错误的系统终止点。关键是要制定一个对你有意义的系统终止点，然后坚持下去。一个合适的系统终止点能够在亏损发生时尽早止损，比如：

- 财务边界为 10 000 美元的风险资金限额
- 先前的跌幅
- 先前的回撤百分比
- 一个低于先前波动最低点的波动高点
- 你的权益曲线的移动平均线

- 你的权益曲线的一个破位点
- 月平均利润的倍数

正如你可以看到的，有大量的有关系统终止点的设想，只要你能想象得到。最重要的一点是，你的系统终止点可以测出权益动量，尤其是当它消失以及之后当它返回时。

图 8-26 根据权益曲线构建了一个涵盖 40 个交易的利润通道，这 40 个交易的最低权益点能够识别有效的系统终止点。当权益价格继续走高时，这个方法就可预见即将发生一次下跌。

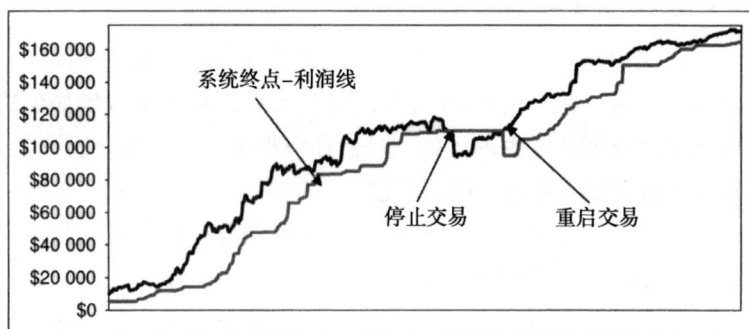

图 8-26 一个利润通道的系统终止点

权益曲线和利润线之间的距离代表了系统终止点的金额。如果过大，你既可以寻找一个替代的系统终止点，使其更贴近权益曲线，或者你可以等到权益曲线和系统终止点之间的差距足够小。如图 8-26 显示，如果你的方法的权益曲线低点低于系统终止点，它会发出权益动量减弱的信号，并注明你应该停止交易。如果你的方法的单一合同权益曲线可以恢复到利润线（系统终止点）的上方，它将表明你应该重新开始交易。一旦发生这种情况，利润线将回到 40 个交易的最低权益曲线上，给予你运用方法的空间，让权益曲线恢复攀升。

这仅仅是系统终止点的一种方法，还有很多其他的方法你可以继续关注，而所有的这些只需要一点点努力和想象力。同样重要的是，你要明白系统终止点可以产生和停止交易相同程度的刺激。太靠近系统终止点时，你的交易方法会促使你在它给你创造年度最大盈利时停止交易。这里没有正确或错误的系统终止点。虽然你的系统终止点有很高的概率让你错过一些绝佳的交易机会，但只要承担这样一些小小的代价即能令你成为优秀的风险管理者。

同样重要的是，了解设计系统终止点的目的不是要实现利润最大化。使用系统终止点会降低你的盈利能力，因为在你的策略本可以帮你步出下跌局面时，它让你作壁上观。这将在一定程度上妨碍你，使你错过早期的权益动量的回报。不过，这没关系，因为设计系统终止点并非为了实现利润最大化，而是旨在保护资金。我确信为了保存好你的交易风险资金，即便错过一些获利机会也是值得的。

我相信，如果你能把你的方法与系统终止点以及适当的资金管理策略结合起来，那么你便可创建一个我认为更明智的资金管理解决方案。

小 结

本章是成功交易的普遍性通用原则之五，即交易的三大支柱的第一支柱的终结。

如你所知，资金管理是对抗爆仓风险的关键武器。由于你的交易目标是生存，因此你必须理解和贯彻恰当的资金管理。如果你无法掌握好资金管理，很可能会被排除在10%的赢家之外。

对不同的资金管理策略的研究已日益彰显出恰当的资金管理对你的生存和财富是多么重要。另外，本章对一个有效的系统终止点和交易权益动量的重要性也进行了讨论。

本章对以下策略进行了讨论。

- 固定风险
- 固定资金
- 固定比率
- 固定单位数
- 威廉斯固定风险
- 固定百分比
- 固定波幅

个人账户规模、风险承受能力、有关每次交易风险、对市场波动的看法、规避爆仓，这些策略都将对你实现恰当的资金管理目标有所裨益。绝大多数都迫使你在失利时减少交易，盈利时增加交易。换言之，就是盈利时增大交易规模，亏损时减少交易规模。

交易者应尽情展开想象，进行系统终止点的选择。一个高效的系统终止点能够：

- 提供系统终止点的美元数额
- 鉴定权益动量的减弱以适时停止交易
- 鉴定权益动量的恢复以重新开始交易

将适宜的资金管理策略与系统终止点相结合，造就了更明智的资金管理方法。第9章，我将会详细地与你探讨交易三大支柱的第二大支柱：方法。

方　　法

**The Universal Principles of
Successful Trading**

方法论

方法论为你日常博弈提供了指导，它清晰地阐明了为达到预期目的，你将如何进行交易。它由以下两部分组成。

- 预案
- 交易计划

预案能够识别在将来可能遇到的支撑或阻力区间。它们告诉你应该做何决定：你是否应该伺机买入（或者卖出）。

交易计划应该告诉你如何利用你的预案。它必须清楚、明确地说明如何买入、止损离场和卖出。

你的方法论应该简单并符合逻辑。如我前面所说，它应该可以通过麦当劳的测试。也就是说，一个青少年能否运用你的方法。如果不能，那它可能太难懂、太复杂了，基本上注定会失败。

一旦设计好了你的方法，下一个步骤就是用 TEST 程序验证它的预期效果。如果测试结果是正面的，它并不依赖于一个或者两个特别的交易，是一条相对平滑的权益曲线，你就可以知道你已经设计出了一个良好的方法。

最后的步骤就是计算它的爆仓风险，这样能把你的资金管理策略和方法结合起来。通过你的 TEST 结果，你就会知悉你的方法的准确性和平均收益与平均损失之比。把它与你选择的资金管理策略相结合，你可以用我们的爆仓风险模拟计算器（见附录 A和 B）或者类似的模型来模拟，然后估计你在统计上的爆仓风险。如果你估计爆仓风险是 0，你就可以对你的方法很有信心。倘若不是，就要重新构建蓝图了。

在这一章中，我们将探索方法论的建构，能够帮你在研究各式各样市场行为理论和汗牛充栋的交易方法时不会迷失方向，明确交易过程。

方法论的第一步是决定采用哪种方式，随机应变型交易法还是机械型交易法。

随机应变型交易法和机械型交易法

交易者通常被分为三类。

- 随机应变型交易者
- 机械型（或系统）交易者
- 自主机械型交易者

随机应变型交易者追求灵活的交易计划。他们会制定以规则为基础的策略，使他们在行动上具有较大的自由度。它通常包含一个规则，就是如果他们对预案感到困惑或者没有信心，没有关系，可以不进行交易。他们有最终做什么交易，怎样进行交易的灵活性，保留是否要继续进行交易的决定权。

机械型交易者则遵守严格的交易计划，他们制定了具有不可分离、不可违背的规则的策略。他们在如何进行交易方面没有自主决定权，他们对交易的每一个方案都进行自动、系统的处理和执行。他们不会考虑为何要进行交易，只需要机械地执行交易。机械型交易者对要进行何种交易没有自主决定权，他们必须依照发出的每一个信号进行交易。我也是机械型交易者中的一员。

　　自主机械型交易者，顾名思义，就是介于随机应变型交易者与机械型交易者之间的交易者。他们会设计交易计划并严格遵照执行。然而，当他们还没有确定交易计划前，具有很大的自主权，一旦他们决定交易，他们将会严格地按照其交易计划按部就班地行事。

　　从情感层面而言，随机应变型交易与机械型交易是两个极端，这两种形式是截然不同的。机械型交易者对他们何时进行交易没有决策权。他们随时更新诸如K线图等图表，一旦交易信号显现，就依照既定规则进行交易。而随机应变型交易者无时无刻不在进行决策。随机应变型交易者的计划越有条理，他们就越少需要做决策。做一个随机应变型交易者通常比做一个机械型交易者在情感上更受煎熬。

　　绝大多数交易者从随机应变型交易者开始，通过经验和失败，渐渐地他们在随机应变型交易中变得更加形式化和简单化。机械的交易方法在一个更为合理的情感水平帮助交易者实现一致性和自律性。

　　如果你是交易新手，我鼓励你在一开始考虑用机械型交易方法，或者遵循一个有条理的、严格的交易计划。你无须在交易生涯中始终保持机械型交易者的身份，然而你必须拥有一个你始终会遵守的基础扎实的决策方法。

　　成功执行交易计划的关键在于保持一致和严守纪律，机械型交易方法是一种重要的训练方式。另外，机械型交易方法通常比较容易设计，且因为存在各种可利用的软件包，一开始就可以进行测试。现在，让我们来看看一个完整的方法的具体结构。

建立方法论

　　方法论是指交易的原理。其核心是：交易是简单地识别潜在的支撑线和阻力线，这就要求交易者：

- 当有证据表明触及支撑线和阻力线，那么需要设置精确的止损点；
- 在支撑线和阻力线得到保持时能够获利。

重要的是记住这一点：尽量简化，不要把事情搞得很复杂。作为交易者，你仅仅是在寻找潜在的支撑水平和阻力水平。当你相信一个潜在的支撑线和阻力线能够给你提供利润的时候，你就应该进行交易。不要让你选择的市场理论或者分析学派支配你的思想，否则你会忽略这一要点。

交易风格

如我之前所说，交易方法可以采取两种基本的交易风格。

- 趋势交易
- 逆势交易（或者摆动交易）

依据趋势进行交易是交易的安全区。所以我建议，在一开始你的精力可以集中于设计出一个好的趋势交易方法，在你已经练习的足够长的时间而且有很多成功经验时，还是应该开发一个逆势的或者摆动交易的方法。市场并非一直保持趋势，所以用你的趋势交易方法也会出现亏损，此时，你的逆趋势或者摆动交易方法会为你带来利润。简而言之，同时创建一个趋势交易方法和一个逆势交易方法，并利用它们进行交易，你会拥有一条更加平滑的权益曲线。另外，随着自身的成功和经验的增长，你需要在多种时间框架下丰富你的交易策略，同时创建趋势交易和逆势交易方法。应创建短线或者长线方法来补充现有的策略，其目的是在多种时间框架下，用多种组合的交易方法进行交易，这些交易方法并非简单的重复，而是互补的。每一个方法的核心就是交易方案。

预案

一个预案不仅需要识别潜在支撑线，还要识别潜在阻力线。一个好的支撑线、不仅存在于上升趋势中，还应该可以确认上升趋势。而一个好的阻力线不仅应该存在于下降趋势中，还应该可以识别下降趋势。预案是在市场分析中找到的，其技巧在于选用哪一派的理论进行潜在支撑点和阻力点的分析。如图 9-1 所示，在来确定潜在的支撑线和阻力线的分析方法是非常多的。

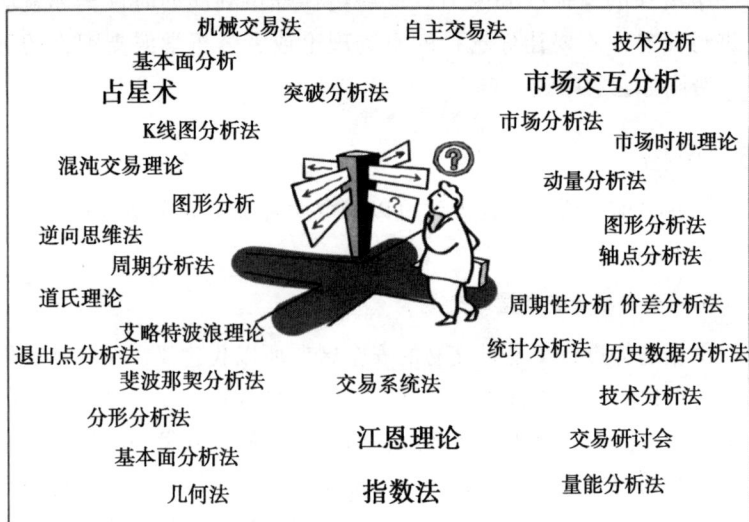

图 9-1　有利于确定支撑线和阻力线的现存技术

大多数交易者把时间耗费在各种各样的市场行为理论丛林中打转，他们在寻找完美的市场交易技术。虽然这会使其钱包和精神受损，但他们却认为这是交易生涯中最迷人、最具创新的经历。探寻未知总是令人着迷。设计自己的方法比"依葫芦画瓢"和按部就班地交易更富有创造力和满足感。

现在我不会在各种各样的分析派中花太多的时间，因为我的着力点在于教你成功交易的普遍性通用原则。回顾"方法"中的"预案"，它就是三大支柱之一，也就是我六个成功交易的基本通用原则之一。然而，我会对各种分析学派大致的观点进行简要概括。

如果时间足够长，你将会发现要找一个具有识别潜在支撑线和阻力线的优势理论是不容易的。当你看到市场上兜售的各种各样的方法之后，你应该抱着开放的心态做出自己的选择。你需要学会摒弃对某些技术分析学派的成见，抱着开放心态对待关于交易的任何观点。但是像我之前鼓励过你一样，你可以保留判断任何一个观点是否对你有价值的权利。你要永远铭记，不要因为看过或者听说过这个交易点子，就觉得它适合你。听到过的或者看到过的交易技术，并不代表它一定是准确无误的。只因为我或者其他作者提到过这个点子，并不能证明它是对的。一个交易设想只有在通过你独立的验证后，才能说明它是正确的，包括我书里所有谈及的内容。要像海绵一样，吸收所有交易观点，但是当你这样做时，不要忘记保持一个怀疑者的身份，时刻准备好，独立验证这个设想的正确性，看它是否能够充分达到你的交易预期。当你这样做时，至关重要的是不断问自己，这个点子是否可以帮助你识别潜在的支撑线和阻力线。

另外你需要恪守的一点是，在交易中你将会听到很多声音，从书籍到 DVD，从简报到研讨会，所有关于各自的分析派别的说法均是热心的且饱含激情的。当你保持开放的心态并尽你所能倾听更多的声音时，要随时提醒自己，并不是每个交易中的声音都是正确的。有些可能是对的，有些可能是错的，不是每一个都是正确无疑的。你要做的，就是确定哪个声音对你来说是最有意义的，对你手头上的工作是最有价值的。记住这个会让你始终保持一个怀疑者的身份，直到能独立验证一个"声音"。

在寻找你偏爱的交易方式时，至关重要的是，当你选择的分析方法无法识别出支撑线和阻力线时，当你的测试结果是负的期望值的时候，你应该尽力避免沮丧失望。至少你有资格说，你鉴别出了哪种分析在你这儿没有优势，并且在交易中明确什么对你毫无用处，这和知道什么行之有效同等重要。

交易的"潘多拉盒子":哪种市场行为理论可信

我将各种市场行为理论,或者广泛收集的用于识别潜在支撑线和阻力线的技术分析方法分为三类。

- 预言者
- 梦想家
- 实用主义者

预言者

"预言者"包括:

- 占星术
- 周期分析
- 艾略特波浪理论
- 分形分析
- 基本面分析
- 几何分析法
- 江恩理论

这些派别的践行者均相信他们能够确定市场动向,并吸引了不少的追随者。这些方法的中心主题是市场择时,在市场发生大转变时,知道该在何时买进、何时退出。两个突出的理论就是艾略特波浪理论和江恩理论。

这些预言者有两个主要的缺点。首先,通过寻找未来转折点,鼓励交易者选择高点和低点进行交易。如我之前所言,这是所有新交易者都会犯的共同错误。尽管你可能尚未着手去做,展望未来并分析识别可能性较高的转折点,能够鼓励你交易。而有关转折点的证据收集的越多,你对自己就越有自信,因此你就会更热心地利用好这个机会。在你了解这些之前,你继续持有,一直等到你的分析被证明是正确的。

第二个缺点是当交易者开始预期未来时，他们忽视了眼前。当你忙于寻找市场的未来走向时，你可能忽视当下的市场交易机会。当你识别出了一个重要的未来日期和价格水平，你会从注意范围中屏蔽掉其他因素。而这恰恰会让你错失了交易机会。

如此之多的交易者被预言者所吸引，其原因在于他们的观点十分诱人，他们认为你可以知道市场的未来走向，掌控自己的交易命运。他们设计了一个确定的未来蓝图。预言者呈现了一种认识上的幻觉，进而产生控制感。这些错觉导致了过度的乐观和自信。

另外，交易者可能陷入我所指的智力陷阱中。交易者可能被知识的魅力和解决市场困难的挑战所吸引，因为他们相信复杂的就是最好的。预言者喜欢复杂方法。

对于艾略特波浪理论和江恩理论，寻求神秘方法的新人可能对后者更有兴趣。虽然我从来没有系统学习过江恩理论，但是根据我对几何学的了解，我对它的组成要素也相当熟悉。江恩理论的神秘感吸引了很多初学者。结果是，很多只有一点点交易经验，但具备优秀的营销、销售和表达能力的人，在致力于推广江恩的交易技术。

对江恩理论的热棒是沿着这样一条路线展开的。

了解江恩理论和市场交易

江恩是有史以来最杰出的交易者之一，他的市场转折预测能力曾是、仍是、迄今是一个传奇。他的商品和股票市场的交易利润令人震惊，高达90%。20世纪上半叶，他的交易利润初步统计是令人咋舌的5000万美元。据研究发现，那些学习过其技术的交易者，在全世界市场上均取得了巨大的成功。

资料来源：www.wdgann.com.

谁不希望能够一直向最伟大的交易者学习呢？任何一个拥有

高达 90% 的交易利润率和 5000 万美元利润的人，肯定会提供一些有价值的东西。

不幸的是，江恩看起来更像是一个神话而非现实。亚历山大·埃尔德博士，一个受人尊重的市场参与者，在他的《以交易为生》(*Trading for a Living*) ⊖一书中检验过江恩的理论。据埃尔德的说法：

> 各种市场投机者贩卖"江恩课程"和"江恩软件"。他们声称江恩是史上最伟大的交易者，并留下了 5000 万美元的遗产，如此等等。我采访了在一家波士顿银行担任分析师的江恩的儿子。他告诉我他声名远播的父亲，无法以交易所得供养家庭，反倒以写作和销售教育课程为生。当 20 世纪 50 年代江恩离世之后，其遗产包括住所，价值也只是略超过 10 万美元。江恩，这个交易巨人的传说，仅仅是那些课程和其他资料的贩卖者向易上当受骗的消费者的讹传。

在《择时与选股》(*The Right Stock at the Right Time*) ⊖一书中，拉里·威廉斯给出了进一步证据。

> 我学习了江恩理论、艾略特理论以及几位知名占星家的作品，最后都感觉是浪费时间。我何其幸运，最后见到了江恩之子。他是纽约的一个经纪人，他向我解释说，他父亲只是一个简单的股票行情预测员。他反问道，倘若他的父亲如所说的那样伟大，他的儿子怎么还在"微笑、拨号、致电客户进行交易"呢？看起来他有点被父亲的宣传打扰，因为这引来了很多人向他祈求"圣杯"。

⊖⊖ 这两本书的中文版已由机械工业出版社出版。——译者注

如果有的话，它也从未被传递给他的儿子。

　　与此同时，我也遇到了撒切尔，这个江恩理论的鼓
吹者和推广人向我保证，在江恩一生的最后五年里，他
只是一个优秀的促销者，并非一个出色的股票交易者。

我自己的"江恩"经验也是类似的。自从我 1983 年开始在
美洲银行从事市场交易工作，遇到过数以百计的交易者，其中很
多都是江恩的学生。通过所有我曾遇到的"江恩"交易者，今天
我明白了，我已经不止一次地表明，让我重申一次，根本不存在
像江恩所说的持续且行之有效的赚钱方法。就此为止，无须多言。
当然，选择性地应用某项江恩技术，事后看来可以验证市场转折
点。然而，后见之明和选择性地应用江恩理论，并非一件困难之
事：不论是角度、程度、振荡、回调、推测、周年日，还是九宫格
上的位置。如果一个江恩工具不起作用，他们通常可以找到其他
起作用的工具。但是平心而论，江恩理论并不是唯一一个因"曲
线拟合"而受到批评的交易派别。大多数的分析派别都有很多余
地，分析者通常可以想出不同的技术来验证他们的主张。

　　我明白，在统计上，仅凭一个人的观察是不重要的，不能将
此作为对江恩理论的盖棺定论。请记住，这些只是我的个人经验。
如果你的经验恰恰相反，那太好了，我鼓励你和江恩理论的其他
学生分享个人的江恩经验。我知道很多人期望揭开江恩的交易之
谜。但是，请你铭记，如果你这样子做了，记住要使用实时的、
有效的结果。

　　如果你想学习江恩理论或者参加一个江恩研讨班，我只能鼓
励你向那个发起人要一张实时交易明细表。如果你能看到一份他
的实时交易记录，在你完成研讨会之后，你也应该让他向你逐个
解释每笔江恩交易。因为他们在向你传授江恩理论，他们也因此
赚到了钱，这个要求很合情合理，对吧？

目前看来，江恩的支持者也在紧随他的步伐，没必要做个优秀的交易者和展现"胜利的秘诀"，但是需要继续良好的推广工作，并且从销售课程中赚钱。过度夸大和炒作江恩的技术，可能使人们没法将注意力集中到考虑那些有价值的江恩理论的原理上来。

如果江恩或者其他预言者令你兴趣盎然的话，你可以跟进研究，看它是否可以帮助你正确地识别潜在的支撑线和阻力线。倘若可以，如果你还能够通过 TEST 程序验证该方法的预期，那就可以在交易中应用它。

预言者可能会为你遇到的境况提供最有趣的分析，尽管它们并不会带给你最有利可图的交易机会。我在这里必须承认，在我交易生涯的前 15 年里，我是一个艾略特理论的信奉者，在那段时间里，我又学习了几何分析法。不得不说，这段时间是我分析市场最富有创造力、最有趣的时期，没有任何时期可以和它相比。从 1998 年开始，我成了一个无聊的机械型交易者。我可以向你保证，在多个时间框架下，使用艾略特波浪理论和几何分析法，从价格和时间两个角度来研究市场，带来的乐趣都是机械型交易的两倍以上。然而，对于我而言，从过往经验看来，不能够靠艾略特波浪理论获取利润，对于我来说就是毫无价值的工作。

梦想家

梦想家是指那些运用指标的交易者，比如（但不仅限于）：

- 平均趋向指数（ADX）
- 动向指标（DMI）
- 包络线
- 比率分析
- 平滑异同平均指标（MACD）
- 移动平均
- 价格的变动率

- 相对强弱指数（RSI）
- 随机摆动指标

我把这些交易者当作梦想家，是因为大多数指标是价格的派生物，包含了可调整的参数。因此，它们代表了二手的曲线拟合信息。如果交易者相信他们可以通过这些二手的可调的数据来赚钱，我就认为他们正在做梦。这些都是一般化的方法，不可能所有的指标都能反映真实情况，很多指标确实滞后于市场的价格变动，灵活性太大，不能据此赚钱。

然而，如果一个指标深深地引起了你的注意，你需要研究它。按照一般的规则，指标用的越少越好。另外，你不应该让指标牵着鼻子走。指标可以识别以下的一个或几个。

- 价格
- 趋势
- 回调
- 动量
- 敏感性
- 波幅
- 成交量

其诀窍是在每个市场结构中只选择一个指标，避免同时便用多个指标。如果选择的这个指标可以帮助你确认潜在的支撑线和阻力线，然后你可以使用 TEST 程序验证方法的预期值，然后你就可以应用它们了。

实用主义者

实用主义者是使用下列分析方式进行交易的交易者。

- 分组分析
- 图表分析

- 道氏理论
- 相关市场分析
- 市场曲线
- 模式分析
- 基准点分析
- 周期性
- 价差分析
- 统计分析
- 历史数据分析
- 成交量分析

实用主义者最关注价格和成交量。他们对无法控制的东西不感兴趣，而且没有兴趣过多地考虑未来。他们更不喜欢去处理诸如指标这类替代品，但将重点放在现实的东西——价格上。

根据我的经验，你会发现，大多数成功交易者出现在实用主义者中。从 1983 年以来，我已经反反复复试用过他们的各种分析方法，我从 1998 年开始就一直是一个实用主义者。在这之前，不管怎么样，我总共花费了 15 年的时间研究预言者，其中 12 年研究艾略特波浪理论，接下去的 3 年研究几何分析法。在这段时间里，我偶尔在梦想者的营地里匆匆走过，被电脑上耀眼的颜色所吸引。

在结束之前，你必须找到有助于你确认潜在的支撑线和阻力线的方法。这并不限制你的信息来源，只要你所用的方法能够做到这一点，并可以独立地通过 TEST 程序的验证即可。

你应该接受你的选择，并享受你的研究过程。图 9-2 是关于潜在的支撑线和阻力线的一个简单想法。

这张图从实用主义者的角度说明了价格和图表分析的简单用处：前期低点可以被用来识别潜在的阻力线。经常地，旧的支撑线可以作为新的阻力线。从这个例子中可以看出，阻力线不仅出现在下降趋势中，通过市场走低也证实了市场处于下降趋势中。

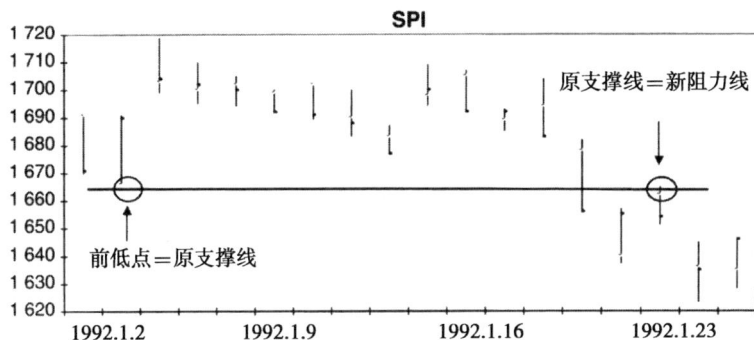

图 9-2　关于识别支撑线和阻力线的简单理念

交易计划

你的交易计划应该告诉你怎样从方案中获取收益。它应该对以下方面具有明确的指示。

● 何时进行交易

● 如何设置止损位

● 何时获利退出

有很多关于进行交易、设置止损位和平仓的战术。我想分享一个非常有用的观点，它比最好的入市、止损或者退出战术更重要，但却被大多数的交易者所忽视。这个观点就是：一个有效的交易计划应该支持和验证你的预案。

如果你的预案已经找到了一条潜在的支撑线，在开始交易之前，交易计划应该预测到市场趋势将走高。同样地，如果你发现了潜在的阻力线，在开始交易之前，应该等待更低的市场价格出现。也就是说，如果你有支撑点，你的入市价应该比较高。如果你有阻力点，你的入市价应该较低。交易时，最好的方法是先假定你的预案是错误的，直到市场证明它是正确的为止。

要有一个预案被市场认可的交易计划，给予市场应有的尊重。

这是一个很多交易者至今无法理解但却简单有力的理念。预案能够提供的仅仅是市场的可能走向，它们也不是任何时候都正确。一个好的交易计划不会盲从你的预案。太多交易者无法有效区分他们的交易计划和交易预案，把技术分析和交易混淆在一起。让交易计划等待市场证实你的预案，不能保证市场会继续朝着你认为的方向运行。然而，这会将你从各种无利可图的交易中解救出来。从本质上说，一个好的交易计划应该让你在做多时可以较高的价格买进，做空时能以较低的价格卖出。图 9-3 就为此提供了一个例子。

图 9-3　预案为交易计划提供的支撑线

图 9-3 中可以看到图 9-2 中标出的阻力线。它显示了旧支撑线已经转变为新阻力线。在这个例子中，有两个预案可以确认潜在的阻力位。一个好的交易计划需要等到市场接近收盘，而不是指望售出价接近阻力点。如果市场疲软，一个有效的交易计划会希望找到买入的机会。如果市场收盘价低于前一日的收盘价，而且低于当日的开盘价，一个好的交易计划将确认市场处于弱市，并建议以市场收盘价做空。在每一个例子中，阻力线不仅存在于下降趋势中，他们也通过市场走低来确认市场步入下降趋势。

在市场结构中存在很多个点位，可用于根据你的入市标准来确认预案，如果你的预案已经识别出了一个潜在的支撑位，你的交易计划可以通过验证是否符合下面几点，以确认市场的强度。

- 当天的收盘价高于开盘价
- 当天的收盘价高于前一日的收盘价
- 当天的收盘价高于前 2 天、3 天、4 天或者 5 天的收盘价
- 市场围绕前一日的收盘价或最高价盘整
- 市场围绕前一周的收盘价或最高价盘整
- 市场围绕前一月的收盘价或最高价盘整

这对潜在的阻力线也同样适用。当你决定进入市场时，你只受自己的想象力限制。对于止损、退出点，也有多种考虑，并且同样只是受限于你的想象力。

虽然交易的一半乐趣寓于方法的设计之中，然而切忌天马行空地构造一个复杂方法。事实上，禁得起时间考验的都是一些简单方法。譬如汤姆·德马克（Tom DeMark），一个受人尊重的交易者，曾与市场奇才保罗·都德·琼斯（Paul Tudor Jones）共事，科林斯（Art Collins）的《赢在市场》（*Market Beaters*，Traders Press，Inc，2004）一书中提到他给史蒂夫·科恩的 160 亿美元投资基金 SAC 的建议是：

> 17 个程序员耗时四五年的验证表明，说到底还是那最基本的四五个系统最管用。

柯蒂斯·费斯（Curtis Faith）在《海龟交易法则》（*Way of the Turtle*）中写道：

> 保持简单。运作良好的经过时间检验的简单方法，往往能打败那些花里胡哨的复杂方法。

当你设计你的方案和交易计划时，有相当多的一般性通用原

则需要遵守，包括：

- 追求简单化而不是复杂化
- 确保方法的逻辑性，不要依赖各种想法的随机组合
- 运用数量最少的可调节的变量，有利于降低拟合曲线的风险
- 综合运用初始止损点、盈亏平衡点以及跟踪止损点
- 在适当的情况下运用时间止损点
- 相较于固定数额止损，多采用动态止损
- 谨慎对待利润目标，一般来说，它们会降低获利能力
- 跟踪止损是兑现收益头寸的有效方法

股市神话：入市并不是那么重要

如果你在市场待的时间足够久，也许你已经认为入市时机并不那么重要，卖出时机才是最重要的。的确，很多人就是这么想的。支持者会指着一张走势强劲的价格图告诉你，在这个大幅上涨过程中入市不会有影响，重要的是确保交易者出售时抓住了大部分好时机。没错，事后再来观察，你会得知缘由了。市场大涨之后，为了确保交易者可以积累尽可能多的利润，出货时机相对于入市时机而言确实更重要。但是，这些都是事后诸葛亮。支持者在给你介绍的时候，展示的是一张完美的市场图，市场经历过强势发展阶段已经一目了然。也就是说，当你进入市场进行交易的时候，你无法确定这笔交易是否也能赶上好时机。所以，我完全不赞同他们的这个观点，每当我听说或读到这个观点时，忍不住怀疑那个人的交易资格证书是怎么拿到的。

入市时机实在太重要了。它们直接界定了你的止损安排、初始风险以及潜在损失。较之盈利而言，你的亏损规模直接影响你的交易预期值！请记住，你交易的目的是抓住实现预期的机会。

当你进行一笔交易时，你不知道它是否可以赶上好势头，也无法预知未来。你不是占卜师，也不是事后诸葛亮。你唯一拥有

的就是现在，而当下最重要的事就是控制风险和把握时机，达到交易预期。

此外，由于入市时机界定了你的起始风险，也会直接影响到决定头寸规模的资金管理策略。初始止损点越小，仓位就可以越大。请记住，资金管理是在市场里生存和获取最大利润的秘诀。因此，不管你采用什么样的时间框架，入市时机都极其重要。尤其对于长线交易者来说，由于他们的准确率很低，这意味着他们一旦把握了成功交易的机会，就需要动用最大头寸，以便能弥补67% 的交易亏损。

我内心一直怀疑那些暗示入市时机并不那么重要，而鼓吹出货时机才重要的人到底是何居心。在我看来，两者都极其重要。它们直接影响你的初始风险，进而直接影响你的资金管理的头寸调整，最后直接影响你的市场生存和获取大利润的可能性。入市时机非常重要。

避免大规模止损的致命诱惑

让一套方法看起来有利可图，最简单的技巧就是运用大型止损盘。大型止损盘会使其有足够的时间和空间，来达到它的利润目标或者出货点。然而，在我看来，大型止损盘迟早会把你套牢，使你蒙受损失。

交易员通常会持续扩大止损规模，直到出现一个看得过去的虚拟的权益曲线。他们在不经意间让历史数据与他们的方法拟合了。他们通过提高止损位的办法，设法避免遭受一连串或一系列的失败交易，不然会显得他们的方法太差劲。他们相信自己已经找到了最佳止损点，但是他们所做的仅仅是让方法与数据曲线拟合。

由于市场困难重重，在开始交易时，市场总是会产生一系列无法预知的巨大损失。这些损失让他们丧失交易信心，会打击他们或者使其账户损失过大而无法恢复，达到爆仓点，从而被迫停止交易。

另外，大型止损盘会影响资金管理策略，束缚其提升仓位规模的能力。止损盘会直接界定你的起始风险，继而会直接影响用于头寸调整的资金管理策略。起始止损点越小，增加的仓位规模就可以越大。止损点越大，起始风险就越大，仓位规模就越小。请记住，资金管理是在交易中生存和赚取利润的秘诀。

接下来要讲的内容极其重要。假设一种方法运用于单一合约时看起来不错，产生了一个正预期。但是，当运用你所偏爱的资金管理策略时，你经常会发现你的方法表现出的绩效受到了限制。大型止损盘约束了资金管理策略增加合约和扩大仓位规模的能力。

当运用资金管理策略时，止损规模小、预期值低的方法会比止损规模大、预期值高的方法赚更多的钱。大型止损盘会损害资金管理的绩效，抹杀你的利润。如果说资金管理是获得丰厚利润的秘密，那么小型止损就是巨额利润背后的秘密。

季节性交易的支持者通常拥护大型止损的做法，有些是在市场变动水平的 3% 以上。很多季节性的交易预案要求设定非常大的止损盘，这使得季节性的趋势因为高准确率而看起来很可靠，但是高准确率常常既不是因为大的止损盘，也不是因为市场的季节性。所以，请谨慎并避免使用大型止损盘。大型止损盘是一件大杀器。

通过 TEST 来确认预期值

当你设计出一套识别潜在支撑和阻力位的预案，并制订了一个用来确认和利用你的预案的交易计划时，你下一步要做的就是运用 TEST 程序来确认预期值。

如果你的预期很乐观，而且在不依赖一两笔特殊交易的情况下，权益曲线相对平滑，那么你可以确信你创建了一个良好的方法。

最后一步就是将你偏爱的资金管理策略和验证过的方法结合到一起，运用从 TEST 程序中得出的准确率和平均盈亏回报比，计算出爆仓的风险。你的目的是在统计上的爆仓风险为零的情况下进入市场。记住，如果你存活下来了，那么你将交易成功。

这就是我想要介绍的理论。这是一个不错的理论，而且都是我的经验总结。但是，现在我想跟大家讨论一下趋势交易方法的实际意义。

趋势交易

尽管这个理论不错，我相信探究它的应用层面会更有帮助，尤其是因为你的方法会决定你的预期值，而预期值是规避爆仓风险的关键利器之一。在我目前论述的所有内容中，我相信除了真正成功的交易之外，交易者面临的最大挑战是形成一种稳健的具有正预期的方法。因为你们的方法就是你们的预期值，只不过名字不同而已，我觉得应该把时间用在钻研影响方法论的关键问题上。

首先，谈一下趋势交易的四个重要方面。然后，我会继续讨论良好趋势交易方法的核心目标，找出它们的支撑和阻力位。接着我会花一些篇幅说明趋势交易应该从简的原因。之后我会提醒大家交易的原因（不是为了成功），并深入探究原因，我们会从中发现趋势交易的困难之处，这会引出一些关键问题。

我希望这次关于方法论实际意义的详细讨论，能为各位读者形成自己的趋势交易策略提供一个有益的框架。它将提供一些参考基准，根据这些基准，你可以矫正你的想法。此外，我希望这次讨论能让大家真正审视自己现在的方法论（如果你有方法论的话），明白它为什么不像预期那么好，以及你可以对它做些什么改善。

四个重要的事实

我们从趋势交易的四个非常重要的事实开始。

- 第一个事实：最安全的交易方式——跟随趋势开展交易。

- 第二个事实：趋势能够推动市场，是所有利润的基础。
- 第三个事实：趋势交易者是痛苦的，因为他的 67% 的交易将失败。
- 第四个事实：趋势交易有两种方法。
  ——在价格突破时交易
  ——在反弹时交易

第一，趋势交易是最安全的交易方式。相反地，逆趋势交易会让你成为抓顶逃底交易者，或者成为摆动交易者。也不是说逆趋势交易或者摆动交易行不通，因为确实有成功的例子。有些成功的交易者就是逆趋势交易的。逆趋势交易需要更多的知识和经验，但相对来讲，趋势交易则更简单一些。

第二，市场随趋势而变动。所以趋势推动了市场的运动，从而成为一切利润的基础。你进行趋势交易的时间越长，赚取丰厚利润的潜力也越大。由于受制于市场当天的运行情势，日内交易者想获得巨大的成功很困难。趋势交易者持有交易的时间可以达到数周、数月甚至更长。

第三，较为讽刺的是，尽管趋势交易是最安全的交易方式，但也是最痛苦的交易方式之一。由于市场趋势不稳定，趋势交易者往往只有 1/3 的成功率。因此，趋势交易者 67% 的时间处于失败中。如果大家希望顺着趋势交易，我期望大家这么做，但要准备好经历痛苦的过程。你会经受 67% 的失败交易。你也不知道什么时候会出现利润。大部分的时间在下跌。这很痛苦，很令人沮丧，甚至很悲惨。没有如果（假设），没有但是（借口），没有讨价还价的余地，跟随趋势进行交易就是这么痛苦。

然而，如果你能接受前三个事实，那么作为一名趋势交易者，你处于迈向成功的正确位置。如果不能，那么你需要重新评估自己的交易兴趣。最后，趋势交易有两种基本的方法，它们都是有效的。

- 顺着趋势在价格突破时交易
  ——绝不会错过一个大趋势

　　——运用大型止损盘

● 顺着趋势在其回调时交易

　　——可能错过大趋势

　　——运用小型止损盘

　　顺着趋势在突破时以较高或较低的价格进行交易，就像是流行的海龟通道突破策略，这是顺应趋势的成功策略。在进入市场做多前，突破策略不会在上升趋势时等待一个回调或者回撤迹象。在进入市场做空前，突破策略也不会在下降趋势时等待一个较小的反弹或者上冲。他们会在上升趋势时追高买进，在下降趋势时以较低价格卖出。交易突破的优势在于交易者不会错过一次大的交易趋势。劣势在于突破趋势交易相对于反弹趋势交易，需要大型止损盘。

　　回调趋势交易要求市场在上升趋势时暂停或者经历一个回调，在下降趋势时经历一个较小的反弹时进入市场。回调趋势交易的一个劣势是，过于强势的市场趋势有时不会为交易者进入市场提供回调的机会。回调趋势交易有机会并且确实有可能出现踏空，从而错过一些大的趋势。然而，回调趋势交易的优势在于它确实允许交易者设置较小的初始止损点。

　　相应地，因为我相信你的交易目标是以一个良好的风险管理者的身份在交易中生存下来，我将集中关注回调趋势交易。它会给你较小的止损点，因此也是最低的初始风险。

所有一切都围绕着支撑线和阻力线

　　实际的回调趋势交易的核心，是关于找到支撑区域以买入和阻力区域以卖出的一种方法。这并不是火箭科学，没那么复杂。

　　为什么只有在相信市场找到支撑线之后你才会买入？为什么只有在相信市场碰触了阻力线之后你才会卖出？你肯定不会两方面都做到。交易不仅是指识别支撑线和阻力线，也是指识别良好的支撑线和阻力线。一条良好的支撑线将出现在上升趋势中，并且能够确认上升趋势。一条良好的阻力线将出现在下降趋势中，并且能够确认下降趋势。

这些定义涵盖了成功回调趋势交易的本质。在上升趋势时，交易者应该只关注如何识别良好的支撑线以做多。在下降趋势时，他们应该只关注识别良好的阻力线区域以卖空。

另外，交易者需要有一个关于价格变动的核心信念：价格不会沿着直线移动。它们会像图 9-4 显示的那样上下摆动。

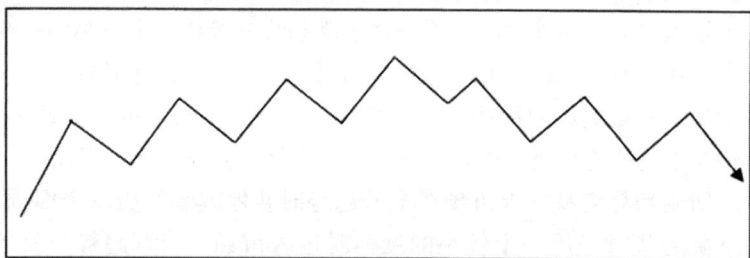

图 9-4　价格的非线性运动

价格会来回反复摆动而不是朝着同一方向前进，可能上升也可能下降，呈现离散而不是连续线性形式。上升的趋势会经历上冲和回调，下降的趋势则会经历下跌或是压力后的反弹。

市场也不是不间断地朝同一方向前进。成功的回调趋势交易，如图 9-5 所示，交易者在上升趋势中遇到回调时建仓做多，在下降趋势中遇到反弹后开始卖空。

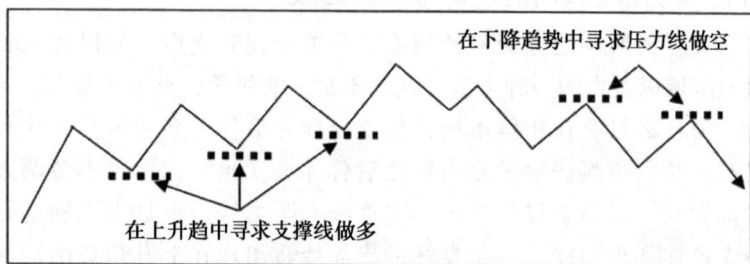

图 9-5　回调趋势交易

　　回调趋势交易者成功的一个重要因素是他们等待回撤和反弹的耐心，也就是先前价格趋势的回调。他们知道在上升趋势时，市场为了上升要先下降，他们知道在下降趋势中市场需要先上升再下降。实际的回调趋势交易都是关于等待，即在市场处于上升趋势时，等价格下降到支撑点时再做多，在市场处于下降趋势时，等价格下降后反弹到阻力线时卖空。实际的回调趋势交易就是指这些，不要听信别人说的其他东西。

　　如图 9-6 所示，当一个市场处于上升趋势时，耐心的回调趋势交易者将等到价格折回到支撑点的区域之后，才抓住趋势延续的机遇，进入市场。所以窍门就在于学会如何区分真正的支撑区域和阻力区域。现在，这就是最难的部分！从现在起，我会把回调趋势交易简单叫作"趋势交易"。

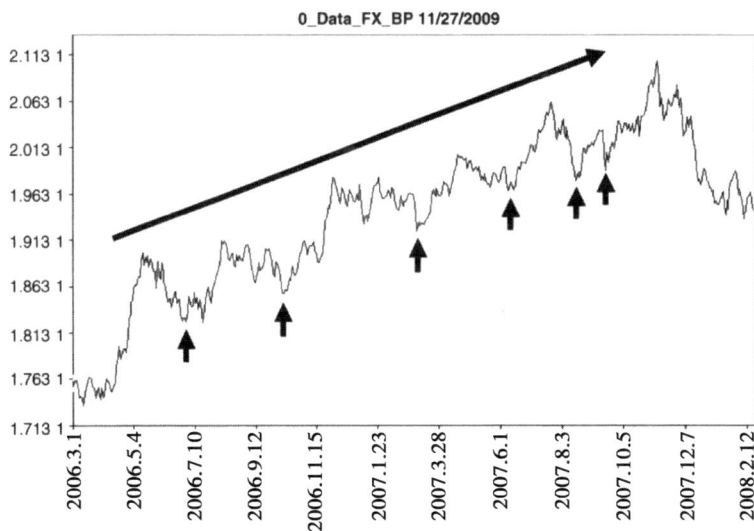

图 9-6　上升趋势中的支撑点

为何趋势交易应当简单化

　　趋势交易应该是简单的，尽管许多人会觉得它很难。趋势交易非常简单，而且它也应该这样简单，因此它会被分解成三个清晰且相互兼容的部分。

- 理念
- 目标
- 执行

理解了这些，你便知道如何顺应趋势进行交易。非常容易！趋势交易的理念是：

- 上升趋势中，价格将先下降再上升。
- 下降趋势中，价格将先上升再下降。

目标是：

- 如果市场处于上升趋势，那么交易者需要找到一条良好的支撑线以建仓做多，并抓住一个连续的上升趋势。
- 如果市场处于下降趋势，交易者需要找到一条良好的阻力线以卖空，并抓住一个连续的下降趋势。

执行包括两个步骤。

- 建立交易预案
  - ——识别趋势
  - ——等待一个回调价位
  - ——等待一个回调模式
- 实施交易计划
  - ——确定进入的信号
  - ——进入市场
  - ——设置一个止损点
  - ——管理交易
  - ——获取利润

趋势交易就是这么简单，不过如此而已。如果有人建议不同的做法，那么他们就是在拖你后腿。

　　我已经向大家展示了趋势交易应该是多么简单。我现在想提醒大家为何要开展交易。许多人错误地认为交易的目标是正确地选择市场方向，从而赚钱。其实不然，实际上远非如此，这就是我要提醒你的地方。

为何从事交易

　　是时候让我来提醒你为何从事交易了。现在我已经道出了趋势交易如此简单的原因，我不想让你认为自己可以快速开始交易，然后希望轻松地随地捡钱！

　　我需要告诉你的是，趋势交易并不意味着你确实要利用趋势进行交易。虽然利用你所看准的趋势进行交易取决于你自己，但是从实践情况看，你认定的趋势方向可能是错的。市场会全力掩盖它的方向，而你可以做的就是按照自己认为的方向交易。结果是，在 67% 的时间里你不赚钱，而是止损离场后细数你的损失。记住，趋势交易者的人生充满痛苦。

　　所以我认为是时候提醒你为何要做交易了。在我看来，你应该为了抓住赚取期望利润的机会而交易，你不该为了赚得短期利润的喜悦而交易，你不该为了证明你的市场分析的正确性而交易，你也不该因为追求行动的刺激而交易。你应当为了抓住赚取期望利润的机会而交易，为了长期持续赚钱的目的而交易。

　　尽管你会试图让交易朝着市场的方向前进，但你不会为了预测市场的趋势而交易。跟随趋势交易仅仅是个富有逻辑的和合理的交易建议，它与试图准确地判断市场趋势不同。很明显，你很希望市场会继续朝着你认定的趋势前进，但是你不能完全指望它。你会为了赚取预期值、为了赚钱而交易，而且你知道跟随趋势交易是一个明智的方向。

　　现在告诉你一个令人警醒的事实，提醒你趋势交易者承受的悲痛。

　　市场很难有趋势。大部分时间它们处于上下波动震荡状态，以折磨趋势交易者。这让人感到十分痛苦。对于趋势交易者，这意味着他们会经历更多的失败。最好的情况也就是，一个趋势交易者只能赢得大约 1/3 的交易。一个趋势交易者的生活是痛苦的。然而，并不都是失败的，因为他们是跟随着市场的趋势交易的，所以他们的平均收益比平均损失大得多。这些大额收益弥补了大量的小额损失，所以趋势交易者对为什么要交易更感兴趣。尽管准确率显得低得可怜，但它确实拥有一个正预期值，并能赚到钱。

　　你需要记住的是你之前学到的预期公式，如图 9-7 所示。

$$\text{每美元的} \atop \text{预期回报} = \left({\text{收益} \atop \text{概率}} \times {\text{平均收益} \over \text{平均损失}} \right) - \left({\text{亏损} \atop \text{概率}} \times {\text{平均损失} \over \text{平均损失}} \right)$$

图 9-7　预期公式

　　作为一个交易者，你总要保持清醒的头脑，并牢记你的交易只是为了得到达成预期值的机会，而不是为了获得短期利润，不是为了猜对趋势。这需要长时间内完成大量的交易，需要一路忍受众多损失。期望的收益由成功交易和失败交易共同组成。作为一名交易者，如果你至少可以从 1/3 的交易中盈利，当你确实做到的时候，你的平均收益将是你平均损失的 3 倍，你就可以期望从每一美元中获利 32 美分，你也可以开始期待实现正的预期值。你可以希望交易中的每一美元风险资金盈利 32 美分（见图 9-8）。

　　因此作为一个交易者，你可以期望赚钱，每一美元赚取 32 美分是非常好的业绩。但这 32 美分并不是真正的钱，而是一个预期值。它产生于交易中的风险资金带来的盈利和损失，而且它并不是短期盈利。这个预期值是经过很长时间里多次的失败和少数的成功交易积累起来的。

　　现在，如果你能将准确率提升到 50%，同时保持较高的盈亏比例，那么可以预期每一美元将赚取 100 美分，如图 9-9 所示。

准确率	33%
平均收益	3
平均损失	1
每美元的预期回报	
E(R)=[33% × (3/1)]–[67% × (1/1)]	
=32%	

图 9-8　预期值为 32%

准确率	50%
平均收益	3
平均损失	1
每美元的预期回报	
E(R)=[50% × (3/1)]–[50% × (1/1)]	
=100%	

图 9-9　预期值为 100%

如果你不能保持盈亏比例，而且让它跌至 2∶1，那么你依然可以期望交易中每一美元赚取 50 美分，如图 9-10 所示。

然而，如果你的精确度降至 33%，而你的盈亏比例保持 2∶1，那么你可以预期每一美元的交易损失 1 美分，如图 9-11 所示。

准确率	50%
平均收益	2
平均损失	1
每美元的预期回报	
E(R)=[50% × (2/1)]–[50% × (1/1)]	
=50%	

图 9-10　预期值为 50%

准确率	33%
平均收益	2
平均损益	1
每美元的预期回报	
E(R)=[33% × (2/1)]–[67% × (1/1)]	
=–1%	

图 9-11　预期值为 –1%

重点需要记住的是，你的预期值来自一个过程。这个过程指的是长期运用一种盈利的趋势交易策略，在这种策略下需要开展很多交易。而且，这些交易会带给你很多痛苦的损失。而伴随着这些失败交易的，是几个奇迹般的巨大成功，这些成功的交易获得的收益除了偿付发生的所有损失，还会留下一些利润。但是请记住，这些盈利并不是现实中的钱，它是许多成功和失败交易产生的预期值。

现在一个合理的趋势交易的边界，要求你总是将准确率和盈利 – 损失比例分别保持在33%和3:1以上。

请原谅我再重复一遍，我觉得我必须向你再灌输一遍，也请你在趋势交易时记住这个简单的目标。你不是为获得短期的利润，不是为了证明你对市场分析的对错，不是为了选择市场的方向，不是为了寻求交易的刺激。你只是在你认准的市场趋势上抓住达成预期的机遇，它要求你的准确率和平均盈利 – 损失比例分别在33%和3:1以上。

表9-1总结了作为趋势交易者，你应该追求的有关界限。

表9-1　预期值的边界

准确率（%）	平均收益	平均损失	每美元的预期回报（%）
33	3	1	32
50	3	1	100
50	2	1	50
33	2	1	−1

我之所以反复向你强调这一点，是因为我不想看到你创建了一个满意的趋势交易方法，然后遭受一系列长期损失，最终丢弃这个方法。不管你是经历10次、20次还是30次失败交易，它都将发生，不要心存侥幸。要记住，趋势交易是痛苦的。

我喜欢的一个说法是，当你跌入深渊时（此时所有的交易者都会感到压抑沮丧），应该记住，成功的趋势交易都是关于生存、避免爆仓风险和遵循一个良好交易的过程。一个宏大的过程就是赚取期望值，这必须在经历多次交易后才能实现。这也许会花去你整年的时间，因为你不知道哪个市场存在趋势，也不清楚什么时候出现趋势。你需要从过程的角度考虑，并且牢记交易就是积极参与市场，享受出现的机会，从而赚取预期收益。预期值不会在一个星期、一个月甚至一个季度中发生。我希望你能够理解这一点，并且记住我所说的话。不要因为在较短几个月的交易中无法让你短期获利，而抛弃趋势交易策略。不要这么愚蠢。我再一次为我的唠叨感到抱歉，但是我认为这实在是太重要了。

我已经剖析了成功的趋势交易的必要步骤，并让你真切明白它是简单的。我也提及了你交易的原因，以及保持平均准确率在33%以上，平均收益－平均损失比在3∶1的原因。如果你能够做到这些，那么在风险交易中，每一美元就能盈利32美分。现在我已经解释了趋势交易简单的原因，但我还要进一步解释，为什么如此多的交易者认为它那么困难。

为何大多数人觉得趋势交易如此困难

我很清楚。如果趋势交易很简单，那么为什么那么多人会觉得这个方法很困难呢？我非常理解你。如果你承认趋势交易能够盈利，虽然它在大多数时候是亏损的，而且你也承认趋势交易就是发现趋势，等待着一个回撤点位和回调模式，等待一个准确的准入信号那么简单，那么为什么如此多的交易者依然亏损呢？问得好，我也很高兴你能这么问。

你现在知道趋势交易应该如下所说的那样简单。

首先，确定一个交易预案：

- 识别趋势
- 等待一个回撤点位
- 等待一个回调模式

然后利用这一预案实施交易计划：

- 等待一个确定的准入信号
- 进入市场
- 管理交易
- 等候获利

我们浏览一下每个步骤，然后看看能否发现一些答案。我不想对预案和交易计划多费笔墨，也不再探究人们失败的所有其他理由，因为在前几章我已经进行了深入的探讨。我更想知道那么多的交易者用自己的方式进行趋势交易却如此困难的本质原因。

识别趋势

若我问你最常用的成功交易的口头禅是什么，你觉得你会怎样回答？那是对的："……跟随趋势交易，趋势就是你的朋友……"同时，这是成功趋势交易的一个首要执行准则。

假设保守估计只有60%的活跃投资者听说过并明白这句话的意思（尽管我认为比例应该会更大）。如果这样，为什么超过90%的活跃交易者依然遭受损失呢？如果大多数活跃的交易者知道成功交易的第一个准则是"跟随趋势交易"，为什么那么多的活跃交易者仍然亏损呢？这很有趣，是吧？

如果你相信在所有活跃交易者中，有超过60%的人知道交易应该跟随趋势走，但超过90%的活跃交易者失败了，你不觉得这事听起来很讽刺吗？你知道，假如交易者能够像他们认为的那么聪明，多数交易者会停止交易，并回到入市前的家庭和生活。他们会离开显示器荧屏，因为当大多数人自认为了解交易的趋势，但实际上交易趋势却不按常理走时，大多数交易者都因此失败了。如果我有想象中那么聪明，我在很久之前就放弃交易了。如果大多数人真的知道该怎么做，市场早就被征服了，然而大多数人失败了。好吧，我承认，我不是最聪明的，所以我继续做交易，但它确实花了我很长的时间，深受沮丧、失望，甚至遭受了更多的损失，为的就是弄明白市场会在哪里向我发难。我花费15年的时间，找出市场为对付我而设置的重重困难。

毋庸置疑，许多交易者进行交易时都运用了各种手段，尽管这些手段美其名曰是帮助交易者的，但事实上对市场的种种难题无计可施。但是我很遗憾地告诉大家，大多数的方法是与交易者的最大利益相违背的。

不过请让我先回到之前提到的。许多交易者都知道趋势交易，而且你也知道大多数活跃的交易者都失败了。原因是什么呢？你知道交易失败的原因有很多，但在这里我们围绕交易成功的主要支柱展开讨论。

糟糕的资金管理。大多数人透支了他们的账户，没有运用明智的资金管理策略。这对于防范财务风险没有一点帮助。

不适当的方法。大多数交易者没有制定一个具有良好期望值而又稳定的策略。他们的策略具有负预期值，这导致了爆仓风险和财务危机。

不健康的心态。尽管有些方法是好的，很多交易者并没有去使用。他们无法验证那些方法是否正确，并对自己制定的策略没有信心。他们不能保持敏锐的判断力，同时缺乏自信、专注、一致性和纪律性。

既然这一章讲的是方法论，让我们聚焦这个话题。

不恰当的方法

许多人并未意识到自己正在使用不适当的方法进行交易。如果你承认，就像我所承认的那样，成功趋势交易就是简单地识别趋势，并足够耐心地等待回调，那么趋势交易可被分解为两个词：趋势和回调。如果真是这样，而且大多数交易者用了不适当的方法，那么你不得不相信，大多数方法所用的趋势和回调工具是不好的，对吧？放进去的是垃圾，出来的也只能是垃圾。

如果成功的趋势交易方法背后的核心价值驱动因素是趋势和回调的识别工具，那么你不得不承认，如果一种方法比较糟糕，那就说明它在两个最大的价值驱动因素方面很差劲：劣等的趋势和回调工具。

我很遗憾地再次那么说，大多数交易者运用的趋势和回调工具都是不恰当的，在我看来，他们不该使用那些工具。由于不恰当，交易者很难运用它们识别出正确的趋势。对于大多数交易者来说，当他们认为自己已经使用各种工具识别出趋势，而在进入市场后，却发现价格是在反其道而行！这成了又一次挫折经历。

因此在技术分析上这是一个困局。大部分的技术分析都致力于识别趋势，因为它是交易成功的第一准则。然而，依旧有那么多的趋势交易者失败了。我不想将它过度简化，因为正如我之前讨论的一样，有那么多人已经失败了。我认为另一个站得住脚的原因就在于趋势和回调识别技术自身。当然，如果趋势和回调技术是好的，不就会有多于 10% 的活跃交易者胜出了吗？

不恰当的趋势工具

目前交易者最常用的趋势交易工具如下。

- 移动平均指标
- 平滑异同平均指标（MACD）
- 平均趋向指数（ADX）
- 趋势线

我认为，这些都是劣质的趋势工具。在我解释原因之前，我先做些阐述。首先，我个人认为移动平均指标对交易者来说是一个比较好的趋势指标，在确定趋势上具有较强的说服力。其次，我在自己的中线趋势交易中运用了移动平均指标，我用一个为期 200 天的长期移动平均线，识别我所说的主导趋势。我用它来防止把对中线趋势误判为长线趋势。然而，尽管我使用移动平均指标，但在交易预案和交易计划中并不用它。只有当我不愿意让交易与其相悖的时候，我才使用这个指标，所以我不用移动平均指标来判定趋势。我也不使用移动平均指标识别回调价位、进入价位和止损水平，绝不用。而且我还要和大家分享的是，如果我把 200 日移动平均线从我的机械交易模式中删除，我会赚得更多。确实，当我进行交易时，每笔交易的平均利润会下降，不过当 200 日移动平均线判定的主流趋势与我认为的趋势相吻合时，我的确会得到回报。

　　我使用 200 日移动平均线没什么神秘之处。我一直用它，我
也不知道它是不是最优的平均指标，我仅仅只是这样用而已。

　　所以，虽然我认为移动平均线可能是用于交易的最好指标，
而且尽管我个人确实使用 200 日的简单移动平均线，但我仍然认
为这是一个劣质的趋势工具，并不是无可挑剔的。现在我要仔细
分析移动平均线指标，并与你分享我觉得它不好的原因。我会对
我所提到的其他趋势工具提出类似的批评。

移动平均指标

　　现在让我们来看图 9-12 所示的目前可以使用的最简单也可能
是最有效的指标：简单移动平均指标。移动平均指标有一个变量。
这一趋势的解释将取决于变量的值。这个指标可以让价格变得更
光滑，同时当价格位于移动平均线上方时，趋势可能上升。当价
格下降到移动平均线下方时，趋势可能下降。另外，一条移动平
均线可以和前一日的价格做比较，如果它上升了，趋势被认为是
向上的。如果低于前一日，那么趋势被认为是向下的，非常简单。

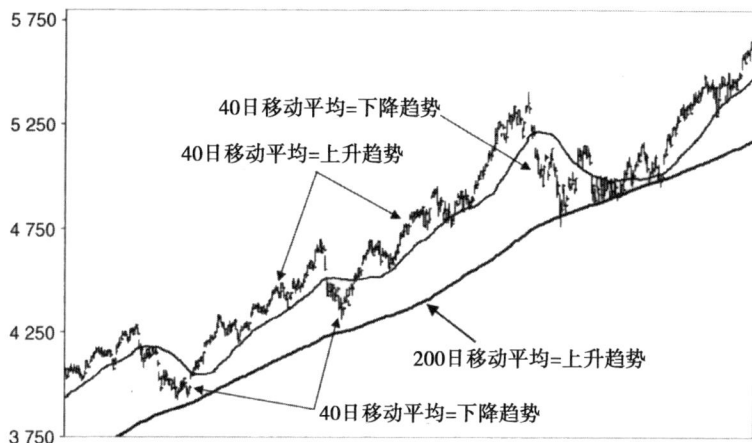

图 9-12　不同变量值的影响

唯一的问题是使用的移动平均指标的长度，你应该使用 10 天、20 天、40 天还是 100 天的指标呢？

图 9-12 显示了具有不同变量值的两条移动平均线。一个是 40 日的值，另一个则是 200 日的值。若价格高于移动平均线，则趋势被认为是向上的；当价格低于移动平均线时，趋势被认为是向下的。根据图 9-12 中的 200 日移动平均线，在整个区间内，趋势都是向上的。根据 40 日移动平均线，随着价格沿着移动平均线上下波动，趋势时而向上，时而向下。这是我之所以认为移动平均指标是一个欠佳的趋势工具的原因之一。

让我举个例子，有三个无差异的交易者分别坐在他们自己的隔音室里，他们不能够相互请教或听到对方。这些交易者都有 20 年的交易经验，他们的交易水平都差不多，有着相同颜色的头发、相同颜色的眼睛以及持有相同的护照。他们毕业于同一个大学的同一个专业。正如我所说的，这三个各自坐在隔音室中的交易者是完全相同的，没有什么东西可以区分他们。然后我向他们展示相同时期的相同图表，给予他们一个相同的工具——移动平均指标，然后我会问他们相同的问题："今天我想要在你电脑上显示的在那个市场上进行交易，你能告诉我它的趋势吗？"

现在根据移动平均指标上的数值，他们将会给我三种不同的趋势解释：一个可能会说上升，一个会说下降，还有一个则可能会说持平。这一切取决于变量的值。但是，我听到你说，"布伦特，是否会告诉三个交易者你所偏爱的时间期间？因为这是很重要的"。

同时，我会回答说，交易市场不是一个辩论的地方。市场并不在乎我的时间周期是什么，它对我的需求不敏感，而且我已经问了这三个交易者一个相同的简单问题："今天我想要在你电脑上显示的在那个市场上进行交易，你能告诉我它的趋势吗？"

市场并不关注我的时间周期，我自己也是如此。我只是想要知道它的趋势如何：上涨、下跌或持平？在时间周期中利用趋势是我的任务。我只想知道趋势是什么。就像我告诉那三个交易者的，我想进入那个市场交易。这只是一个简单的问题，一个没有必要过度分析、讨论剖析或辩论的问题。请不要将交易问题过度复杂化。

我的观点依然有效。即使所有的三个交易者独立使用一个18～28天的小范围的平均值，我认为还可能得到三种不同的趋势解释，而且谁能够说哪一个交易者的想法是对的，哪一个是错的呢？谁又能说哪一个交易者的观点优于另一个呢？我又应该听谁的呢？没有人能够做出辨别。他们都是具有说服力的，所以很难在他们之间选择其一。他们是对还是错，取决于他们在移动平均指标上采用的值。谁又能够说使用18～28天的小范围的值是对的呢？也没人能说使用35～45天的值是不好的没有人，也没有一个普遍正确的答案，因为那是不存在的。唯一能够左右大局的是市场本身，且最大的问题是，它不会让别人知道它真正的趋势走向，它喜欢让所有的人产生各种猜测。

所以这是我的困惑，也是每一个使用移动平均指标的交易者的困惑：我该相信谁？这些变量应该使用哪个值？哪些值又是我可以运用到移动平均指标中的呢？这是一个大问题。

移动平均指标拥有一个变量，趋势解释取决于变量的值。变量的存在使得指标和趋势解释具有主观性，因此在我看来，使用趋势解读不太可靠。

讽刺性

这是对大多数交易者的一个极大讽刺，所以请注意听。移动平均指标帮助你解释了趋势，所以你看着这个工具并说："你好，你能帮我确定趋势吗？"

这个小小的指标，这个移动平均指标，很乐意为你服务。于是小指标抬头傻傻地看着你的脸说："是的，交易员先生，我很高兴帮助你解释趋势。请给我一个可变的移动平均的变量，我会很乐意回答你的问题……"

因此，交易员输入变量值并根据变量值得到相应的趋势。移动平均线的工具将给你要的东西！如果你输入一个小的数字，它会给你一个短线的解释。如果你输入一个大的数字，它会给你一个更长期的趋势。如果你给它一个中间范围的变量，它会给你中线的解释，它将回答你所问的问题：你可以很容易在图上看到信息，这个工具不会给你真正不知道的信息，而是给你想要的答案。它没有给你任何客观的、有一点新意的和独立的建议。

这个工具是自我实现的，根据输入给你提供一个积极的反馈。它将一面镜子放在你的面前，你给它一个值，它就反馈给你一个结果。最具讽刺意味的是，你期望从这个工具中得到帮助，却已经不知不觉地成了工具！移动平均指标只是一个劣质的工具，它给你的解释中掺杂了太多你自己的影响。你输入数值，然后它输出数值，虽然具有不一样的外观。它只是一个有趣的反射镜，就像你在哈哈镜中看到自己扭曲的图像一样，这个工具只是反映你对变量赋值的结果。你可能不承认这个图像反应的是你自己，但相信我，这就是你。这百分之百是你自己主观价值的选择，而工具只是友善和准确地反馈给你。

最大的讽刺是你可能并没有意识到这个问题。当你利用移动平均指标帮助你识别趋势的时候，你并没有意识其实你一直是在和自己交流。

在我看来，移动平均线是太依赖于你，从而不能给你一个独立的趋势解释。它不能作为一个独立的有效的趋势判断工具。你不知道这个工具是否能够有效地确定趋势，因为它的特殊技术，或者因为你很幸运地确定了一个变量值。这个工具中的值在哪里？它是计算出来的还是你给它的变量？它太依赖于你所给的变量。这就是为什么其他流行趋势工具也是不准确的：它们都有一个需要你主观输入的变量。它们也只是一个扭曲的反映，因为有太多影响个人趋势解读的因素。我认为，它们都太依赖你（见表9-2）。

表 9-2　趋势工具的变量个数

趋势工具	变量个数
移动平均指标	1
平滑异同平均指标（MACD）	3
平均趋向指标（ADX）	3
趋势线	2

对交易者来说，移动平均指标作为一个最好的趋势工具，其原因之一是它是单变量。影响趋势解读的自由度较少。这里只有一个变量，而平滑异同平均指标（MACD）和平均趋向指标（ADX）具有三个变量。有三个变量会有太多的自由度，从而影响对趋势的解释。三个变量提供了太高的灵活性、太多的说法、太多的影响和太多的变动空间去发现你想要的：一条有利可图的向上倾斜的历史权益曲线。只考虑一个变量，忽略其他三个，这给了你太大的自由度，让曲线与历史数据较好地拟合。

这就是趋势工具不好用的原因。不同的变量值会产生不同的趋势解释。变量越多，趋势解释的差异性就越大。越大的差异就导致了更大的改变空间和更不可靠的趋势解释。

变量工具实在太主观了，太灵活了，它们简直成了你个人的电子写照。它们成为你的仆人并愉快地将你输入的变量反射回来。它们并不把你不知道的信息告诉你，只是告诉你给它们的数据。它们都不是客观地或独立地回答你。它们成为心甘情愿的合作者，并帮助你的方法与历史数据实现曲线拟合。

关键问题

在我看来我们在这里碰到了问题的关键（请记住这里所说的都只是我的意见，你也可以有不同看法，不用太担心，只要记住找到客观证据来支持你的立场）。一个好的趋势工具对交易者来说应该是独立的。一个好的趋势工具应能百分之百地完成任务，并不依赖于任何主观解释或输入的变量。一个好的趋势工具将运用自己的方式，并不需要交易者施加任何主观要求使它起作用。一个好的趋势工具将独立于交易者。一个好的趋势工具将是一个交易的自由区间，在那里交易者将不影响其趋势解读。我认为只有当一个趋势工具可以实现这些特点的时候，才能作为趋势解释的工具。一旦它能够自由并独立于交易者，那么这个趋势工具的用途才可以被评估。一个良好的独立的趋势工具要么起作用，要么不起作用，它不需要任何的变量驱使，让它看起来像是在工作，如此而已。

一个需要交易者输入的趋势工具是不客观和不独立的。它不应该被视为趋势解读的工具。在我看来，任何工具或想法如果是主观的，用于交易就会变得危险。我相信任何工具，"主观"的就是危险的。我相信"主观"可以使一个交易者失败。

只有客观和独立的工具才可以采纳。我认为，你使用的帮助你交易决策的任何工具，都应该通过客观和独立的测试。如果它们是客观独立的并且通过了测试，那么它们要么起作用，要么不起作用。如果它们在一个简单客观的交易计划下起作用，那么它们就成了你可以依靠的一个工具。

作为一个交易者，你知道自己需要帮助，所以你寻找能够帮助你的工具。在刚开始交易时，你认为图表工具包中的工具能够起作用。然而，你没有意识到工具的灵活性实际上是个不利因素，并非有利因素。直到你经历了困惑、沮丧和付出大量成本之后，你才会了解到这点。

作为能够被交易者利用的最好的技术指标之一，移动平均指标的主观性很容易鉴别，它所提供的趋势解释了到底有多善变和不可靠也显而易见。难怪那么多交易者努力地想用好那些可利用的趋势工具。这些流行的趋势工具——移动平均指标、平滑异同平均指标（MACD）、平均趋向指数（ADX），遭受了同样的主观性方面的批评。在使用不同变量的情况下，它们会给处于同一市场的两个交易者两种不同的趋势解释。传统的趋势线也受到同样的批评，当选择两个不同的波动点时，对着同样一张图表，两个交易者可以画出两条不同的趋势曲线。为什么你要使用这些会产生不同的趋势解释的工具？当一种工具的趋势解释对于不同的交易者是如此不同，你又怎么能够客观地评估一种趋势工具的效果？这些工具像经济学家，它们似乎解释了过去发生的事情，但没有给予客观、有效的前景分析。

我的批评并不局限于这些流行的趋势工具，它们也同样适用于那些更流行的回调工具。

不恰当的回调工具

一旦一种趋势被识别，你只需耐心等待回调的出现。不幸的是，传统的回调工具遭受了与传统趋势工具同样的批评。它们也有可变的不独立的参数。相似的交易者基于输入的变量值可以得到相反的结论。而这个问题的状况是，"主观的"回撤水平是以首先确定一个"主观的"趋势为基础的！难怪大多数趋势交易者不能成功。

用于确定回撤水平的常用方法包括：

- 超买或超卖的条件
- 发散
- 图形模式
- 调整幅度

测量超买和超卖条件的指标包括：

- 变化率（ROC）指标
- 相对强弱（RSI）指标
- 随机摆动指标

离散用来识别一个动量损失，它能够告知一个迫在眉睫的逆转信号，或者回调阶段结束的信号，需要使用一个超买超卖的指标来衡量离散程度。

就像它们的趋势一样,这些回调指标受限于变量参数。一旦变量介入,结果就变得主观、不可靠和不稳定。当人们想要使用它们进行趋势交易时,情况变得更不妙。和趋势的困境类似,最好是找到一个"不变"的回调衡量标准,但这很难实现。

作为交易者,你会想要更少主观性、更多客观的工具以帮助你的交易。你将学会接受一个新的口号:"……没有更多的变动空间,没有更多的变动余地……"

在复查交易工具和构建交易方法的想法时,你会变得很苛刻。你将学会排除主观和不可靠的工具。再次,你可以看到对交易者来说,找到一个可靠的回撤水平是多么困难的事情。常用的工具有太多的变量和数值,使得它们过于主观、过于不稳定和不可靠。

表 9-3 中,我总结了一些出现在热门的回调工具中的变量。

表 9-3　回调工具的变量

工具类型	回调工具	变量个数
回调百分比	斐波那契比率	4
	同步比率	2
	算术比率	2
超买超卖指标	RSI	3
	随即摆动指标	4
反转图表模式	双底 / 双顶	2

不同的变量值会产生不同的回调解释。变量越多,回调解释的可变范围就越大。可变范围越大,回调解释中的变动空间越大,不可靠性越大。

负负不一定能得正

这里有两个负数:负趋势工具和负回调工具。而不幸的是,交易中的这两个负值不一定得正,取而代之的只有失望。表 9-4 总结了可以被一般交易者应用的最为流行的趋势和回调工具。

表 9-4　趋势和回调工具

趋势工具	变量	变动空间	回调工具	变量	变动空间
移动平均	1	低	斐波那契比率	4	极大
MACD	3	高	RSI	3	高
ADX	3	高	随机	4	极大
趋势线	2	中等	双底 / 双顶	3	中等

　　借助于这些工具，我逐渐识别出它们的弱点所在，即变量。
一个工具的变量越多，那么就有更大的余地或弹性来磨合工具，
以拟合你的数据。依我看来，变动空间越大，解释就越不可靠。
另外，这些劣质的趋势和回调指标，作为价格的衍生物，同样滞
后于价格，使得它们在识别趋势或者回调结束的时点时，表现得
很迟钝。现在，如果这些个人的工具就个体而言，尚不致太糟糕，
那么当它们与一种交易方法结合的时候，它们就可能变成十分危
险的致命因子。

危险的致命点

表 9-5 总结了一些应用流行的趋势和回调工具的方法。

表 9-5　对方法及其变量的概括

系统	趋势与回调		变量	变动空间
系统 1	移动平均法		1	
	RSI		3	
		总计	4	极大
系统 2	MACD		3	
	随机		4	
		总计	7	极大
系统 3	移动平均法		1	
	ADX		3	
	斐波那契比率		4	
	RSI		3	
		总计	11	极大

让我们看看第一种方法，这种方法在经过 RSI 测量到一个回调后，再朝着由简单移动平均识别出的趋势方向进行交易。利用移动平均数就其本身而言通常是良性的，因为它只有一个变量来限制它的自由度。但是，当它结合具有三个变量的 RSI 一起使用时，整个完整的方法成为包括四个变量的交易策略。即使像这样的一个简单的策略，也具备极高的灵活性和变动空间，在使变量值曲线拟合历史数据时，受到来自交易者的太多影响。存在这么多的变量，你不能够指望看起来还不错的权益曲线在未来能够保持稳定。

如果这个简单的方法还不够糟，那么系统 3 如何呢？就某种层面而言，我为该种方法拍手叫好。在找到方案之前，保守的设计需要双重确认。如果趋势在经过 ADX 指标衡量后被认为是强劲的，这个策略就会按照简单的移动平均线衡量的趋势方向操作。我喜欢保守主义。尔后，耐心等待一次经斐波那契百分比调整幅度和相对低位的 RSI 确认的回调点。再次，我偏向采用由两种独立回调工具确认的保守主义。因此在一个保守的水平上，我喜欢系统 3 使用的双重确认方式。然而，我所热衷的就到此为止。

我不喜欢的是，相互结合的工具产生了包含 11 个变量的交易策略！就我而言，这是一个高危水平。有太多的空间愚弄自己，使自己相信获得了制胜优势。

有一个交易派别相信，只要策略在一个很宽的变量值范围能够起作用，那么采用这些变量没有什么不可以。我不反对，只要使用的变量很少即可，比如说，一个。如果只有单个变量，那么就很容易知道，它在大范围波动中是否起作用。然而，当变量超过 1 个时，这就没那么容易，尤其对一种涵盖 11 个变量的策略！当你着手固定 10 个变量的范围并变动第 11 个变量时，所有的一切将会告诉你，当其他 10 个变量固定不变时，这个变量似乎会提供有价值的信息。然而，一旦你改变其他 10 个变量，你们在第一次试验中所做的工作，将不再与之前的相关，因为起先的 10 个变

量不再是固定不变的。我并非数学家，但是当一个方程中有 11 个
自变量时，那真正体现了交易方法的本质是方程。我能想象会有
一个几乎无限多的可能的变量组合亟待你去测试，在给定变动范
围内，逐一对 11 个变量进行无限多次的压力测试，相对于另外 10
个给定或变动变量时进行这样的测试，实在是伤脑筋！

　　我的论点是，对一个策略进行准确的压力测试不太可能，因
为要涉及 11 个独立且相互有关联的变量。因为存在太多的可变部
分，所以要确信你选择了准确的变量值不太可能。

　　倘若你不相信我，那就看看四周。几乎每一个图表工具均包
括这些流行的趋势和回调工具，因此每个人都有在使用。许多书、
DVD 及研讨会都会介绍这方面的知识，而且超过 90% 的活跃交易者
在交易中失败。对于绝大多数交易者，他们的权益曲线在他们刚使
用新的"圣杯"交易方法时就下降，这是为什么？因为他们运用了
包含太多变量的指标，只要对某个变量稍做调整，就能成功地找到
一条能与历史数据拟合的非常不错的权益曲线。这将注定是一条不
稳定的权益曲线，以致突发性下滑的同时，交易者正着手进行交易。

　　当将这些常用的工具与交易策略相结合的时候，这些工具变
得比它们的各个独立部分更加主观、更加灵活、更加不稳定、更
不可靠。这就是多数交易计划惨遭滑铁卢的原因。它们不是百分
之百的客观，它们并不独立于交易者。

主观性工具

　　难怪那些认为趋势是他们的朋友、依靠趋势进行交易的可怜
的趋势交易者，并未能够成功交易，因为那些能够被利用的识别
趋势和回调的工具是那么不堪。难怪他们会失败。这就是所谓的
"进去的是垃圾，出来的也是垃圾"。置交易者于死地的，就是主
观性的工具。

　　这些工具以其灵活性引诱那些不知情的交易者。它们并非试

图改变交易者的意见来削弱交易者脆弱的自我意识，而是为他们提供舒适和合作的可能性，一个温暖且安全的联盟。它们通过组合展现给交易者一个光明的未来：具有简单灵活性的主观工具与聪慧交易者的"联姻"。这仿佛是天造地设的绝美联姻，尔后交易者完全中计了，殊不知大难将至。

凡夫俗子如此轻而易举地被交易显示屏上的一时飘红所蛊惑。同样，在我刚开始交易的15年，我也是一个无知和快乐的笨蛋，遭受了同样的使用主观方法交易的诱惑。

因而，在我看来，任何带有变量或者多个变量的工具，都有些过于主观。它过于灵活而无法依靠。它仅仅成为你自己的电子化的写照。它已然变成了一个百依百顺的仆人，在你输入时，开心地反馈给你答案。它难以告知任何你未知的东西，而仅仅只是对你所给予的信息加以掩饰。它并没有足够的客观、独立性，让你可以依赖它。它已然沦为一个帮助你，让你的方法能很好地拟合历史数据的自觉自愿的勾结者。

客观性工具

你最好挑选一些具有内置保护、可以免受你影响的趋势和回调工具。最好的内置保护措施的工具，是毫无参数和可变变量的工具。换言之，最优的即是固定不变的。任何带有变量的指标或工具都是累赘。可调节的参数产生可调节的结果，在做交易决定时，可调节的结果是不可靠的。

一个好主意是选择客观性的且采用"固定不变"的方法，来确定趋势方向和回撤水平。关于这些工具的应用毫无疑问无须过多阐释。即便一个12岁的少年，也能如你一般恰如其分地对方法或工具加以诠释，否则就该被否决。它被固定且毫无变动空间可言，以书面形式简约地被定义下来，也没有模棱两可的灰色地带。一旦你能够找到这样的方法或工具，将它们结合成为策略，一个简单明确而客观的交易计划就会逐步凸显，得以运用。也就是说，你应采用客观趋势和回调工具制订客观的预案，尔后确定进入、止损、退出标准。这个策略的结果可能盈利也可能不盈利。接下去，你需要通过 TEST 程序验证它的期望值水平。若能盈利，那么你正走在成功的道路上。不然的话，就是重新回到构筑蓝图的步骤。

接下去的挑战是，如何找到那些客观的交易工具，它不会随着你的观点而改变，不会被调整，不会被操纵，可以被简单地运用和解释，可以运用于一个简单和客观的交易计划，而且很有希望产生一个能够最后通过 TEST 程序的正预期值。

你需要使用"脱离交易者"的工具，即交易者无法影响到那个趋势或者回调解释工具，无论这些工具最终能否起作用，它们需要独立性，不需要你时不时地微调变量而给予它们帮助。不幸的是，我认为大多数指标并不值得引起你的关注。通过操纵变量，你可对它们产生太多的影响。你需要创建一个策略，名曰"随机应变型交易区"，在那里作为交易者的你对权益曲线的影响微乎其微，甚至完全可以忽略不计。

当然，在如何拟定策略方面，你百分之百会主观，你也必须如此。没有你的主观判断和创造性思维，你将一无所有。作为创造者的你，将应用百分之百地富有创造性和主观想法，创造你为自身量身打造的方法。然而，一旦你已经创造出自己的策略，它必须脱离交易者，使用具有客观性的工具，你不能对其内部运作施以任何影响。你的方法中不能有任何软变量，以至于你可以时不时地对其加以调整。

你的方法需要独立于你之外，无须你的输入，即可运行。你需要接收到客观的证据表明策略行之有效，而这种策略必须免受你的影响，否则这就不是客观策略。但愿我讲的能让你受益。

至此，在我们的趋势交易中，我已经对趋势交易中两种主要的价值驱动因素进行了深入讨论：寻找趋势和等待一个回撤水平。

尽管它们可能代表了 80% 的趋势交易者所做的，但趋势交易仍有其他额外的步骤。

记住，趋势交易的实施包括两个步骤。首先，确定一个交易预案，它依次包含了三个部分。

- 识别趋势
- 等待一个回调
- 等待一个回调模式

其次，实行交易计划，它包括以下五个部分。

- 等待一个确定的进入信号
- 进入市场
- 设置止损位
- 管理交易
- 赚取利润

让我们进入下一步：等待一个回调模式。

等待一个回调模式

等待回调模式的出现以及确认回撤水平的趋势交易者屈指可数。绝大多数交易者不管回撤水平到底是什么，都将回撤水平混同为回调模式。从本质上而言，回调模式是指在市场继续沿着趋势发展之前，暂时停滞时的价格调整、整固，此时市场可能处于回调状态，也可能处于压抑后的反弹中。

回调模式用于表示价格阻滞密集状态，并且包括传统的图表模式，如方形旗形、信号旗形和三角旗形。趋势交易者所面对的问题是对一个特定图表模式做出主观识别。

图 9-13 显示了黄金价格的曲线发展。

图表模式的解读并非那么容易。如果交易者在其交易预案中使用传统的回调模式，尔后再用训练有素的眼睛来确定回调模式的密集程度。这是一项主观的工作，而且在我看来并非一件容易事。在

图 9-14 中，我已经尽我所能地识别了传统回调模式。

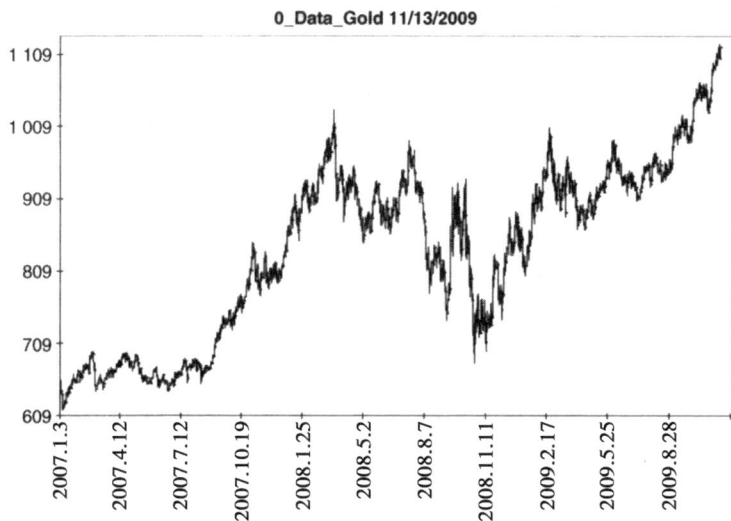

图 9-13　黄金日线图

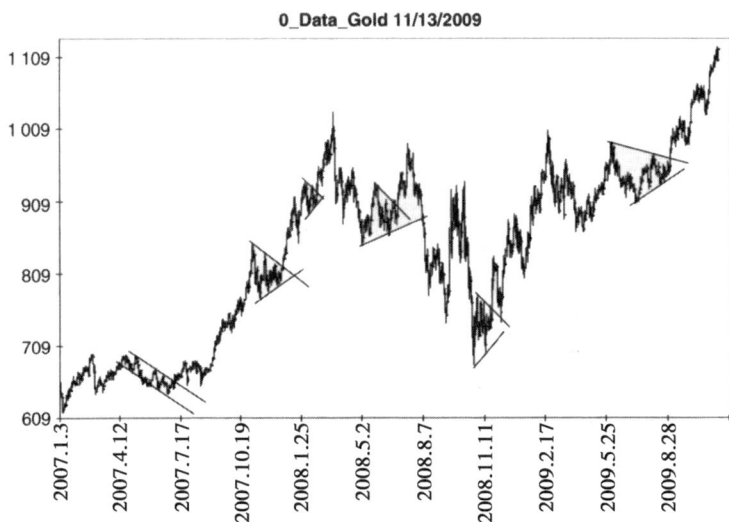

图 9-14　传统图表模式

当我完成这些，这使我回想起三角形难题，你能在图 9-15 中
看到。

同我一样，你可能在此之
前意识到这个难题。为什么不试
着快速数清图 9-15 中有多少个
三角形并且记下你的答案呢？现
在，不要作弊。无需过多的分析
而是快速去做，开始把。

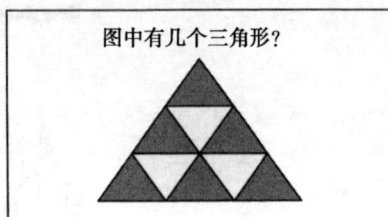

图 9-15　三角难题

现在解决这一形象化的难
题，就如同试图识别传统图表模式一般。它是主观的。取决于你
的感觉如何，如果你再算一遍，你可能会看到更多抑或更少的三
角形。

如图 9-16 所示，我已经展示了一些我遗漏的更多的回调模
式，是我的朋友帮我挑选的。

图 9-16　更多的传统图表模式

另外，图 9-17 显示了另一个我遗漏掉的回调模式，这个是我

刚刚从另一个朋友那里得到的，我曾要求他细看一下此图。现在你能预见到用主观的工具将会出现的问题了吗？

图 9-17　识别传统图表模式的障碍

　　如我所说，图表的解读并非易事，在模式完成之前，市场可能会出现新变化。此外，模式本身亦可有诸多变化。例如，三角形可为对称三角形、上升三角形，或下降三角形。回调模式的主观性再度使得它们变的不稳定和不可靠，成为趋势交易者成功的绊脚石。

　　倘若你不相信我所说的话，为何不回到图 9-15，重新计算一下你能够看出的三角形数目？数字是否不同了？你敢打包票你正确无误吗？为何不重新计算一遍？有趣，是吗？这个难题，注定只是孩童的游戏。如果你连计算这些三角形个数都这么苦难的话，那么在真正的市场上用真金白银开展实时交易时，依据已识别的真实却难以捉摸的图表类型，有何希望可言？在我看来，你需要找到并使用客观的回调模式。

等待一个确定的进入信号

　　从我的经验出发，绝大多数交易者，包括趋势交易者和短线交易者，在还没等到一个确定的信号出现之前就进入了市场。只要他们制订了一个预案，就会立即进入市场。例如，许多交易者仅在一个 50% 的回撤水平买入。聪明的交易者首先会用市场证明他们的预案的正确性，在着手交易之前，最初只是确认市场变化和预案一致。如果他们需要一个 50% 的回调，他们会首先选择等待，接下去，如果市场开始反弹，他们就会考虑建仓做多，有可能在回调前一个、两个或三个交易日的高点买入。缺乏确认过程肯定会使趋势交易者的工作变得困难。

进入市场

对了，这也是每个趋势交易者不论成功与否都能做的事。

设置一个止损位

由于现在有那么多的交易书籍和研讨会可以利用，多数交易者应该懂得在交易时设定止损。不然的话，他们才刚入门，就会直奔终局而去。

管理交易

依我之见，管理一个交易包括使用一个移动止损。这包括在趋势中调整止损点和锁住利润。没有人喜欢到手的利润泡汤、煮熟的鸭子飞了。

兑现利润

显然，没有那么多的交易者能在兑现盈利方面做得足够好。

那么，我们需要做什么呢？

正如你所看到的，虽然流程简单，趋势交易还是深受许多问题的折磨。确定趋势，找寻回撤点位，识别回调模式，这些工作不是依赖于一个基于变量的指标，就是一个主观的图表解释。他们饱受主观意见侵害之苦。等待一个确定的进入信号需要经验，而进入、设置止损位、管理交易和赚取利润，都需要训练和保持一致性。

　　不幸的是，趋势交易计划中三个最有价值的驱动因素就是确定趋势、找寻回撤水平、确定回调模式，而这三者却是整个执行过程中最为主观的。如此之多的趋势交易者惨遭失败现在不足为奇了吧，因此值得一问的是，我们该怎么办？

　　的确，在趋势交易者的理想世界里，只应该使用最好的趋势识别和回调测量工具。令人遗憾的是，这个世界并不完美，市场的重重困境也使得这一点毋庸置疑。

　　据我所知，没有一个完美的趋势工具、一个完美的回调工具，或一个完美的回调模式能够让你每次都挖到黄金。交易包含可能性，带有不确定性，所以寻找最合适的趋势和回调工具都是毫无意义的：它们并不存在。但我相信，交易者可以在确定趋势、找寻回撤水平和识别回调模式方面，比依赖诸如指标与传统图表模式等变量、主观工具做得更好。

　　答案是识别和弥补传统趋势交易中的主要弱点。之前我已经提及，三个最重要的价值驱动因素的共同的关键错误就是：主观性。这些错误都源于对名义变量值或图形的臆断。如果克服主观臆断，保持客观的态度，我相信交易者能在成功道路上走得更远。请记住，仅仅客观是远远不够的，交易中没有万全之策。

　　一个交易者需要将独立的、百分之百客观的建议应用于趋势、回撤水平以及回调模式的诠释。良好的趋势和回调工具无需任何来自交易者的输入，便能行之有效地运行。良好的趋势和回调工具将会独立运作，并且依据工具自身得出结论。它们要么起作用，要么不起作用。良好的趋势和回调工具将会卓有成效，并且免受交易者的干扰。良好的趋势和回调工具必须独立且能够让交易依赖于它。

独立性

　　这是束缚大多数交易方法的关键所在，它们过于依赖交易者，以便使自己看上去似乎行之有效，如图9-18所示。

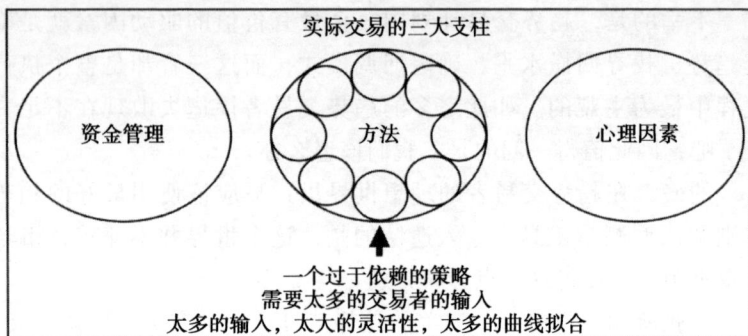

图 9-18　过于依赖的策略的不可靠性

图 9-18 显示了实际交易中的三大支柱：资金管理、方法论和心理因素。它也阐明了方法中的主观趋势和回调工具所需要的多种变量输入。这使得测量工具过于依赖交易者。他们要么基于一个变量得出主观价值，要么要对一个回调模式进行主观的解释。这些工具只会成为交易者的变体，因此它们就是"交易者"。具有讽刺意味的就在于此。当交易者求助于这些主观工具时，他们只是在镜子里看到他们自己。交易者知道他们需要帮助才能完成交易。他们需要的是客观和独立的工具。

只有当他们对工具的解释没有施加影响时，他们才能发挥工具的效力。当一个与客观的交易计划相结合的工具可以创造一个正期望值的历史权益曲线时，那么交易者可能拥有了一个制胜的方法。那么他们就到了对策略进行 TEST 程序验证的时候了。

交易者需要制定一个独立于他们之外的方法。当然，其方法的制定将会是百分之百主观的，但是一旦被制定出来，它必须能够独立和不受交易者影响，以使交易者能够信赖它。它或许能起作用，或许不能，它不需要任何可塑的变量来显示效力，一个交易者需要一个独立的策略，如图 9-19 所示。

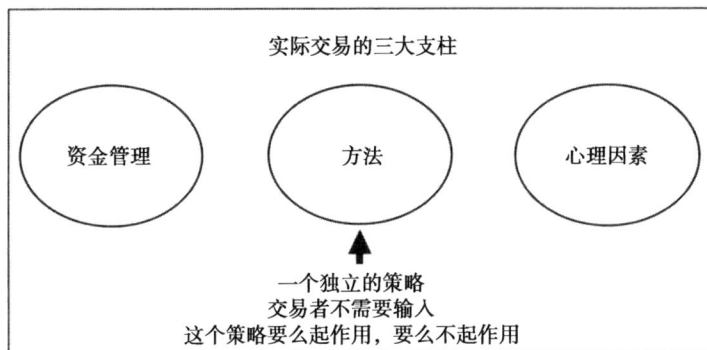

图 9-19　一个独立的策略

　　有太多不确定性的交易是困难重重的。我宁愿通过管理这三方面开展交易，如图 9-19 所示，在执行客观和独立的方法时，仍旧集中和始终如一地使用明智的资金管理策略。我讨厌图 9-18 所示的这三方面以外的任何东西，那样的话我不得不担忧我得到的变量是否正确。我也会不断地担心我的方法是否只代表了一条拟合历史数据的成功曲线，而不是一个有效的策略。我将不断地嘀咕似乎将更多的时间花在学习交易而非练习交易上。当存在若干不确定时，我仍然只管这三个方面了！但这就是我，我只能分享那些来自我亲身经历的想法。

　　我期望此次讨论能够帮助你深刻理解为什么大多数方法都没能在实时交易中成功。我也希望你能明白，尽管我对主观工具难以容忍，但这并不代表所有的主观工具都是糟糕的。

并不是所有指标都是糟糕的

　　我知道我的观点有些极端，我通常认为交易世界非黑即白，仅仅只是一个数字游戏。理解数字、确定客观边界、小额交易、保持一致、耐心交易，你的风险资金将会获得良好回报。如果不理解那些数字，你的交易将存在爆仓的风险；你的交易将带来负预期值；你的账户将会过度交易；在交易之时，你容易不耐烦，以致交易中伴随着紧张和犹豫，而且你将不能按照交易计划行事，你将失败。

但那是我，我对于主观工具和基于变量的指标的方法的看法是不留余地的。这就是我，或许你与我不同，你可能偏爱于基于指标或其他的主观工具。倘若如此，我只是想让你知道，并非所有的指标都有失精准，因为我的的确确知道一些成功的基于指标的方法。但我要告诉你的是，它们是简单的方法，而最成功的方法也只是使用了仅有一个变量的单一指标，它就是如此简单。这个策略对大部分变量是可以获利的，所以切勿对所有的指标失去信心，因为总有一些是表现良好并占有优势的变量，但它们的效益却来自一个简单的策略。

如果你偏向于考虑用其他主观工具对你的方法做出的分析，那很好。你没有理由否认它们的用处。我的个人看法是你会发现你将会很难确定可交易的边界。考虑所有情况之后，你可以创造出任何你想用的方法。然而，在你考虑交易之前，你仍需要使用TEST程序来确认你的方法的期望值。这是最后的关卡，是最后的保障，是方法有效与否的最终裁决者。

另外，考察主观工具的另一种方法，是鉴定那些交易者已经成功使用多年的主观性工具。没有什么比一个已经帮助交易者实时或者长期以来从市场里赚取真金白银的工具来得更实在。

另一种方法则是为某一具体方法找一个软件解决方案，这个软件程序将独立地提供分析和创建交易预案。你甚至可以采用一个基于指标的方法，但窍门在于不要去变动变量的初始值。你不得不将它们视为已被确定的，因为当你被诱惑去时不时地调整一个变量值时，那么你的方法将不再独立于你，也不再是客观的。自那时起，它将会变得过于主观、太灵活、太不稳定、太不可靠，因此最好的方法是接受原本的软件或指标组合，并与它们保持一定距离。

以此为例，对艾略特波浪理论感兴趣的交易者，可以考虑使用一个基于波浪理论分析软件，比如高级 GET，基于艾略特波浪理论对市场的解释，它将会自主地创建交易预案。你不会改变程序中的任何变量。你不得不让它自己去研究波浪数，提出自己的分析。然后，你需要弄清交易方案能否通过 TEST 程序验证，从而确定这个方法能否在你手中顺利运作。令人沮丧的是，波浪理论分析软件 GET 在市场变化的时候也会改变它的波浪计数和交易预案，但至少这种改变是一致和独立的。这正是问题的关键所在，它对市场条件的解释总能保持一致。尽管这方法是主观的，但其提供给你的结论将会是客观的，因为你未对任何变量设置做出干涉，结果将会是独立和前后一致的。你只是坐在角落里让程序在电脑上运行，而且让它做自己之事。你将会让它独立于你自身之外，记住，不要动摇。现在，我不知道交易预案是否足够完善，以至于使交易有利可图。你将需要运用 TEST 程序独立地对此做出决定。然而，我之所以喜欢它，是因为它是一个有年头的程序，由汤姆·约瑟夫（Tom Joseph）在 1981 ~ 1986 年撰写，并于 1986 年公之于众，这可是很长的一段时间。我喜欢那样。如果你能将变量固定于它们的初始值，并成功地运用 TEST 程序验证交易信号，那么你可能让自己拥有一种可以通过验证的、既客观（因为软件独立于你做了分析）又主观的（艾略特波浪理论是主观的）交易方法。这只是一种想法。

但不得不多说一句。如果你足够幸运遇到一个包含主观性工具，并拥有一个具有正期望值的方法，能够用测试程序去验证它，你必须明白的是，相较于一个简单的 100% 客观和独立的方法而言，主观方法保持稳定的概率甚小。这是因为一个简单的方法减少了可变动的部分，因此事情出错的机会相对较少。

冒着被当作扫兴的人的风险，我真的很期望与你分享在艾特·科林斯（Art Collins）《赢得市场》（*Market Beaters*）一书之中查理·怀特（Charlie Wright）的经验之谈。

一个有趣的事情是根据我们的研究，最终发现指标无关紧要。

这个结论来自查理·怀特，他曾管理过一个成功的基金。查理已经入行超过 30 年之久，并且是一个机械型交易者。通过他多年的交易、研究、开发、资金管理，他相信指标并非那么重要。但这仅仅是查理的观点，他有这么说的资格，就像我和你一样，因为这一论断来自一个非常有经验且成功的交易者。另外，这是一般情形，可能有例外，就像我上面提及的。

难道市场不变化

在交易中有一个影响很大的思想学派，他们认为你需要灵活运用交易方法来适应变化的市场条件。他们认为市场在变化，因此交易者的方法需要不断地变化，以适应新条件。

他们是对的。市场的确会经常性地变化，并且通常在你认为自己刚弄清楚市场时，市场发生了转变。不管是在牛市还是熊市条件下，市场都会不断从起伏波动到扩大并形成一定的趋势。因此市场表面上看的确改变了。平心而论，如果市场是不断变化的，你怎么能指望一个交易者在所有的市场趋势中使用单一方法？我对那个观察报告有所耳闻，但我不敢苟同。

我相信一个出色的方法将在所有的市场形势下都卓有成效。我并不认为每一个方法能够每年在每个市场领域盈利。这几乎是不可能的。但我深信，一个设计良好的简单方法应该是在长期市场交易中是有利可图的，因为长期市场交易展现了所有的市场条件：牛市和熊市均能运用的起伏波动交易和单一的趋势交易。

孰对孰错？并无定论。非常有经验的交易者能分辨信号，并且洞悉何时该转变策略，从熊市转向牛市，从起伏波动的交易转到单一的回调和突破趋势交易。虽然不是每次都一帆风顺，但是他们身经百战。他们是如此靠近交易领域顶峰的少数精英，而普通交易者看不到他们。他们几乎是隐形的、近似神话般的交易者，他们是个传说。

其他更决绝的交易者偏爱在所有条件下采用同一种方法交易，使用简单和客观强健的方法，并依赖他们的资金管理、一致性、纪律性和毅力使交易获得成功。就像那些使用众所周知的海龟交易法则的人，不久后我将简短地加以论述。对于一般交易者而言，我建议他们考虑在所有市场条件下使用同一个优良的方法进行交易，直到他们掌握了必要的专业技能，然而这种专业技能一般很难掌握。

多种方法

你可以考虑的另一种方法是创建两个独立的、互补的趋势和逆势（或摆动交易）的方法。

最理想的情况是，它们将是100%的客观和独立，且在所有市场条件下适用很多市场。它们会是有利可图的，并行之有效。但是当你结合它们的权益曲线时，你会看到账户的余额平稳增长。当在趋势交易方法惨遭不幸时，你会期望你的逆趋势的方法获得利润，反之亦然。

创建和结合互补与独立的方法是你应有的目标。一旦实现了，你应该根据不同的时间周期使你的策略多样化。创建短期或长期的趋势和反趋势交易方法，这正是我要做的。在全球指数和货币市场上，我根据多样的时间框架，运用机械的趋势与反趋势相组合的方法进行交易。

现在我要与你分享我的观点，即如此多的趋势交易方法惨遭失败的原因。现在看看我认为的制胜方法的基本属性。正如我所提及的，本章的其中一个目标就是教你提供制定交易方法。我希望你现今能够明白为何传统的趋势和回调工具没能帮到多数的交易者。下面让我们看看是什么促成了一个出色的策略。

制胜方法的基本属性

出色的策略会满足两个简单的要求，包括：

● 帮助交易者避免致命的错误
● 具备成功交易的基本策略元素

表 9-6 总结了大多数交易者的致命错误。

表 9-6　大多数交易者的致命错误

自负，每笔交易涉及过多元风险资金

糟糕的失败者没能及时止损

● 不设置止损位

● 不遵守止损位

● 不设置小额止损点

● 不调整止损位

糟糕的制胜者急于兑现利润

● 过于专注一个或两个市场

● 易轻信

● 过于主观

● 应用过多受限于滞后指标的变量

● 不验证方案可行性

一个好的方法将确保交易者交易规模上的保守性，在任意单笔个人交易中，他们所冒的风险只占据账户的小部分。它将会迅速退出亏损的交易。它通常会应用一个相对较小的初始止损位，从而得以让持仓顺利地按着市场趋势做出调整。通常而言，好的方法退出盈利交易的速度较慢，能够令市场告知交易者何时该兑现利润。一般而言，好的方法不会设立利润目标。一个良好的方法通常会对多个市场起作用，通常是客观的，允许任何人凭此进行交易并享受同样的结果。通常，一个好的方法不会包括一些包含主观变量的工具。

　　依我个人经验，一些制胜之道具备共同特点。需要说明的是，我是指通常情况，因为总有例外。这些就是例外：我的确知道那些急于兑现利润的成功交易者；我的确认识运用那些只能在个别市场上发挥作用的方法的交易者；我的确见识过那些运用包含主观性工具的方法的交易者；我还见过那些受制于利润目标的交易者。然而，如我所言，他们是例外。

　　成功的方法也具备成功交易普遍原理的基本策略元素，如图9-20所示。

　　制胜的方法不是基于随意所得的想法。它们具有一定的结构，一个关于市场如何运作的合乎逻辑的信念。回调趋势交易认为市场围绕着均值运动时会产生波动。虽然市场不会一直拥有趋势，当它们拥有趋势时，它们会冲高，然后暂停；当它们继续于原来的趋势方向时，它们通过回调工具在再度扩张之前扩张或收缩。回调趋势交易认为，一个交易者有很

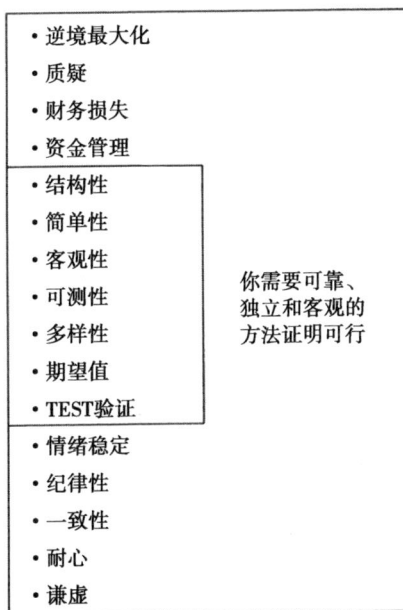

- 逆境最大化
- 质疑
- 财务损失
- 资金管理
- 结构性
- 简单性
- 客观性
- 可测性
- 多样性
- 期望值
- TEST验证
- 情绪稳定
- 纪律性
- 一致性
- 耐心
- 谦虚

你需要可靠、独立和客观的方法证明可行

图9-20　成功交易的属性

多机会把握趋势运动过程中的回调反弹。

作为另外一个例子，艾略特波浪理论认为，市场趋势通常由五个前进的波浪构成，而回调通常包含三个回撤的波浪。你还能在许多市场中看到大量这类例子。

成功的方法往往很简单，它们并不复杂。简单可以保证尽量少出错。简单将确保某一获胜方法保持稳健运行，而复杂的策略拥有诸多变动部分，恰似将很多球抛在空中，所以理论上而言，它们更有可能发生"失手"，导致这个方法失去优势。复杂的策略更有可能导致出错。

汤姆·德马克，一位备受尊敬的市场分析员和交易员，他曾经和金融怪杰保罗·都德·琼斯共事，目前为管理 16 亿美元投资基金 SAC 的史蒂夫·科恩提供咨询，做出了一个我有史以来看到或听到的最好的观察报告。他在艾特·科林斯的《赢得市场》一书中说道：

> ……17 位程序员耗时四五年的测试表明，说到底还是最基本的四五个系统最管用……

如果你能从我的书中学到些什么，你能做的是记录下汤姆的结论，并张贴在交易屏前的墙上显眼处。这是汤姆给予交易者的一个令人惊异的贡献，分享一个重大研究和开发项目的结果。极少数的交易者喜欢像保罗·都德·琼斯那样，承担雇用 17 位程序员以及花费超过四五年的时间做这样的研究。许多交易者都不喜欢这样做。仅仅雇用一位程序员就花费惊人，何况 17 位，甚至超过四五年的时间。这是非常非常昂贵的。

我们应该重视汤姆的观察报告。在耗费如此多的时间和精力后，还是汤姆的基本的或简单的四五个策略运行得最好。如果你不相信我，请你相信汤姆，也请你不要为了另辟蹊径而试图逆流而行，请用简单的方式做事。

　　顺便插一句，昨晚我与一个朋友在聊应如何制作比萨番茄酱时，一如往常我们的对话又涉及市场。我的朋友拥有并成功管理着一家追求绝对回报的基金公司。他管理经营的基金有数百万美元。我们评论了另一个交易员朋友的报告，这是对市场的一次简单的观测。尽管简单，但仍强大有力，我们还互相谈论在交易方面不为人知的秘密是简单：简单地工作。

　　制胜之道都是简单的、客观的。它们并不需要主观的阐释。10 名交易者根据上述这个简单的方法，能够创建出相同的交易预案。只有当一个方法是客观的，它才可被衡量，才会有一个简单的交易计划，用于确定这个方法的历史预期，并去估量交易成败与否。盈利的方法将拥有一个正的预期值，且其将会在多种多样的市场上起作用。

　　以上诸项即是制胜方法中的关键属性。它们简单而客观，能够测量其期望值。而且，我相信这些是你所需要的：用可靠、独立、客观的证据证明这个方法卓有成效！知道这些后，你将与成为一名成功的交易者的目标只有一步之遥。无论强调几次，都不足以体现出保持简单的方法的重要性。

保持简单的好处

　　除了创建一个能够产生盈利的并且强有效的方法之外，接受简单的策略还有许多额外的好处。

启迪

　　制定和接受一个简单的交易方法，表示你已经接受了一个关于交易的重要现实。它意味着你已经达到了"禅"的境界，并懂得在交易解决方案中是没有所谓的必杀技的。它意味着你不再感觉有必要去对下一个绝佳的交易想法继续无止境的探索。接受其简单性将会带给你启迪以及心灵的平静。

它意味着你现在懂得并接受：没有哪一个人能说，在这个市场，在不久的将来，必然能占据鳌头，现在你已然明白尝试这样做毫无必要。它意味着你已经意识到在你的交易中你所能掌控的是，采用一个可靠的符合逻辑的优秀的资金管理方法。它意味着你意识到自身并不需要知道在哪个市场交易必然最赚钱。接受简单性将给予你启蒙和思想的平静。

令人轻松的简单化处理

对于一个简单的方法而言，并没有复杂难懂的东西。它无需指标解释，不用划角度，不用数波浪，不用寻找周期，也不用计算回撤比率，什么都没有。简单意味着轻松。

客观性

简单让一个方法变得客观。简单意味着没什么需要捏造的，没什么需要调整的，也没什么需要弄虚作假的。简单意味着你要么明白自己的计划，要么不明白。其他没有什么可解释的。

稳健性

稳健性指的是一个方法具有长期的实时盈利能力。你的方法为你的交易账户持续增加美元的时间越长，那么这个方法就越稳健。不稳健的方法一般是那些使用指标等主观变量的方法。简单的方法通常拒绝对变量的使用，这对它保持稳健有很大的帮助。它意味着你的方法会出现较少错误。方法的可变动部分越少，它将越稳健。

情绪稳定

简单的方法相比于主观随机应变型交易，情感上更为放松。随机应变型交易更加灵活，且在做决定时更依赖于交易者。不管它是否正在验证一个预案，或者决定是否开展交易，或者决定在哪里设置一个最佳的止损位，或者兑现利润，所有的决策都取决于交易者。对于简单的方法，交易者知道市场开盘前是否存在一

个预案。他们已经知道如果他们有一个交易预案，应该从何处进
入市场，在何处设置一个止损位。他们的交易就像加个小圆点那
么简单。他们知道从哪里进入，哪里止损，哪里去获取利润。并
没有任何的决策，不需要持续地做决定，简单的百分之百客观的
交易，可让交易者在情绪上很放松。

时间安排

采用简单的交易方法可以让交易者实现更好的时间管理，因
为基本没有什么可做的，交易者手中有更多的自由时间。他们没
有变成市场的奴隶，持续对方案进行探索并决定是否交易。简单
带来快捷。

简单性的悖论

我还应该与你们分享的是，在简单方法的创建过程中，存在
一个很大的悖论。理所当然地，根据我的经验，越是简单的策略
就越稳健，越是稳健，自然就越好。这个悖论通常是指这个方法
越简单，其权益曲线就越不规则。然而权益曲线越不规则，交易
也更加困难！

相对简单的策略更有可能成为真正的策略。一个简单的策略
不会采用依赖变量的指标，这些指标能被用来忽略大量亏损的交
易或一个持续不利的交易时期。选择有效的指标避而不谈特定的
市场条件是非常容易的。创建那些复杂的基于指标的策略是轻而
易举的，这些策略能够产生光滑的权益曲线。

所以这便是一个悖论。简单往往伴随着不规则的权益曲线，
由于其非常实际，且正常地出现下跌阶段，也使交易受到挑战，
所以尽管简单是最好的，但它在交易中也是最困难的。

在讨论完哪些不应该做，以及为何应用包含百分之百客观和
独立的工具创造简单的方法之后，我想举一个例子进一步说明。
我将为你提供一个相关的例子，向你展示一种简单的、百分之百

客观和独立的交易方法，一个制胜之道。

一个制胜之道的例证：海龟交易法则

海龟（The Turtles）是一个闻名遐迩的交易者团体，是由理查德·丹尼斯及其助手比尔·埃克哈特（Bill Eckhardt）于20世纪80年代培养训练的。在杰克 D. 施瓦格（Jack D. Schwager）《金融怪杰》（*Market Wizards*）一书中，他们走进了公众的视野，引起了大家的注意。

现在，很多海龟交易员依然成功地管理着资金，毋庸置疑，海龟们应用的依然是他们20多年前学到的最为原始版本的海龟交易法则。

柯蒂斯·费斯，前海龟，在其著作《海龟交易法则》一书中总结了一些策略。这是一个运用趋势交易突破的成功例子，我总结了一系列基本策略，如图9-21所示。

买入信号	
进入	在突破前20日高点时购进
初始止损	固定波幅的资金管理止损 将风险控制到风险资金的2% 波幅被定义为20日ATR
退出	在突破前10日低点时卖出
卖出信号	
进入	在跌破前20日低点时卖出
初始止损	固定波幅的资金管理止损 将风险控制到风险资金的2% 波幅被定义为20日ATR
退出	在突破前10日高点时买入

图 9-21　海龟交易法则

很简单。尽管其策略与其书中的内容略有不同，但我讨论是为了说明这点——这本书中的基本策略是不错的。

现在，理查德·丹尼斯不再拓展这些策略，理查德·唐奇安（Richard Donchian）在 20 世纪 60 年代做过拓展，并在 20 世纪 70 年代公开阐述其拓展的功效和长处。这是众所周知的唐奇安 4 周（20 日）通道突破交易策略。

这是一个完美的关于成功方法的示例。它结构分明、合乎逻辑地表明了市场的运作，秉持趋势始于动量或价格动量的理念。当市场处于上升的趋势，它相信高价会攀升到更高的价位。当市场处于下降的趋势，它认为低价会导致更低的价位。这很容易理解。没有比"在最高点买进，在最低点卖出"更简单的策略。每日价格没有变量可言。在过去 20 个交易日中，没有人能在真正意义上改变其最高价或最低价。通道突破交易的客观性在于所有交易者都可以得到 20 日的最高价和最低价。现在，"20"日的数字或者"4"周的规则是一个变量，但是自理查德·唐奇安在 20 世纪 60 年代发表自己的想法以来，其意一直未变。尽管，"20"和"10"日的数字可以被视为变量，因为它们的确是，他们恪守自己默认的价值观念达 40 余载之久。"4 周"法则等同于无变量情况下的一个月法则。所以在我看来，突破进入法则是一条固定的并客观存在的法则。然而，即便交易者大幅改变了变量值，不难猜想这个策略还是可以保持盈利的，因为我所指的扭转情况是指一个更大的突破通道。计算出 20 日的真实波幅并不困难，计算 2% 的交易账户余额也不困难。策略的资金管理止损点在很大范围的 ATR 变量值下也是有效的。对于处于退出状态的人而言，交易者可以识别过去 10 日的最高价和最低价。如我所言，这个法则是简单客观的，也是度量盈利和期望值的简便工具。

此策略是在趋势交易中最为成功和流行的交易法则之一，已面世 40 余年之久，这在交易中已然使用了相当长一段时间了。我喜欢经过长期检验的策略，也希望它可以把你在实践中的所见所得转变成获得成功的途径。

现在，海龟交易法则存在的唯一问题，就是我在第 5 章中所提到的，交易时你不得不仰仗大额账户。理由有如下两点，第一，为了交易大量的市场间的投资组合；第二，处理回撤。你需要保证一个足够大的账户来保证一揽子市场组合正常运作，一般在 20 ~ 30 个市场，因为市场很少出现趋势。就如我在第 5 章中所提到的，尽管此策略在 2007 年在市场获得很大利润，但在随后一年却在市场遭受了 750 000 美元的损失。所以，你需要一个大账户来处理可能会出现的下滑。但是总的来说，作为一个成功的策略，它还是非常值得作为例子讨论的。

我在上面已经总结了很多方法，也和大家分享了为何我认为回调趋势交易是简单的。我还讨论了为何我认为劣质的趋势和回调工具会使如此多的趋势交易者遇到困难。如你所知，我认为"主观的"和"非独立的"是交易中最忌讳的字眼。我讨论了我认可的制胜方法的基本属性，并我将海龟贸易策略作为例子。

在结束对方法的讨论之前，我想与你们分享一些更深入的例子：一是举例说明怎样才算是一个客观的趋势工具；二是举例说明使用主观回调工具危险的原因。我们从一个客观的趋势工具开始说起。

客观趋势工具的例子

正如大家所知，我认为任何一个带有变量的交易工具，比如移动平均指标，实在太主观了，所以不能作为依靠。我觉得还有更好的选择。替代方案可以是用价格本身（正如许多海龟交易策略所做）来决定趋势的方向。看摆动图是运用价格的一个例子。摆动图有助于稳定价格，当使用摆动图时[⊖]：

- 一个向上的趋势被认为是更高的波动低谷的出现。当出现一个更低的低谷时，趋势由向上变为向下。
- 一个向下的趋势被认为是更低的波动峰尖的出现。当出现一个更高的峰尖时，趋势由向下变为向上。

　　我认为使用摆动图相较于使用带有主观性的变量工具更好。波动以价格为基础，它们可以基于每日、每周、每月、每季或者每年的价格。正因为是基于价格，波动点是百分之百客观的，因为没人或者机构可以影响每日、每周、每月、每季或者每年的价格高低。没人可以做到，市场要比个人或者任何机构强大得多。

　　当波动点出现后，它们是百分之百客观和独立的。不要求任何解释或者判断解释这一趋势。如果摆动图出现了一个更高的波动低谷，则趋势是上升的。如果波动图出现了一个更低的波动峰尖，则趋势是下降的。简单、客观和独立是每个交易者需要考虑的。

　　趋势的决定取决于你偏爱的时间周期，你可以选择每周的（见图9-22）或每月的（见图9-23）摆动图来决定你的趋势方向。

　　图9-22显示的是一张反映周波动情况的日线图，即周摆动图。当周摆动图出现更高的低谷时，周趋势将向上。当周摆动图出现更低的波峰时，则周趋势将向下。另外，你还可以考虑选择月摆动图来判定趋势。

　　图9-23显示的是一张反映月摆动情况的日线图，即月摆动图。当月摆动图出现了更高的低谷时，月趋势将向上。当月摆动图出现了更低的峰尖时，月趋势将向下。每月的波动可以用于决定月趋势，而且从长远来看，它有助于你拿下大笔的交易。

⊖　是指当后续一个更高的波动出现时，如果其波谷高于此前一个波动的波峰，向上的趋势得以保持；如果后续一个更低波动出现时，如果其波峰仍低于前一个波动的波谷，则向下的趋势继续得以保持。如果不是这样，则原来的趋势被破坏。

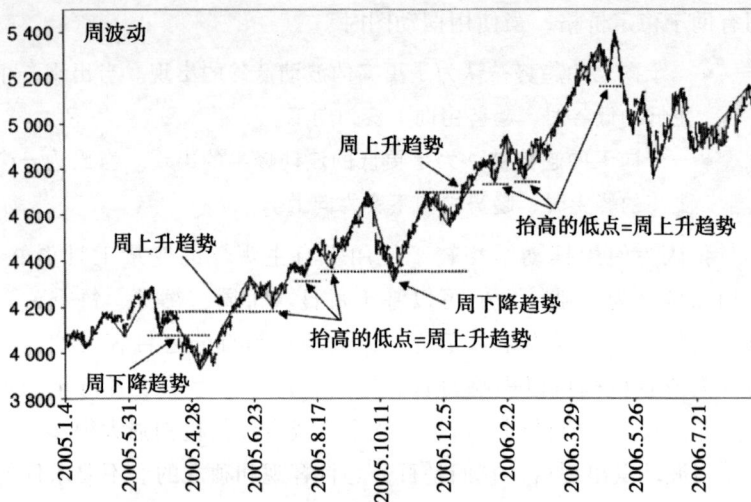

图 9-22　周摆动图

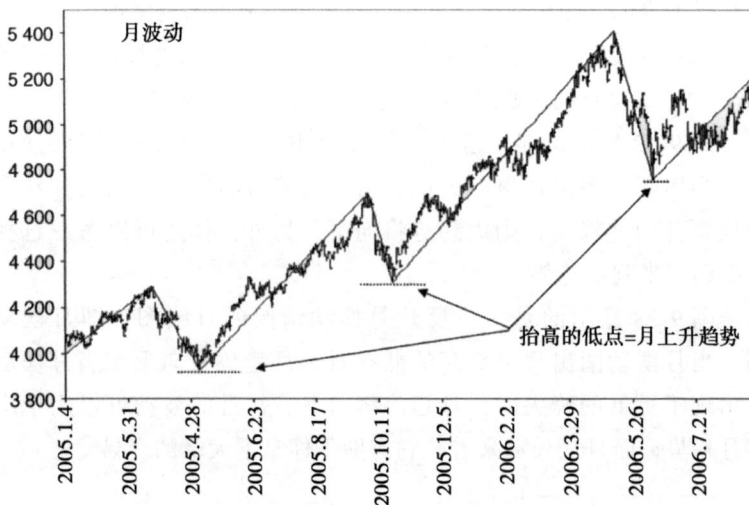

图 9-23　月摆动图

使用更长的时间周期波动图表是百分之百客观的趋势工具之

一。如果具有这种洞察力，我希望你可以找到另一种与此同样的
目的性明确和独立的交易工具。我现在要给你举个例子，为什么
在趋势交易中不应该使用主观回调工具。

斐波那契数列：事实还是谎言

百分比回撤比率是一种非常受欢迎的回调工具，最广为人知
的是斐波那契比率。图 9-24 总结了所有已知的百分比比率。

```
斐波那契比率
   0.236, 0.382, 0.618, 0.786
同步比率
   0.50, 0.707
算术比率
   0.333, 0.667
江恩比率
   0.125, 0.250, 0.375, 0.500,
   0.625, 0.750, 0.875
```

图 9-24　广为应用的百分比回撤比率

现在，正如你所看到的，有许多的比率百分比可供选择。
图 9-25 按数字顺序进行了总结。

一目了然，我希望你能看到百分比回调工具的主要弱点，如
此之多的百分比！看起来它们在每一个小数点上都有体现。但是
这些数据并非个个正确，不是吗？那么，谁是对的呢？斐波那契
比率？算术比率？

当我刚开始交易时，我希望我是一个怀疑主义者。倘若如此，
当看到如此多的比率和那么多自圆其说的理论时，我早就会觉得
可疑。当然，它们不可能完全正确。如果其中一个比率是正确的，
难道其他都是错误的吗？若果真如此，我该把注意力放在哪里？

但事实上，我不是怀疑主义者。

回调	
0.875	江恩比率
0.786	斐波那契比率
0.750	江恩比率
0.707	同步比率
0.667	算术比率
0.625	江恩比率
0.618	斐波那契比率
0.500	同步比率
0.500	江恩比率
0.382	斐波那契比率
0.375	江恩比率
0.333	算术比率
0.250	江恩比率
0.236	斐波那契比率
0.125	江恩比率

图 9-25　广为应用的百分比回撤比率（按数字排序）

在起初 15 年的交易生涯中，我一直是艾略特波浪理论的门徒。当你成为艾略特波浪理论的门徒，你也就成了斐波那契的追随者。但我难以找到能够提供支撑点或者阻力点的正确比率。由于我既是艾略特门徒，又是斐波那契门徒，所以我将重点讨论他们的比率。

如图 9-25 所示，广受欢迎的斐波那契比率包含了 38.2%、61.8% 和 78.6%。虽不是在斐波那契比率中，50% 的回撤水平也很受重视。问题的关键在于，交易者可以使用哪个比率来决定回调是否达到了支撑点或者阻力点。38.2% 或 50% 的回调是否标志着回调将结束？这是个很难回答的问题，因为需要选择比率，从而导致了工具的主观性。

　　然而，"选择"是交易者在斐波那契中面临的两个问题中较简单的一个。如果市场找到了斐波那契回撤水平的支撑线或阻力线，那么交易者会很开心，因为他只需选择一个百分比即可。但是，撇开斐波那契所有的著作和软件程序，根据我的调查，斐波那契比率在识别支撑线或者阻力线上并不具备优势。

　　如果你是斐波那契的支持者，你不仅要在自己的实践中而且要在市场中找到证据。你期望看到市场很有规律地在斐波那契百分比回撤水平上形成支撑线和阻力线。

　　所以我做到了这一点，并且开展了一些调查以判定斐波那契比率是否在市场中处于主导地位。这是个易执行的测试，我会在此重复这项工作。事实上，我所做的是为了根据我的数据做出一张摆动图，然后计算出图表上所有的波动百分比。

　　如图 9-26 所示，我记录了所有的百分比回撤数据，还包括了一些拓展的百分比数据。若斐波那契比率可以被证明是一个可信赖的工具，那么我将会使用 38.2%、61.8%、78.6% 和 161.8% 测试样本的比率。我期望能看到它们比其他比率更准确有效。我期望它们与非斐波那契比率相比，是一组异常数据。

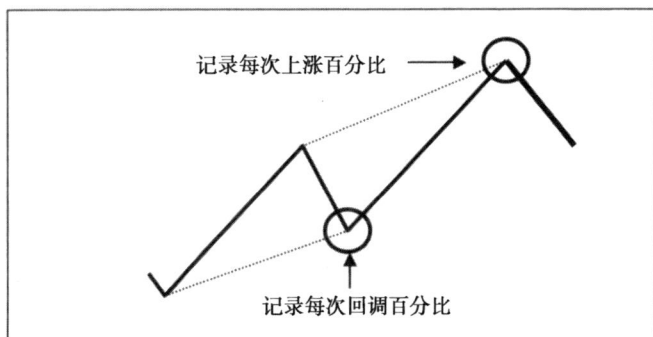

图 9-26　调整幅度和摆动幅度

为了保证斐波那契比率每次都能出现在我的波动集中，我也决定通过多个市场创造多重时间周期的摆动图表。

对每一个市场，我都以追溯到 1990 年的每日数据为起点，如图 9-27 所示。

0_Data_FX_BP 11/27/2009

图 9-27　日线图

根据每天的数据，我创建了日摆动图，如图 9-28 所示。

根据每天的数据，我计算出每周的数据。从每周的数据中，我创建了周摆动图，如图 9-29 所示。

根据每天的数据，我计算出每月的数据。从每月的数据中，我创建了月摆动图，如图 9-30 所示。

根据每天的数据，我计算出每季的数据。从每季的数据中，我创建了季摆动图，如图 9-31 所示。

根据每天的数据，我计算出每年的数据。从每年的数据中，我创造了年摆动图，如图 9-32 所示。我不想被指责说我的调查错过了任何多样的时间周期的波动。

图 9-28　日摆动图

图 9-29　周摆动图

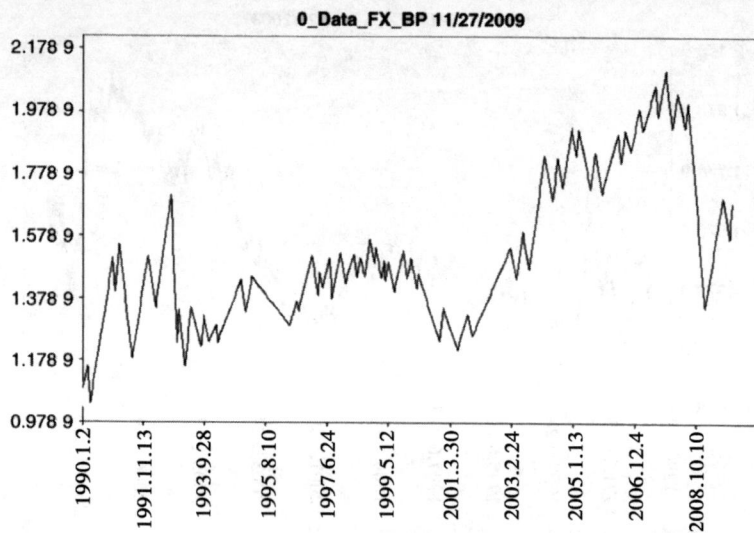

图 9-30 月摆动图

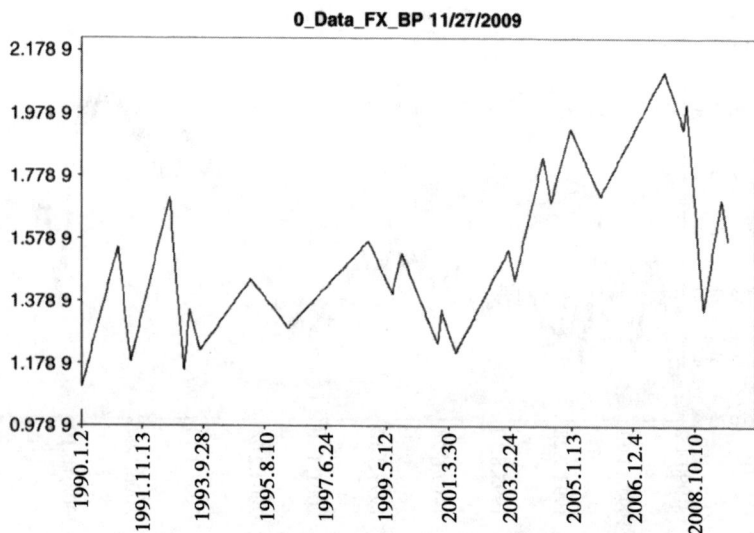

图 9-31 每季摆动图

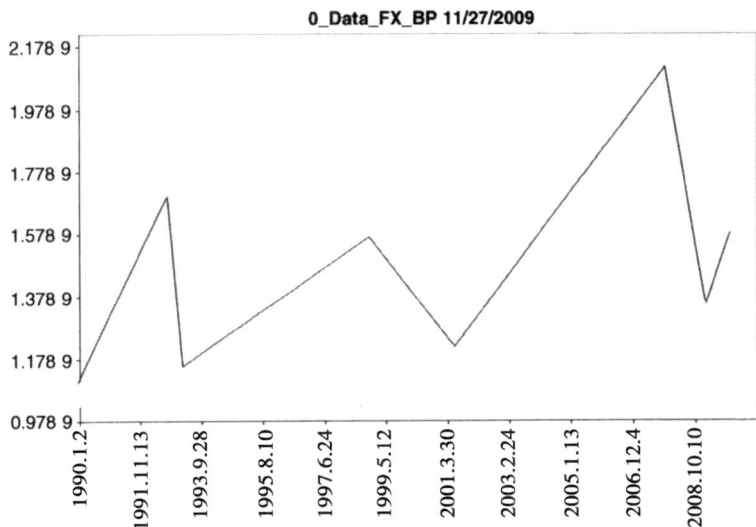

图 9-32　每年摆动图

现在我创造了这些不同时间周期下的摆动图，覆盖了五种主要的货币。

- 欧元
- 英镑
- 日元
- 瑞士法郎
- 美元

并且涵盖了黄金、原油及其他主要的指标市场：

- SPI 指数[⊖]
- 日经指数
- 恒生指数
- 摩根新加坡指数
- 吉隆坡综合指数

⊖　SPI，即 share price index，股票价格指数加权指数。

- 德国综合指数
- 斯托克 50 指数
- 富时指数
- 纳斯达克指数
- 标准普尔 500 指数
  ……

　　根据这 18 个市场以及它们的多种时间周期下的摆动图表，我测量了所有的百分比回调和扩展的波动。我总共收集和测量了 36 411 次波动。然后我创建了一个柱状图把这所有的 36 411 次波动展现出来，希望可以看到主要的斐波那契比率。图 9-33 就是我所看到的。

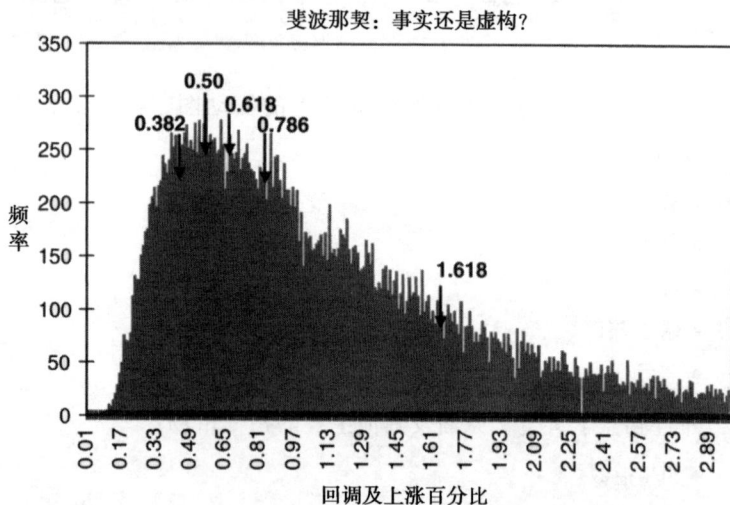

图 9-33　　回调及上涨百分比柱状图

　　这让我非常失望。正如你们所看到的，没有一个虚拟的斐波那契比率是一个主要的百分比回撤波幅或百分比扩展波幅。

　　除了这 36 411 次波动外，斐波那契比率如表 9-7 所示。

表 9-7 斐波那契百分比的发生情况

斐波那契比率（%）	发生的次数	发生率（%）
38.2	228	0.6
50.0	249	0.7
61.8	248	0.7
78.6	222	0.6
161.8	87	0.2

所有这些"神奇"的斐波那契比率出现在不到 1% 的时间，少于 1%。其他的重要的 1.618 黄金分割点在 36 411 次波动中只出现了 87 次。

是的，你们可以说市场在不同时间周期里确实回调了，并且在一定的斐波那契比率上找到了支撑线和阻力线。这里有很多例子。38.2% 的回撤有 228 例，61.8% 的回撤有 248 例，78.6% 的回撤有 222 例。不要担心，市场确实可以回撤到很多的斐波那契比率上，即存在大量完美无瑕的例子。这些例子可以被援引至所有图书馆的所有阐述斐波那契重要性的交易书籍上。你永远不会缺少证明斐波那契比率的重要性的图表。

然而，你们永远不会缺少同样多的图表示例来展示其他的斐波那契百分比之外的比率的重要性。根据图 9-32，回撤百分比呈钟形曲线分布，表明它们是正态分布的。斐波那契比率没什么异常或者特殊。

所有你们说的都是对的，市场的确会回调和扩展，但是百分比比率看上去呈钟形曲线分布。那就是说，它们呈正态分布，任何百分比比率都没有神秘感可言。

然而，交易圈内几乎人人都拥护斐波那契比率，认为它是一个神奇而可靠的交易工具，可用于识别支撑和阻力水平。真是令人难以置信。如果一个识别回撤水平的主要工具确实一文不值，那么如此多的趋势交易者未能成功还有什么奇怪的呢？

我真希望自己第一次碰到斐波那契比率的时候持有怀疑态度，这花了我将近 15 年的时间来证明它们毫无意义。

我希望这个小小的事例能够表明独立工作和验证或证伪一个交易方法的重要性。记住，你应该兼容并蓄所有的交易方法，但是你也应该有权利判定方法对你而言是否有价值，而这需要靠你自己的工作和努力去实现。

同时我希望这次破例讲解斐波那契比率可以让你明白，在趋势交易方法不能依赖主观的工具，特别是那些没有经过你调查验证的工具。

自我安慰的交易者

我想所有斐波那契交易者的圣诞卡片名单中都已经把我的名字删除了，不会有任何祝福我的卡片，但是没关系，不要担心。也许我将要说的内容会缓和他们对我的态度。

我的调查无疑向我证明斐波那契比率相比其他那些百分比比率没有那么重要。对于我来说，事实胜于雄辩。然而，有很多斐波那契的爱好者都坚定地认为这个理论很有用，同时当你进入艾略特波浪理论的交易者群内，你很可能会觉得整个大陆都是斐波那契支持者，他们所有人也都信誓旦旦地肯定斐波那契比率的神功妙用。艾略特波浪国际公司的罗伯特也许是世界上最早和最成功的（按照发行量计算）市场通信作者之一。我并没有说所有使用斐波那契比率的交易者都无法赚钱。因为你可以想象得到，至少他们中的某些人在交易中赚钱了，即使他们使用斐波那契比率支持他们的交易方案。我何德何能，要对这个方法说三道四呢？

同时这让我想到了一个非常重要的问题。如果斐波那契比率没有那么管用，而人们信誓旦旦地说用这个交易方法赚了钱，那么那些人就仅仅是自我安慰的交易者吗？是不是那些交易成功的人士将他们的成功错误地归功于那些没有统计基础的工具？这很有趣，对吧？

即便这些比率在统计上并不重要，在斐波那契交易者眼里，它们代表了关于市场结构的真理，这些真理能够提高他们进入市场的信心。他们进入市场然后盈利。他们相信自己的成功源于斐波那契比率，斐波那契比率给了他们交易的信心，他们入市并取得了胜利。他们认为，他们的成功来自斐波那契。那么斐波那契是事实、谎言还是信念呢？

在我看来，这很明显是信念，因为在统计上并不支持这个方法。难道我只是在这里进行语义学辩论吗？而斐波那契交易者却相信那是事实？

我称呼他们为自我安慰的交易者：这些交易者的技术灌输说服了他们，让他们觉得自己特殊的技术分析学派代表了市场和交易的本质。这种教化给了他们进入市场和交易的信心，这增强了他们勇往直前地进入充满挑战的交易世界的信念。

小小的讽刺是他们不知道斐波那契或者另一个主观的工具在统计上是没有意义的，而且他们不承认他们的技能对成功的贡献，因为他们成功的唯一理由就是他们是优秀的交易者，交易规模小，能迅速止损和迟缓兑现利润。他们的账户余额上升的唯一原因是他们是坦诚的交易者、精彩的交易者、奇妙的交易者、优秀的交易者。他们可能是妄想，但是他们还是懂得如何成功交易。

这让我想起了另一个有趣的问题（这可能让我再次回到圣诞卡片名单上），能否让我再大胆地问一下，是不是所有的交易者都是自我安慰的交易者：那些相信各自交易预案的交易者为他们提供了交易的信念和信心？

我越来越相信大多数人是不理性的。在顺境中，大多数人是理性的。但当逆境来临时，他们就变得不理性了，开始采用武断的方式做决定。这就像人们有一个认知偏误。当交易者做多头并且错误了，他们并不会停止，而是忽略他们的损失并开始在网上寻找信息和事实来支持并确认他们的正确。他们对有用的信息视而不见、充耳不闻。他们会寻找能够证明他们所做的是正确的信息。他们这就是一个认知偏误。也许所有的交易者都是一样的。总是会存在这么一个理由让交易者进行交易：一个交易预案。难道交易预案仅仅是交易的一个认知偏误吗？如果一个交易者是成功的，难道不是因为他是一个良好的交易者（能够迅速接受损失，使账户利润缓慢增加）吗？

到目前为止，我希望我已经教会了你成功交易的通用原则。我和你一起从零开始，我带你领略了六个普遍通用原则中的五个，从准备开始，接下去讲到启蒙，然后是交易风格、市场和现在还在讲的三大支柱。我已经讲到了资金管理，我目前和你分享的是方法论。一旦讲完这个，我会和你分享我对心理因素的看法，然后是第六个也就是最后一个普遍通用原则，它涉及交易、实际操作的部分以及实际的市场参与，在市场里你将会经历摸爬滚打的艰辛历程。

我希望能教会你所有成功交易者都依赖的普遍通用原则，忽略他们所交易的个别市场、期限、工具和技术。这些通用原则是交易账户中的交易利润的护航者。利润来自经营者的个人交易计划：何时进入，何时止损，何时退出。交易背后的原因是：不同交易者的交易预案有很大的差异。交易预案区分了不同交易者。然而，所有成功交易者的交易计划结果是一样的，即账户中的利润。结果是相同的；除了利润大小不同外，交易者之间不存在差异。利润是成功交易贯彻普遍通用原则的回报。这将成功交易者联系在了一起，尽管它们可能是非常不同的人，他们的交易方案，即交易成功的依据，能够并且确实千差万别。但不可否认的是，他们的成功交易带来了利润。他们一般使用理智的资金管理方法，交易规模相对于整个账户来说较小；他们通常能很快接受损失，而且他们的交易利润通常增长缓慢；它们通常依靠一个可确定的边界进行交易；它们通常能够完美无瑕地执行他们的交易计划。他们赢得的比他们失去的多。这些成功交易的普遍通用原则是不可否认的。然而，尽管他们的交易方法和交易方案确实有很大差异，但通常依据一个客观的、可确定的边界开展交易。如果有交易者不是这样，却获得成功。我愿意花些时间去研究这些交易者。

　　我的计划从头讲到这儿，现在让我从最后讲起。在写作的时候，我的账户一个月内提高了 0.5%。现在只有一个不可否认的事实。我所能确定的是这个月的盈利大于我的所有损失。我的成功与失败取决于我的进入、止损和退出。我的交易是盈利的，这是一个不可否认的事实。因此交易账户的资金仅仅来自良好的交易。现在我相信我的交易和预案 100% 受到客观和独立的工具支持，这正是我想要的以及我的模型和计算机程序告诉我的做法，这给了我交易的信心。我的信念，我对客观独立的交易预案有 100% 的信念，即我交易的信念。我这个月取得了更高的账户余额，因为我的交易预案为我提供了进入市场的信念，而且我的交易预案产生了一个净利润。

　　所以如果我要往后退，我会查看我交易账户最新的金额。我知道金额变动应该不大，因为我很快接受了我的损失（我很自豪自己是一个输得起的人），我的账户利润增长得很慢。我已经进入市场并实施我的交易。交易背后的依据是我的交易预案。他们给了我进行交易的信心。那么，谁可以说我的客观交易预案在一些方面优于一个斐波那契交易者的主观交易预案呢？如果我们都是有利可图的交易者，谁能说一种预案优于另一种呢？他们都发挥了他们的作用：为我自己和斐波那契交易者提供进入市场的信心和信念。一旦我们都进入市场，接下去就是我们个人的交易（利润大于损失）赚钱了。而这就是我所有的重点，使两个交易预案都达到各自的目的，创造足够的信心来保证交易。

一旦进入市场，我就开始接管实际的交易。实际交易才是关键，而且如果斐波那契交易者增加了账户利润，那么我有什么权利去质疑他的交易动机？

我个人其实更喜欢我的信心建立在可以计量和衡量的事实上，而不是信念。我希望你会做同样的事情。我认为你会发现这样容易些。所以我觉得，许多交易者并不像他们想象的那样理性。是的，我指的是斐波那契交易者以及很多与他们相关的交易者，这些交易者以非计量工具为交易预案的基础，无意中喜欢用武断方法来支持他们的交易预案。在一天结束的时候，所有执行的交易都包含如下几点：

- 对买入或卖出的预判：交易预案
- 明智的资金管理方法：确保使用了正确的仓位
- 交易计划：何时进入、何时设置止损、何时退出的规则
- 毅力：根据交易计划执行的能力

一个交易者控制着这四个方面。

我在这里可能有点前言不搭后语，这似乎与我对客观独立工具的信念有些自相矛盾，但我还是要强调一件事，只要交易者的仓位大小没有触及爆仓风险，只要交易者根据他的交易计划，所有交易最重要的元素就是能提高账户金额的交易计划、仓位控制、止损位置和退出可以获利。只要他们是优秀的交易者，能够迅速接受损失和缓慢地增加利润，那么交易背后的动机是不相干的。那么，谁会真的在意一个交易者为什么建仓呢？存在很多关于什么起作用、什么不起作用的争论，很抱歉我也是其中一员。但在一天结束的时候，如果你可以成为最出色的失败者，那么你也能成为同样出色的赢家，那么谁会在意你为什么以及怎样进入市场呢？所以可能所有的交易者都只是自我安慰的交易者，他们从自己的交易预案中获取信念？

就像我说的，我个人更喜欢用一个更明确、客观、独立和可

以衡量的边界交易。然而，对于那些不认同的人，只要你是一个优秀的交易者，这没有什么关系。只要你和你的交易伙伴一起根据 TEST 程序执行了 30 次模拟交易，并验证了你的方法的期望值，谁还在乎其他事呢？

但是这里的重点是 30 次 TEST 交易。TEST 过程将是交易能力的最终裁决者，不管你偏爱使用一个提前确定的客观的可衡量的边界，或者不管你是否偏爱像自我安慰交易者那样根据一个主观边界交易。这些都变得无关紧要，只要你通过 TEST 程序。

然而，如果你忽略 30 次测试交易，那么你就需要阅览所有关于交易心理的著述，以帮助你执行未经验证的方法。在执行未经验证的方法时，你需要具备所有的心理训练技巧，它们能够武装你的意识头脑，使你无视潜意识。心理是最难克服的交易障碍，因为你的潜意识将发挥其最大的能量，和你的自我意识争占主导地位。这将是一场激战，它会让所有的交易教练变得快乐和富裕。

········ 小 结

这部分将结束对三大支柱中第二个支柱的讲解，三大支柱是成功交易的第五个必要的普遍通用原则。我认为方法论是实际交易的三大支柱中第二重要的元素。方法确定了你的边界，而且证明你参与市场是正确的。除非你拥有一个具有真实边界的真实方法，不然你与交易无缘。

在这一章中，我解释了交易的三种方式：随机应变型、机械型和自主机械。大多数新交易者从随机应变型交易开始，而最后发展到一个更结构化或者机械化的方法。机械型交易者避免了随机应变型交易中产生的很多情感波动。一些专业交易者最后会发展为一名自主机械型交易者，运用他们的经验和判断力，在他们的结构化和机械化的交易预案中做出抉择。这些专业的交易者认为，他们能够使用多年的经历驾驭他们的机械型交易策略。

你知道可以用趋势交易方法或逆趋势交易方法来交易。我解释过一个完整的方法是由两部分组成。

● 交易预案
● 交易计划

你的预案应该只寻找潜在的支撑线和阻力线。多种多样的技术分析学派可以划分为预言者、梦想家、实用者。

交易计划应该具有清晰的规则，即何时进入市场，何时设置一个止损点，何时退出一个有利可图的交易。你已经学会了忽视那些认为进入点无关紧要的交易者的说教，因为进入点位直接影响你的预期值和仓位大小。它们会产生影响，你也被鼓励去忽视大型止损位对你的毁灭性吸引力。它们的确有致命的杀伤力。

一个有效的交易计划应该在进入交易之前，支持和确保一种预案以及一个方法，要确保这个方法的现实效果与TEST程序验证的一样。

我解释了你需要用你选择的资金管理策略与经你验证的方法计算出爆仓风险的估计值。已经提醒过你交易的目标：从财务风险中生存，当爆仓风险大于 0 时不要交易。

我把趋势交易当作一种明智和优先的交易方法来讨论。你明白了市场趋势是所有利润的基础，明白了趋势交易者的生活因高达 67% 的损失率而痛苦不堪，明白了既可以突破又可以回调为基础进行趋势交易，知道了回调趋势交易允许交易者以较低的风险建仓，但是有可能错失一个大的趋势行情。也让你明白了突破趋势交易从来不会错失一个大的趋势，虽然它确实需要一个更大的止损和遭遇更大的跌幅。

我讨论了将回调趋势交易作为方法的实际含义。你明白了为什么回调趋势交易应该是简单的，而且我提醒过你开展交易的原因。你明白了回调趋势交易只不过是一个循序渐进的过程。

你明白了为什么大多数交易者在知道趋势交易是最安全的交易方法时，还有那么多的交易者失败了。你明白了流行的趋势和回调工具因它们的主观变量和解释而无效。你明白了基于变量的工具太依赖于交易者，使它们太灵活、太不稳定，而且太不可靠。你明白了一个交易者的关键问题是使用客观独立的工具。你知道良好的趋势和回调工具要么起作用，要么不起作用。你意识到一个良好的交易方法必须独立于交易者，在这个独立空间里，交易者不能影响到对趋势和回调解释。

我说过不是所有的指标都是糟糕的。你知道存在使用指标的成功方法。你知道最成功的方法是只使用了一个具有单个变量的简单指标，胜过基于多个变量的指标。

我讨论了成功方法的基本属性，而且你知道海龟交易策略就是一个很好的例子。你知道保持方法的简单有很多好处。你明白了较长的时间周期摆动图表是一个客观的趋势工具。我和你分享了我的斐波那契比率研究，表明了为什么在使用主观的回调工具之前先进行独立调查是那么重要。

然后我提出了一个问题，是否所有的交易者都只是自我安慰的交易者，他们依靠对个人交易方案的信念的力量进入市场交易。不管他们的方案是否基于理性或非理性的主观性，交易者对方案的信念才是关系重大的。信念支持他进入市场，并且有机会执行他高超的交易技巧：迅速接受损失，缓慢增加账户利润。交易者成功的主要原因是他们交易得很不错。你明白我喜欢让信念基于实际而不是虚像。

对大多数人来说，通常的进程是从一个随机应变型交易方法开始交易。对于那些坚持下来的人，多数人最后将转向创建一个机械型的交易方法。那些继续交易的人最后将精通机械型交易，并获得从市场中赚取利润的能力。真正优秀的交易者随后将转变成为自主机械型交易者：利用他们多年的经验（或像拉里·威廉斯所说的交易艺术），有选择地执行他们的结构化或机械化方案。精英分子应该明白如何驾驭自己的结构化程度高的方法。就像我说的，这是一般的情况，但并不是绝对的，因为成功的交易者中也有一些随机应变型交易者。我对交易者的第一个建议是集中精力创建一个机械型的方法。依我看来，这是攀登交易巅峰的捷径。

第10章，我将讨论心理因素并总结三大支柱。

心 理 因 素

The Universal Principles of
Successful Trading

写完这一章时，我将完成对实际交易中三个关键元素的考量，即三大支柱。

- 资金管理
- 方法论
- 心理因素

这意味着本章将完成对成功交易的普遍通用原则之五的讨论。虽然我将心理因素放在资金管理和方法之后的第三位，但这并不等于这个因素不重要。

心理因素在每场交易中都很重要。我们应该认识到每一个交易者，需要对个人的爆仓风险做一个统计。心理因素在每场交易中至关重要，需要运用知识，花心思，努力研究和制订一个简单、百分之百客观和独立的交易方法。心理因素在成功交易中举足轻重，仅有知识、热情和努力还不够，你要将其与一个行之有效的资金管理方法结合起来，依我之见，不能只是依靠多空操作，要祛除不切实际的空想，交易风险才能降低为零。此外，在你将真金白银投入市场之前，心理因素与成功交易是不相干的。而当你迈出交易的脚步，心理因素立即就起到了积极有效的影响。

心理因素主要是管理好三种情绪：希望、贪婪和恐惧。就三大支柱关系而言，心理因素是联结资金管理和方法论的纽带所在。

也许有人会指出我上述论断与之前所说的话自相矛盾，实则不然。倘若除去资金管理和方法，那么心理因素就没有用武之地。

心理因素很重要，能使你在交易场中幸存下来，并取得最后的胜利，自然而然，其重要性也有一个程度问题。倘若资金管理和方法的使用恰当无误，它们仍然需要经历一段很长的过程，以使你的意识和潜意识都对交易感到满意。通过 TEST 检验，将有利于证实交易方法合乎预期，进而使你信心倍增，在潜意识中为你的成功交易创造契机。而一旦资金管理和方法运转正常，便能使交易风险锐减至零。倘若如此，快乐和满足即能与你相伴相行。你的潜意识举手击掌，额手称庆。如果不这么做，你潜意识中的紧张程度和精神压力将骤增，交易动力骤减，甚至使交易搁浅。

值得提醒你的是，倘若你对交易备感压力，那么应该中止交易。紧紧跟随你的潜意识，因为它将告诉你许多众所周知而你知之甚少的东西。譬如你对交易运行情况茫无头绪，甚至可能是你全然失控了。

在我开始讨论交易中的心理因素之前，我期望与各位探讨我是怎样看待关于交易的心理因素重要性的社会共识的。需要声明的是，我并非专业的心理学家，除了我未曾接受过系统的正规训练，我也未曾涉猎过任何一本关于交易心理学的书籍。因而，在此我只是就这一热门话题直抒己见。你可以自己决定是否听我坐而论道一番。不管如何，现在开始。

共识

公众普遍认为，你需要明白很多局限是由你的潜意识造成的，因而，你需要不断地激发潜意识中的潜能。换言之，这一切的一切，可全都归咎于心智的作用。现在我并非是以教育工作者的身份与你分享我对心理因素的所思所想，而仅仅是因为我只是我，我是个独立的个体。

诚如任何事物都有正反两面，市场的每一个交易不也都包含对立的两方面吗？一方面是买，一方面是卖。但是说实话，我并不认同这个心理共识。

就心理因素而言，我的理解是，心理因素仅仅是在你着手开始交易时需要引起重视。我始终不相信，交易的成功取决于你能够突破潜意识的局限。我也不相信你的成功依赖于知道如何通过潜意识激发你的潜能。如果我不是为了出版本书，我很可能会做个附注这里所谓的"突破局限性"和"激发你的潜能"属无稽之谈。[⊖]在我看来，当交易者的潜意识对交易者意识层面所做的事情不满意时，心理因素随之变为阻止成功的障碍，仅此而已。绝大多数交易者是愚昧无知的，尽管他们参加各种课程、各种研讨会；尽管他们对各种类型书籍均有涉猎；尽管其个人电脑上安装和运行着行情画线分析程序；他们依旧彻头彻尾地愚昧无知，而他们的潜意识知道这一点。这就是为什么他们的心理因素会竭尽全力地阻碍交易者进入市场。心跳加速，手心出汗，心悸相伴而来，紧张情绪油然而生。由此，你便与你的交易计划渐行渐远了。

我们中的那些深信心理学能够控制潜意识的人，会告诉你要坚信自己的交易计划并坚持贯彻，而这对于潜意识而言，等于声称该交易者不具备交易能力。

我相信，如果交易人士采用更加明智的资金管理策略，结合以更简洁稳健的交易方法，则交易风险从一开始便是零。如果他们如愿以偿，他们潜意识会察觉到他们自身的能力，不会跳出来横加干涉。

⊖ 作者的这个观点与主流心理学研究不符，正如作者所说是其一家之言，有兴趣的读者可以查阅有关专业的应用心理学书籍，译者也不赞同作者的这个观点，在出版的有关书籍（如《与羊群博弈》等）中有更深入的论证，读者可以参考。——译者注

此前我们曾了解到，明智的资金管理和积极稳健的策略是对抗风险的两个关键武器。如果交易者开始着力于学习如何减少风险，乃至将风险降低为零，方法上采取简洁的、客观、自主的策略，潜意识中他们会意识到自身在做什么。这就表示他们已经明白交易仅仅是一场数字游戏，进而按其偏好投资。由此，交易者在交易过程中更为放松自在，更有利于其在了解自身交易优势时，遵循交易计划，降低交易风险。潜意识里要求盈利，这是天经地义、十分自然的。

因此，我认为交易者应该奉行这一点：不必突破潜意识中的局限，并且我相信，当交易者成功地将交易风险降为零时，潜意识就不会成为通往成功道路的障碍。

一旦交易者实现风险趋近于"零"的目标以及 TEST 程序检验，每个人都将万分轻松。潜意识能够促使显意识按照交易计划行事。因此，就我个人而言，我将资金管理排在方法论之前，并将方法论排在心理因素之前。然而，一旦一个人开始交易，心理因素因其成为资金管理和方法的纽带而显得至关重要。其重要性对交易者而言，可以说是具有执牛耳的地位。不管怎样，这是我对心理因素的简要看法。

在我继续后面的讨论之前，我还有一个简单的观点。如果将心理因素视为成功道路上最大的障碍，你也许会认为管理数十亿美元全球市场交易规模无异于自杀。是这样吗？如果你神志清醒，那么你怎么会无条件地相信心理因素是成功道路上最大的阻碍？这些管理大资金的基金经理不是要被严密监视以防自杀？或者几乎全身心投入工作以至于他们和其家庭都没意识到已身不由己？但是，实际上这些职业基金经理都是普通大众中的一员，过着正常生活。

我个人认识一些交易超过 10 亿美元的澳大利亚顶尖交易员。如果你在街上与他们擦肩而过，你并不会知道他们日日夜夜经手巨额资金，一周五天半的时间都在全球金融市场游走。倘若你看见他们在街上漫步，多半会误以为他们是家住郊区的职员，而非世界级超级交易员。你只会凭其外表判定他们是成功而随和的个体，没有毒瘾，不是疯子，无须挣扎着依既定交易计划行事，与潜意识肉搏，也不必在交易教练室里苦熬。他们心态放松，自我满足，而且非常富有。这就是我想说的话。

无论如何，这是我对心理因素的整体看法。现在让我们较深入地探讨下。我之前曾提过，心理因素主要包括三种情绪管理：希望、贪婪和恐惧。

管理希望

希望通常表现为你想通过你的交易盈利而不是亏损，是三种心理情绪障碍中较少副作用的一个。我有把握断言，当发现你希望自己的交易变好之时，几乎可以保证你会失败。希望，是你在不得不中止交易之前的最后一种情绪，这通常在市场很接近你的止损位时显得更迫切。你希望成为一个赢家，因为你已经精疲力竭，并且对失败万分厌倦。你不希望再次失手，一旦失败，账户必然缩水。

这种希望源于两个方面。一是采取了错误的资金管理；二是不了解你的心理预期。交易在很多情况下是不可完全预见的。解决方法只能是停止交易，使你的交易风险下降至零。使用恰当的资金管理将会降低你的交易规模，进而减少你的损失。如果你发现你过多地关注一项交易的结果，通常是因为你投入了太多的风险资金，大幅下跌和账户缩水难以避免。这就意味着你过度交易。创建一个简洁、客观明确而独立的交易方法，将会给你的策略带来积极稳健的期望值。将明智的资金管理方法与一个具有积极预期的方法相结合，可以使交易风险趋向于零。而利用 TEST 程序验证你的交易方法，可以确保最终结果合乎预期。那样，你将不会在不可预见的情况下交易，而是聪明地进行交易。你的潜意识将预见到你要实行的措施，并使交易行之有效。你就不会在下次交易中期望成为赢家。你将开始期望用你的方法找到更多交易方案，为你提供更多达成期望值的机会，你将开始着力于这一步骤。

利用 TEST 验证你的期望值，将使你对自己的一举一动充满信心。在你的方法下，你真正该预期的是，每一美元风险及其带来的收益，而不是心存侥幸。

管理贪婪

当你开始苛求更多时，这就表明贪婪出现了。它将使你心神不定。你相信别人比你做得更好，而你错失了良机。你开始期望自己赚更多钱，而且你相信更多的交易将会有助于实现这个目标。期望赚更多钱，将在一定程度上引发冲动交易，而这不可避免地推动了一个循环：有风险的交易增多，不断增加的损失，以及报复性交易。这一循环将自行重复，而且其频率逐渐加快，直至你要么恢复理智要么资金被耗费殆尽。

当你不满足现状时，贪婪这种情绪便发生了。在你无所适从、情感迷乱之时，贪婪便成为一个问题。这种情绪大多源于有缺陷的目标和期望。绝大多数交易者在一开始就会建立一个预期目标，期望达到 100% 的准确率。无论如何，这些人还希望使自己的账户增加 50% ~ 100% 的利润。

在第 3 章，我曾就情绪导向的重要性做了探讨。倘若你能够为自己设立一个具有适度期望的目标，这将对你调控过度的贪欲大有裨益。没有人能年年获得不切实际的回报，没有一个人可以，请接受这个事实吧。至少没有证据显示有任何一个人可以做得到。因此，知足者常乐。建立适度的期望，为你的风险资金设立一个适度的回报目标，不管是 20%、30% 或者 40% 的回报。记住，你的期望越高，你所面临的预期风险越大，爆仓的可能性越高。

对你更关心的风险资金的回报要了然于心。你应该让自己明白，在每一个交易年度结束的时候，你应该回顾之前 12 个月的交易。明白实现适度的回报目标是多么美妙的一件事，这种感觉多么的美妙。切记不要忘记这种感觉。你应该很乐意坚持适度的回报期望值。

管理恐惧

在情感导向中驾驭贪婪这种情绪之后，你需要学会如何管理自己害怕损失、害怕失败的情绪。这种恐惧来源于对未知事物的惧怕，害怕因为未来的不可预期而失控。

管理你的恐惧情绪至关重要，因为如果管理不好自己的恐惧情绪，你可能就不能正确地执行你的交易计划，不能够正确地执行交易、改变止损点和过早退出。你需要培养淡定的心态来确保交易方法的执行，尽可能地少受惊惧情绪的影响。

根除失利忧虑的唯一方法就是面对它。直面你的恐惧，并学会控制、调节。通过负面预期以去除未来的不确定性。做出最坏打算。倘若你能做到这些，就不必顾虑是否需要依交易方法显示的信号行事。那么，你的交易计划将一一实现，尽管有时候失手在所难免，但会得益于你的交易方法的长期盈利预期。交易固然简单但绝非易事，要牢记这一点。

恐惧是个体的情绪，难有"一刀切"的解决方案。我将与你分享的是我个人调节恐惧情绪的经历，希望对你有所启发和帮助。

我是一个全职期货交易者。在撰写本书之时，毫无疑问，我也在孜孜不倦地从事着交易活动。我在九大全球性交易市场进行交易，交易五大主要货币，一周做五天半的交易。在世界的某个角落，在期货市场的一隅，几乎每天都能看见我从事交易活动。

股指期货涵盖甚广，无论是哥本哈根 SPI 指数、日经指数、台湾加权指数、恒生指数、德国 DAX 指数、道琼斯欧元区斯托克 50 指数，还是富时指数、纳斯达克 100 股票指数或者小型标准普尔指数，均及时反映了股票市场走势。就在我书写这一段文字的时刻，我手头上有两份道琼斯欧元区斯托克 50 指数的订单和一些短期持有的逆向交易订单。当前我在利用一个中期趋势做多英国富时指数，为此我已经维持仓位达两周之久，而我的经纪人正帮我执行移动止损。我可以从囊括欧元、英镑、日元、瑞士法郎和美元在内的五大货币中进行期货配对交易。通常而言，一日之中我只做两场交易，要经常与恐惧做斗争，我分享的这些，恰恰帮助我自身调节了恐惧的情绪。

尽管我的交易方法将为我提供了长期的正预期，我在日常交易中仍抱有短期负预期和中期负预期。这表明，在交易的时候，我是一个悲观主义者。

短期负预期

我所谓的短期负预期意指不管何时我开始进行交易，我总是预计自己会失利，怀疑我的举措失当。因而，毫无疑问，交易将被止损。所以，每当我有交易预案，在开始之前，我就会把预期亏损记入利润表中。在实际交易之前这样做，便于我了解到预期损失，并且消除与交易有关的负面情绪。

我发现，这样可以让我在交易时毫无惧意。这或许听起来很奇特，但是每当在交易时，因为之前有合理的损失预期，我已然预见到失利时将可能出现的最坏后果。通过直面恐慌，我渐渐学会主宰这种情绪，因此，我能执行每一个交易预案。而通过对损失的预期，对未来的不确定感随之淡去，我能够预见到将可能有的损失。我知道未来所向而毫无惧意。我惊讶地发现，当我对损失有一定的预期时，既定的交易损失对我的情绪影响甚少。另外，这对我成为短时间的失利者和长期的赢家助益良多。

我鼓励你学会面对损失，甚至欢迎损失。通过损失预期，你将消除对未来的不确定感，并使你在交易中不以物喜，不以己悲。换言之，你不会仅仅着眼于如何减少所带来的损失，而你本身虽然跻身短期失败者之伍，却将荣登长期赢家之列。

中期负预期

我的负预期并不取决于任何单笔交易。在计划被执行之时，我就预见到有一天将会有的损失，并且我也相信我正在迎来长期的交易损失。如果这之前的交易收入为负，我深信我正处于交易最糟糕的下跌时期。

我相信持续而巨大的损失正在对我虎视眈眈。我铭记着市场最大逆境法则，通过这种方式，使我自身对不可预见的情况有所准备。这就意味着，我不间断地给自己"防御、防御、防御"的心理暗示。只有敢于面对失利的恐惧，你才会从根源上克服对失败的惧惮。

利用短期负预期和中期负预期，有利于消除未来不确定性的影响，有利于交易计划毫无偏差地有序实行，有利于交易者成功地贯彻其交易计划。

管理痛苦

现在，我想为交易心理学贡献一己之力。使我惊讶的是，很多人士主张心理因素是通往成功交易道路上的障碍，而在"希望""恐惧""贪婪"被一一提及之时，"痛苦"却少有耳闻。我将改变这种境况。

通过对非常重要、富有实效的关于"痛苦"这一情绪的探讨，实际交易的三大支柱在这里会画上一个完美的句点。我相信，如果你对交易中的"痛苦"毫无应对之策，那么书写至此的所有关于成功交易的普遍性通用原则毫无意义可言。

尽管，交易相对而言较为简单易行，但不会那么轻易地一蹴而就。一旦你开始实际交易，痛苦便随之而来。如此深切的痛苦杂糅其中，可如此多的交易类书籍、DVD、研讨会竟均未提及。

请允许我向你说明现实交易带给我的痛苦。现在你明白趋势交易者的生活非常痛苦。如你所知，市场趋势较难料及，因而趋势交易者67%的交易是失败的。趋势交易者的生活很悲惨。然而，痛苦并非仅限于发生在趋势交易者身上。

交易的世界里充满痛苦，兴许你可以对市场最大逆境法则致以谢意。困难重重的市场不会轻易地让交易者赚钱。正因如此，才需要你从事交易活动。倘若你认同并且已然准备好领会我到目前为止所说过的内容，那么作为一个交易者，你已经做好"制胜的准备"。然而，你最终仍需要面对和适应这个最大的障碍，坦然接受持续不断的痛苦。

你认为自身已经具备管理持久性痛苦的能力？你认为自身已然能够忍受绝大多数人不能承受的阵痛？你看，交易合乎我所提到的每一点。为了长线交易活动的成功进行，你同样需要学习如何忍耐伴随成功交易而来的持久性痛苦。相信我，与成功相伴相生的也有痛苦。这的确让人头疼。

你的痛苦需要用心去管理。因而，你在管理希望、恐惧和贪婪的同时，应对痛苦加以关注。我相信，当人们谈及成功交易中的心理因素时，不应该仅仅是指希望、恐惧和贪婪这三种主要情感，也应包括心理层面的痛苦。

尽管我已尽我所能地与你分享了我个人所知的成功交易的普遍性通用原则，而对于你们中的大多数人来说，虽然你认同我所撰写的观点，但你可能忽视了我给出的种种建议而直接进行交易。这是人的天性：紧随你的内心，紧随你的直觉，做你想做的。我仅仅只是期望你在读完此书的一年或者更长时间里，记得你在本书中所读到的细枝末节，已然聆听、理解、领会我所写的实质内容，而不是停留在浅尝辄止、不求甚解的层面。从一开始，你就要全身心地投入。

根据我的经验，倘若未曾经历交易失败，绝大多数人很难打定主意学习情绪管理。他们会继续对"市场交易是简单易行的"炒作宣传深信不疑。当然，在真正了解交易机理和做好决策执行的前提下，交易才是简单的，然而，交易很难而且会更难，交易活动未必就容易上手、轻而易举即能解决。交易活动对初来乍到者而言，是纯粹的新兵训练营，是完全透顶的失望和自伤，也是层出不穷的十足的痛苦。

交易是一个痛苦之地。当你失利时，痛苦随之而来。当你连续数月挫败，损金折银，痛苦挥之不去。你会设想如果你在交易中保留仓位稍长一段时间，是否正如你所认为的将赚取更多的金钱。当你下班后还惦记着交易桌上的那些本应赚到的钱时，痛苦如影随形。当你耗费了大量的财力、精力去学习一个看似头头是道的交易理论，这个理论却对你的盈利毫无助益时，这种疼痛难以言说。当你花费大量金钱去赶赴一个在你看来声名卓著的研讨会，正因贯彻所学理念而遭受损失时，这种苦痛痛彻心扉。当大量的时间和精力消耗在一个方案的调查、拓展、计划和测试，而它带来了消极预期的时候，更有万分的悔恨。

当你和你的贸易伙伴耗费大量时间和精力，通过 TEST 规程验证交易方法预期时，不理想的测试结果让你痛苦失望。

当你多年如一日地耗费大量时间和精力来弥补自身的缺陷与不足，而最终虽付出诸多，一无所获，恐怕只能饮恨以对吧。当你在 67% 的交易上遭受损失，这时候痛苦侵袭。当你大多数时间都在下跌市场中交易，特别是在采用了更精准的方法之后，此时痛苦如影随形。当你游离于交易市场，持币观望，那种立于市场之外的紧张和怕错过下一个大趋势的担忧，令忍耐的苦痛暗生。

因此我曾说，交易是充盈着痛苦和伤害的世界。

成功的交易者由以往的经验而来，对以上种种痛苦感受了然于心。自然而然，他们懂得如何去管理痛苦，如何在面对痛苦时保持淡定。你永远不会懂得如何排解这种情绪，除非你有应对持续性痛苦的经历。你需要学习如何对痛苦保有"钝感力"，以坚持交易活动到底。持续性痛苦对执行交易计划、践行交易方法构成了威胁。你需要学会忍耐长时间的交易失败，并学习如何处理和掌控这种切肤之痛。在相当长一段时间内，你不得不在市场下跌中继续交易，亏损时大时小，你要学会忍耐接近极限的痛苦。

然而，没有经验的交易者对这些心灵苦痛毫无准备，而且他们认为交易和盈利是唾手可得的。他们企图靠走捷径进行交易，以为交易活动是轻松可以完成的。如果他们看到关于恐惧情绪导向的建议，他们选择远远地避开，而没有真正意识到，这就是引领你走向持续性成功交易和攻克交易中痛苦情绪的要义所在。

你需要去学习如何处理和面对自身的心理痛楚，解决之道并非是湮灭人的痛苦天性。每个人处理的方法取决于他们的个人情况，因而都不太一样，但在此我想与你分享我个人应对痛苦的经历，也希望你从中受益。

我依靠成为一个系统的、机械的交易人士以攻克痛苦情绪的侵袭。我尝试着进行小笔交易，而不是在任一交易中贸然投入大笔资金进行交易。我采用这种明智的资金管理策略。如此小的交易以致没有哪笔交易的结果能影响到我的情绪，也没有哪笔交易的结果能影响到年度的整体业绩。即便是小笔交易挫败，充其量不过是一件烦心事，代表着微不足道的痛苦而已。据我所知，采取简洁、客观而独立的策略为持续稳健的发展创造了机会。尽管交易趋势起伏不平、权益曲线状况欠佳，我知道我正在实施与市场结构契合的交易。采取保守的资金管理组合，加之有正预期的交易方法，那么交易的爆仓风险趋向于零。我深谙交易具有长期性，尽管带有些许痛苦的情绪，但长期而言总能获利，交易中的回报足以补偿个中的痛苦。

在我每天下订单之前，会测算一下损益。我预期可能亏钱，并坦然面对这可能的失败。我把所有的交易交给一个传统的金融顾问打理，他的经纪公司全天候24小时运作。我若要想休整一天，远离市场操作，我就可以把所有订单给我的顾问，并且会收到确认函。在这一天里，我试图让大脑高速运转，以使得我的意识不会转向交易市场。我不需要在日间跟踪市场趋势，无须在电脑屏幕上研究图表，无须分分秒秒地关注市场走势，这可以让我淡忘了预期损失。我的大脑高速运转使我可以从交易中分心。如果做到这一点，交易给我带来的痛苦就会大大缓解。写这样一本书的感觉非常美妙，因为这能把私人交易难熬的分分秒秒挡在外面。这使我的意识远离市场，也允许我将痛苦的细枝末节娓娓道来。

成为机械型交易者，使我的情感从交易转移到他处，让我对亏损、对账面上的输赢越来越麻木，也使得当我在从详尽的调查、规划和测试结果走进死胡同时，仍能保持淡然。交易会继续，并且是盈利的。这不是开玩笑。这似乎让人感觉到失意多于胜利，但至少有钱可赚，给认真对待交易的交易者以合适的回报。这是一项需要做大量工作的事业，日复一日地执行交易计划只是其中的一部分工作。

这是我个人应对痛苦的做法，希望有助于你在开始交易时不被情绪控制。如我之前所言，尽管我尽最大努力与你分享成功交易的普遍通用原则，但如果绝大多数人直接进入交易，对我所说的没有想太多，我丝毫不觉得奇怪。这是人的天性，而你将会重蹈包括我在内的绝大多数交易者过去进入市场时所经历的事情。

如果有人知道怎样把聪明人的脑袋安在一个年轻的躯体之上，也许历史会与现在非常不同，交易之路也会更为简单易行。在开始之前，我建议你准备好应对现时的恐惧。尽管我的很多关于恐惧管理的想法，是针对那些知悉并奉行我的交易普遍性通用原则的交易者。他们正因此致力于减少交易风险。但我的经历告诉我，如我所言，你们中的很多人会直接杀入市场。

如果你也是我说的那类人，你需要马上培养起对痛苦的钝感机制，而不是为了实施成功交易的普遍通用原则：列出必要步骤和任务。苦痛将马上和你作对，而且你将经历一场之前从未经历过的恶战，交易市场上大量的不幸，将劈头盖脸地向你袭来。我希望成功亦步亦趋地跟随着你。

如果现在你发现自己是焦躁不安的交易者中的一员，内心深处正遭受痛苦侵袭的话，学会深呼吸，并且承认你所做的都是正常之举。绝大多数交易者包括我自己在内，亲身经历过，也这么做过。这只是正常的学习过程的一个环节。如果你是急躁易冲动的人，请不要开立一个巨额资金账户，别把鸡蛋放在一个篮子里。切记保持适度。

我了解成功交易的普遍通用原则，特别是关于方法论的想法和论断，尤显简单。而你只有通过经历和痛苦，才会认识和明白这个简单的想法奏效了。也只有通过阅历和苦痛的考验，一个交易者才会学会感激和珍惜。一个刚入门的交易者，比如说你，因为无知，并不会赏识它。你还没有足够的能力去辨识一个如此简单的方法竟能奏效。不幸的是，绝大多数新人都以为，成功及获利颇丰的交易藏身于复杂的事物和状态之后。他们天生被充满挑战性和趣味性（后者对他们更重要）的主意所吸引。

我之所以讲这些，是因为尽管你内心深处有倾听和学习的意图和需求，却始终不及亲身经历来的印象深刻，就像一个小孩只有用手触碰蜡烛的火焰，便知不能碰触，无须父母教诲。在你打定主意去学习之前，须先经历交易失败和苦痛。你要体会一下常人走过的交易失败之路。只有你对失败的经历足够熟悉，才会乐意去学习那些在交易中起到实质性作用的要件。只有你在对交易加以分析，并依靠传统技术分析在失败中幸存下来，你才不会轻信那些虚假承诺。在轻而易举的成功机会面前，你很容易受到诱惑，就像希腊神话里那些被海妖塞壬的美妙歌声所引诱而最终丧命的水手。

在你成功之前，亲身经历失败是一个令人遗憾，但却是真正值得去体验的机会。失败中包含苦痛。只有你亲自经历，明白什么东西没有起作用，你才会对交易中的空洞承诺产生免疫力。只有你经历过了，你才会认识到，绝大多数关于交易的文字是彻头彻尾的谎言。因此不难理解，在你积累足够的交易经验之前，你仍然易受到有关市场操作歪理邪说的影响，仍然易被深奥的想法和交易屏幕上的飘红长线所吸引。这是不幸，但值得尝试。你只有亲自经历失败，才能逐渐不受空头支票影响。

一旦你经历了失败的苦痛，然后才会打定主意，奉行成功交易的普遍通用原则。在这个时候，记得这本书的点点滴滴，拿出足够的时间重温这本书，潜心学习。

我不希望自己令人扫兴。每一个人都存在希望，只是有些人走的路并不轻松。当前，尽管成功交易是一项艰辛的工作，并且有长时间的苦痛相伴，但请记住，最终还是会取得回报，而且经历"痛苦"后的回报一定会很丰厚。

另外，请确保时刻牢记市场的首要法则。

市场困难重重

市场上的重重困难总是"尽其所能地使交易者失望"。也许，你永远不会忘记这一点。这就要求你调控痛苦，始终记得不幸的存在。如果你始终谦卑，始终具有忧患意识，始终记得应对，那么在对抗苦痛上你已占据先机。

如果你并不谦逊，或者你并不遵守市场法则，那么你的交易

生涯会很短。我相信柯蒂斯在其书《海龟交易法则》将这一主题
演绎得绝佳：

> 倘若你想成为一个成功的交易者，你必须克服自身
> 的自负，培养谦逊的品格。谦逊使你能接受未知的将来。
> 谦逊可以防止你贸然地做出预测判断。谦逊使你在受交易
> 状况所困、遭受巨额亏损时，不会看得太重。谦逊使你信
> 奉交易基于简单的概念，因其无须去懂，所以显得特别。

谦逊使你在遭受挫折时包容，在遭受苦痛时幸存下来，在你
选择的道路上，坚定不移地走下去，成为一个成功的交易者。

..... 小 结 .....

心理因素是实际交易中三大支柱的最后一个部分，构
成成功交易的第五个基本普遍性通用原则。心理因素是在
交易中生存和发展的基本组成部分。

关于心理要素，我与绝大多数人的观点不同。然而，
你也知道，我认为心理要素是非常关键的联结资金管理和
方法论的纽带。尽管其重要性不及资金管理和方法，如我
之前说明的，我相信交易心理，就是调控和管理交易者的
希望、贪婪、恐惧和痛苦情绪的。

资金管理的正确应用，加之交易方法的设计、发展和
奏效对化解心理障碍、重塑希望大有帮助。做出适度的预
期，有利于调控贪婪的情绪。在开市之前，对成败得失进
行估算，对你控制害怕失利的情绪大有裨益。

即便针对交易精英而言，交易也是一个苦痛却无法逃
避的世界。我曾举例解释我如何应对自身交易的苦痛。你

也曾学习到如果能够知道重重困难的存在，那么，你将能够很好地定位，并成功地应对痛苦。

为了克服心理障碍，我贴在电脑屏幕上方的表 10-1 中记录了自己的主张，也许你会喜欢这么做。

表 10-1　主张

贪婪管理

我的交易目标无关乎对错，只关乎用适度预期管理风险资金

恐惧管理

如果我今日从事交易活动，我希望失利受挫，希望经历长时间的各种损失和最糟糕的下跌。在我收到订单之前，我会将预期损失计入盈亏表中。我希望成为一个最成功的失败者和一个长期的赢家，因而短时的失利是我乐于见到的

期望管理

即使我今日亏本赔钱，只要我依照长期来看预期积极的交易计划行事，我依然希望度过愉快的一天

痛苦管理

作为一个交易者，我深知我的世界里充满苦痛。当我失利时，伤痛随之而来。当我盈利时，我又想起那些错失的机会，遗恨如影随形。当我不在市场交易时，我又担心将错失下一个大趋势而苦痛暗生。当我调研一个新想法时，除了发现其无法奏效之外别无所获。我知道在我的交易史中，除去失望和痛苦，还充满大量的不幸和窘境。我知道这是试图告诉我减持风险资本，远离交易活动。我知道最大限度的不幸和窘境将持续存在，我明白这个可能性。我将会容忍苦痛，我将不屈不挠，我将取得成功

至此，我们可以结束本章对实际交易中的三大支柱的基本要素的讨论了。我们已经向你展示了这三大支柱：资金管理、方法和心理因素。

在第 11 章，我们将继续讨论成功交易的最后一个普遍原则：开始交易，这是所有普遍原则的汇合点。

通用原则六：交易

The Universal Principles of
Successful Trading

第六个也就是最后一个普遍通用原则：交易，是前五个成功交易通用原则的集大成者。

首先，恭喜你和我一起坚持到现在。如果你能够在这堂课中坚持下来，说明你做得很好，而且你将感到很高兴，因为你即将修成正果！

不错，现在到了紧要关头，谈谈我们真正关注的事情，或者有兴致去做的事情：交易。当你着手交易后，你会发现它相当简单容易。然而，当新鲜感消失了，你可能开始察觉这是一种重复、无聊和痛苦的生活。当这种情况出现了，不要沮丧，而应该感到满意。这样的转变是交易本身固有的，这就是交易本相。你现在把交易看作一项任务，并像工作一样执行，非常专业。你不再只为了刺激和兴奋才做交易，而是为了赚钱。你把交易当作一项工作，和其他所有工作一样，有时（很多次）你会不喜欢自己所从事的事业。当你开始真正厌恶交易，你应该感到非常兴奋，因为你现在已经对任何个人交易的结果都漠不关心。这也标志着你终于学会了如何合理管理资金。你已经开始专注于成功开展交易的过程，而不是结果。你现在已经成为一名专业的交易者。

现在开始交易

当你开始交易，你的日常工作应该按照以下顺序展开。

方法

第一步，确定是否存在一个交易机会。如果存在，你可以制订交易计划，确定买入点、止损点以及卖出价位。根据估计的买入点和止损点，你可以估算出每一个合约或者仓位的风险资本金额。

资金管理

生存的第一要务是确定你是否还处于可承担的风险资金界限之内。如果你发生的交易损失累计已经超过了风险资金界限，那么是时候金蝉脱壳、全身而退了。如果还在界限之内，则还可以继续。

生存的第二要务是查看系统止损点，看看现有的方法下一定阶段内的权益动量是否为正。记住，应设法将止损点设在给定方法的单个合约权益曲线的上方。

你的权益曲线应该包括以下三部分。

● 设定交易时段
● 验证给定时段内 30 次电邮模拟交易（TEST）状况
● 实时查看模拟交易的结果

如果单个合约权益曲线位于系统止损点上方，你可以发出交易指令。如果单个合约权益曲线位于系统止损点之下，你就不要交易。而且，你应继续更新权益曲线，一直等它返回到止损点之上，然后再次开始交易。

如果你将要开始交易，生存的第三要务是计算合约的个数或仓位大小。如果考虑到了资金管理策略和资金账户大小，那么你可以开始交易了。如果你的仓位或交易规模突破了资金限额，你就不得不承担损失!

心理

如果你开始交易,应该做好亏钱的心理准备。如你所知,交易的真正秘诀是输得起的人才是长期的赢家,所以,你应该将预期的损失计入利润表的借方。你应该以积极态度管理你的希望、贪婪、恐惧和痛苦。一旦你接受了损失,下一步就是发出指令。

交易: 发出指令

到了这一阶段,你应该已经根据以下几点做好发出指令的前期准备工作。

- 是否有交易机会
- 确定买入点和止损点
- 确定卖出点
- 确定每笔交易或者仓位的资金风险
- 是否处于可承受的风险资金界限以内
- 权益曲线是否位于系统止损点之上
- 确定仓位或者交易规模

接下去还应该做到:

- 在利润表上扣除预期损失
- 做好亏钱的准备
- 积极地管理好自己的希望、贪婪、恐惧和痛苦等情绪

在确定并做到以上几点之后,就可以向经纪人发出指令了(包括买入点和止损点)。一旦你的经纪人告知他已经收到或明白你的指令,那么你就万事大吉,可以暂做休整,做些其他事情了。使用电子交易平台的交易者应该截图并保存接受指令的网页。

接下去就是静待指令执行结果了。如果指令生效，那么你应该根据交易计划管理你的头寸。完成这些之后，更新利润表和单个合约权益曲线（忽略曲线滑移）。当你收到交易清单时，应与交易记录对照。如果存在不符之处，应该与经纪人一道找出问题所在。

现在，我们花一点时间讨论一下如何准确地发出指令。

指令

虽然准确地发出买入或卖出指令似乎并不是件很难的事，但是对交易新手而言，大量的术语和指令种类会让人感到困惑，觉得无从下手。

如果你以前做过股票，就会知道发指令远比简单的买入或卖出要复杂得多。像期货、即期外汇买卖、外汇保证金、外汇、期权和差价合约，存在不同的指令和表达方式。指令可以发给经纪人操作，也可以自己直接进入在线电子交易平台交易。下面的例子是假设我正在向一名经纪人发出指令。

当发出期货交易指令时，最好要先确定交易合约的月份。虽然大多数期货交易当期或当月就会完成，但是养成发出专业且精准的指令的良好习惯很有必要。

注意：外汇保证金、即期外汇买卖、外汇和差价合约没有期限，因此不必提及"合约月份"。在下面的指令例子中，将提及 3 月 FTSE $^{\ominus}$ 期货合约。所以，当我提到"1 March FTSE"，我的意思是一个 3 月的富时指数合约，而不是 3 月 1 日的富时指数合约。

$\ominus$ 富时指数（Financial Times and Stock Exchange，FTSE）。富时股价指数以代表性、可操作性及公开性著称，其中最负盛名的指数为"富时 100 指数"（FTSE 100），它是英国最具权威性和代表性的股价指数。经过多年发展，富时股价指数已成体系，主要包括三大类：富时全球指数、富时英国指数和其他富时指数。

直接指令

市价指令

当你想要快速进入市场且不在意成交价的高低时，你可以使用"市价"指令。市价指令是指，你命令经纪人第一时间交易，不管市场的成交价是多少。如果你想要卖出 FTSE，你的客户顾问会选择最近的成交价（最好的价格）。你的指令如下：

按市场价格卖出一个 3 月份的 FTSE：

最优价指令

"最优价"指令如同市价指令一般，允许你的经纪人自由决定成交时间和价格，因为他试图让你得到最好的价格。你的指令如下：

按最优价卖出一个 3 月份的 FTSE。

限价指令

当你确定了一个具体的交易价格，或者你希望交易按照这个价格成交，那么你可以使用"限价"指令。比如，如果你想在回调（下降）时买入富时指数合约，从当前反弹到 6455 为限，比如上限是 6445，那么你的指令如下：

以限价 6445 买入一个 3 月份的 FTSE。

止损指令

"止损"指令是为了应对市场反向移动而设置的市价指令。当某个触发条件出现的时候，它才会生效。止损指令通常用于限制交易时的损失，也经常被认为是止损。止损指令设定的止损点代表了交易中你能承受的最大损失。

比如，如果在 6425 时我将卖空富时指数合约，而我的交易计划规定，当富时指数高于 6464 时平仓。我会下达如下指令：

以止损 6464 买入一个 3 月份的 FTSE。

如果富时指数继续上升，并且达到 6464，我的经纪人会按市价买入一个富时指数合约。他不会对成交价感兴趣，而是关注于替我买入合约。

另一种作用是，交易商可以利用止损指令开仓。你可能在6470 点找到了关键的支撑线或阻力线，并希望反手做多，或者在到达这一点位可以交易时买入 FTSE。在这种情况下，你的指令应该如下：

以止损价 6470 买入一个 3 月份的 FTSE。

按限定价进行止损的指令

按"限定价止损"指令由两个部分组成。第一部分是存在满足触发止损指令的条件，第二部分是设置一个能够执行指令的价格限定。比如，如果你想买入 FTSE，因为它的交易势头强劲并且创新高达到 6600。你可以下达如下指令：

以止损价 6600，限定价 6602 买入一个 3 月份的 FTSE。

这对于客户顾问意味着，如果 FTSE 交易上升到 6600，你希望尽快买入一个合约，但是你不希望支付价格高于 6602。在大多数情况下，你可能在 6600 点的时候执行。然而，如果这是重要的阻力线，而且大量的买入指令涌入市场，那么 FTSE 可能跳到6600 点以上。

使用按限定价止损指令的不足之处在于，在 6600 点的交易过后，FTSE 的下一个报价可能是 6605，那么你只能眼睁睁地看着，因为你限定的买入价已经错过了。

目标市场价指令

交易时，并非总是能够保证在某个特定的成交价时执行，可能因为成交量很少。例如，市场可能到达了你的限定价，但又很快下跌了，意味着你的经纪人不能完成你的指令。当这种情况发生时，你的分析可能是正确的，但是无法建立仓位。为避免这种情况，你可以使用"目标市场价"指令。

比如，如果根据你的分析，FTSE 将在 6480 点时达到强烈的阻力线，而这时你希望卖出 FTSE，偏好将它卖空，并且不担心成交价，你可以使用目标市场价（market if touched，MIT）指令。你的指令如下：

以 6480 MIT 卖出一个 3 月份的 FTSE。

这时，只要 FTSE 指数到达 6480 点，你的经纪人会卖空合约。

开盘按市场价指令

"开盘按市场价"（market on open，MOO）指令指示你的经纪人按开盘时的市场价执行交易。例如，根据昨晚从美国得到的一些好消息，你希望以买方的身份入市。你对成交价不感兴趣，只想在市场一开盘时就做多 FTSE，因为你预料白天市场会有大幅上涨。你的指令如下：

以 MOO 买入一个 3 月份的 FTSE。

收盘按市场价指令

这是与 MOO 相反的指令。"收盘按市场价"（market on close，MOC）指令指示你的经纪人按收盘时的市场价执行交易。例如，你希望在这一天的收盘时平仓，因为你担心即将发布的美国重要经济数据会冲击市场，你的指令可能如下：

以 MOC 卖出一个 3 月份的 FTSE。

你的客户顾问会在 FTSE 收盘前，也就是下午 4:30 之前的最后一分钟，按市场价卖出你的 FTSE 合约。

收盘止损指令

一个"收盘止损"（stop close only，SCO）指令包括两部分。第一部分是存在满足触发止损指令的条件，第二部分是说明只有在收盘时才能激活止损条件。例如，你在 6450 点时买入 FTSE，并且分析显示，若要继续做多的话，你需要一个 6461 点以上的收盘价。如果 FTSE 在 6460 点或者更低点收盘，那么你就不希望继续持仓。这种情况下，你的指令如下：

以 6460 SCO 卖出一个 3 月份的 FTSE。

如果 FTSE 看起来靠近 6460 点或者低于 6460 点，你的经纪人以收市时的市场价平仓，退出市场。

例如，FTSE 在交易的最后一分钟达 6455 点，因为低于 6460 点，你的经纪人将按市场价卖出这个 3 月份的 FTSE。

全数执行或立刻取消

"全数执行或立刻取消"（fill or kill，FOK）是一个必须马上全部成交或者取消的限价指令。例如，若 FTSE 有一个疲软的开盘，报价低于 6450 点，你希望卖出 FTSE，你的指令如下。

如果 3 月份 FTSE 开盘价为 6449 点或低于 6449 点，那么按开盘价 FOK 卖空一份 3 月的 FTSE。

如果 FTSE 在 6449 点以下开盘，那么你的指令会全部成交；然而，如果 FTSE 在 6450 点以上开盘，那么你的指令将被取消。

全数执行及立刻取消

"全数执行及立刻取消"（fill and kill，FAK）是一个尽量完成买卖盘内指定的合约张数，不能完成的则悉数取消指令。使用前面的例子，如果在开盘时，你偏向于卖出 5 个 FTSE 合约，你的指令如下：

如果 3 月份 FTSE 开盘价为 6449 或低于 6449，那么按开盘价 FAK 卖空五份 9 月份的 FTSE。

如果 FTSE 在 6449 点以下开盘，比如 6445 点，而只有 3 份合约以开盘价执行，那么剩下的没有在 6445 点上成交的指令将被取消。

条件指令

条件指令是指在触发指令前必须发生有关事件。以下几种指令比较常见。

扩展指令

扩展指令是指当市场开盘并且波动了一定距离后（不管向上还是向下），交易者才进入市场的一种指令。这样可以让交易者进一步确认市场的变动趋势（比如在买入之前有一定上涨，或者卖出之前出现回落）。比如，你希望在开盘价下降 10 点后卖出 FTSE，而不希望开盘时马上卖掉，因为你认为存在上升空间。你的指令如下：

以低于开盘价 10 点为止损价卖出一份 3 月的 FTSE。

你的经纪人会观察富时指数，若开盘后下降了 10 点，那么他会按市场价卖掉一个 FTSE 合约。

一旦成交

"一旦成交"的指令基于前一指令的触发。利用先前的例子，如果指令全部执行，你可能希望设立一个止损点，以便出错时可以保护自己。例如，即使 FTSE 比你卖空时上升了一点点，你仍然会高兴，但是当它比卖空时上升 20 点，你可能就不高兴了。如果你偏向于在低于开盘价 10 点时卖出合约，但是同时设立 20 点的止损保护，你会下达如下指令：

以低于开盘价 10 点为止损价卖出一份 3 月的 FTSE，一旦成交，以高于开盘价 10 点为止损价买入一份 3 月的 FTSE。

这个"一旦成交"的条件之一是在 FTSE 下降 10 点后才会生效，也就是你的第一个指令执行了。如果这样，你的经纪人会按市场价买入一个做空的合约，只要 FTSE 上升并且高于开盘价 10个点。

二择一指令

"二择一"（one cancels the other，OCO）指令允许交易者将两个指令视为一组，客户顾问只能执行最先触发的那个指令。

例如，根据你目前对 FTSE 的分析，存在两种有潜力但相反的情形。你相信,如果 FTSE 开盘疲软,它会迅速下跌。然而,如果 FTSE 开盘坚挺,并且上升 10 个点,它还会大幅上升。一切基于 FTSE 的开盘价。

当你知道 FTSE 开盘价的重要性,你不想失去任何一个交易机会,那么就下达一个 OCO 指令。

如果分析得出的疲软开盘价为 6420 点,而坚挺的开盘价为 6460 点,你应该下达如下条件指令:

如果 3 月的 FTSE 开盘价为 6420 点以下,那么按市场价卖出一份 3 月的 FTSE。

OCO

如果 3 月的 FTSE 开盘价为 6460 点以上,那么按高于开盘价 10 点卖出一份 3 月的 FTSE。

另一个例子是,当你一直在做多,你希望你的经纪人既能实现盈利目标,即达到令你满意的价位,同时也能及时止损。

比如,你持有 6450 点位的 FTSE,当其上升到 6480 时你会乐于卖出以赚取利润。而当市场下降到 6440 点时,你希望止损。那么你的指令应如下:

在 6480 点位卖出一份 3 月的 FTSE。

OCO

在 6440 时点卖出一份 3 月的 FTSE 止损。

你的经纪人将只执行最先触发条件的那个指令。一旦执行,则另一个指令会被取消。

指令的有效期

指令的有效期会变化,这基于你对经纪人的指示。

当日有效

除非你给予相反的指令,不然的话,所有的指令都是当日有效的。如果指令在当天未执行,那么指令期满失效。最好让你的经纪人或者电子交易平台都了解这一点。

撤销前有效

"撤销前有效"（good till cancelled，GTC）指令直到全部成交或者取消时才失效。如果你下达止损指令，又不希望每天向客户顾问下达，那么你可以使用 GTC 指令。如果你希望在 6400 点时退出市场，你可以设立如下指令：

以 6400 GTC 卖出一份 3 月 FTSE。

你的经纪人一直会使用这个指令，直到你以 6400 点卖出或者取消指令。

到期前有效

"到期前有效"（good till date，GTD）指令在具体确定的日期前始终有效。例如，你将一个 6450 点位的买入指令下达市场，一个月之内你都乐意在这个价位买入 FTSE，你将下达如下指令：

在 2008 年 3 月 14 日以 6450 GTD 买入一份 3 月的 FTSE ⊖。

完成指令

当你下达一个入市指令，不管是买入还是卖出 FTSE，最好的方法是在"一旦成交"条件满足后，马上设立一个止损指令。千万不要在没有止损点的情况下交易。

例如，若你想在下跌时以 6400 点买入一个 FTSE 合约，并且最多只想承担 20 点的风险，那么你的指令应该如下：

以 6400 MIT 买入一份 3 月的 FTSE。

一旦成交

以 6380 卖出一份 3 月的 FTSE 止损。

当成交价达到 6400 点时，你的经纪人会买入 FTSE。在买入之后，当市场价格跌到 6380 点时，你的经纪人将自觉地卖出一份

⊖ 该指令从生效日起算，一个月内有效。

3 月的 FTSE。

　　另外，如果你知道你的利润水平，你可以将它纳入你的入市或者止损指令。

对指令种类的评论

　　虽然我讨论的指令种类都很常见，但总是需要向新的经纪人确认你的意思。指令是交易者与经纪人之间的通用语言。然而，在和新经纪人交易时总会存在一些困扰。

　　交易者使用限价指令时应当特别小心谨慎。再次，他们必须关注风险管理，而不是能够赚多少钱。不管是在止损指令还是 MIT 指令下，交易者的最大风险不是入市后失去几个点位，而是在入市时设置限价而错失良好交易机会的风险。因市场滑移而未成交是一个好的征兆，因为这表明并不存在供给或需求，暗示形势对你有利。类似地，你不希望只是因为希望有一个退出限价，而陷于一个亏损的仓位。

　　另外，我倾向于不使用 GTC 指令。我喜欢每天下达指令，即使我的利润平仓点和止损点从不改变。我之所以这么做，因为这是我的风险管理策略的一部分，因为它能够保证我的指令不会被经纪人忽略。对我来说，这么做只是明智的风险管理的一点额外努力。

确认接受指令

　　不管你用什么方法下达指令，总是应该确保你能收到经纪人对接收指令的确认，不管通过在线电子交易平台还是经纪人，确认对方已经收到，能够确保指令的执行。正如我所提到的，我都是通过电子邮件下达指令。

　　记住，一切都与管理风险相关。我期望经纪人会回复邮件，确认收到的指令总数，我通常在每天上午 9 点收到。之后，我可以松一口气了，我的经纪人会完成所有的工作！

交易通知

一旦某个指令被执行，你的经纪人将通知你执行情况（数量和价格）。在一天即将结束时，经纪人会寄给你一张交易表单，内容包括你的交易、佣金、保证金变动以及其他敞口头寸。

在交易日结束时，向你的经纪人确认你的仓位也很必要。若存在你不知道的仓位，没有什么能比这个更让你心跳加速的了！

你可以看到，存在很多关于设置指令的知识，这比仅仅只是想要买或者卖复杂得多。但渐渐地，它们会越来越容易理解。

月报表

你应该把交易当作一项任务。每个月你需要为交易伙伴准备一页报告。他们会帮助你保持纪律性和一致性。你会发现，如果知道交易伙伴在观察你，你就不那么容易偏离交易计划了。

你的报告应该包含一些财务指标的小计数据，包括但不局限于以下几项。

- 风险资金限额
- 适中的预期值
- 资金管理规则
- 系统止损点
- 每月交易结果
- 累计结果
- 账户余额

准备每月的交易活动总结能够强化"交易是一项任务"的观念。没有什么比这个方法简单，是吧？

你会发现离成功交易者仅一步之遥了。一旦你打好了前五个通用原则的基础，为成功付出了努力，你会发现交易自然而然发生了。它会始终管理并控制持续存在的痛苦，这些痛苦是严峻的考验。

现在已经到了成功交易的六个必不可少的通用原则的结尾。我先前提到，我十分希望这本书早在 27 年前就已经有人写了。那样的话，我的个人交易中途肯定会平坦得多！

我希望你现在已对赢家和输家之间的区别有一个更好的了解，意识到并接受了这六个成功交易的普遍通用原则。

● 准备
● 启蒙
● 交易风格
● 市场
● 三大支柱
　　——资金管理
　　——方法
　　——心理
● 交易

不管是市场、时间周期、安全性，还是杰出交易者采用的技术，都没有违背成功交易的普遍通用原则。这些通用原则是一根联结精英并使其远离失败的金丝线。

现在你知道什么是金丝线了，那么在你的交易计划中是否编制这根金色丝线取决于你的决定。我当然希望你这么做。

图 11-1 显示了交易的过程，包括成功交易的六个普遍通用原则。

通过学习成功交易的六个普遍通用原则，你现在应该意识到要在交易中生存和成功，做好准备是必要的。你也应该意识到交易运作的边界。不超越边界有助于你避免大多数交易者会犯的常见错误，也有助于你加入 10% 的成功者之列。

如果你接受这些普遍通用原则，那么你将避免多数交易者通常会犯的错误，如图 11-2 所示。

1. 准备	2. 启蒙	3. 交易风格	4. 市场	5. 三大支柱	6. 交易		
	市场逆境，困难重重	$=E(R)×O	模式：趋势交易（15%）或者波段交易（85%）	流动性 24小时覆盖	遵循你的交易计划——很简单，就是做到前面各点	方法论TEST	心理：害怕、贪婪、痛苦
		情绪导向	利用良好的财务管理避免破产风险	低成本 零违约风险	更明智的财务管理	波动性研究	专业化机会
			失利		为简单而战斗：支撑线与阻力线	时限：	短期或中期
			随机市场		输得起才会赢	交易伙伴	
					风险管理		财务边界

图 11-1 成功交易的通用原则

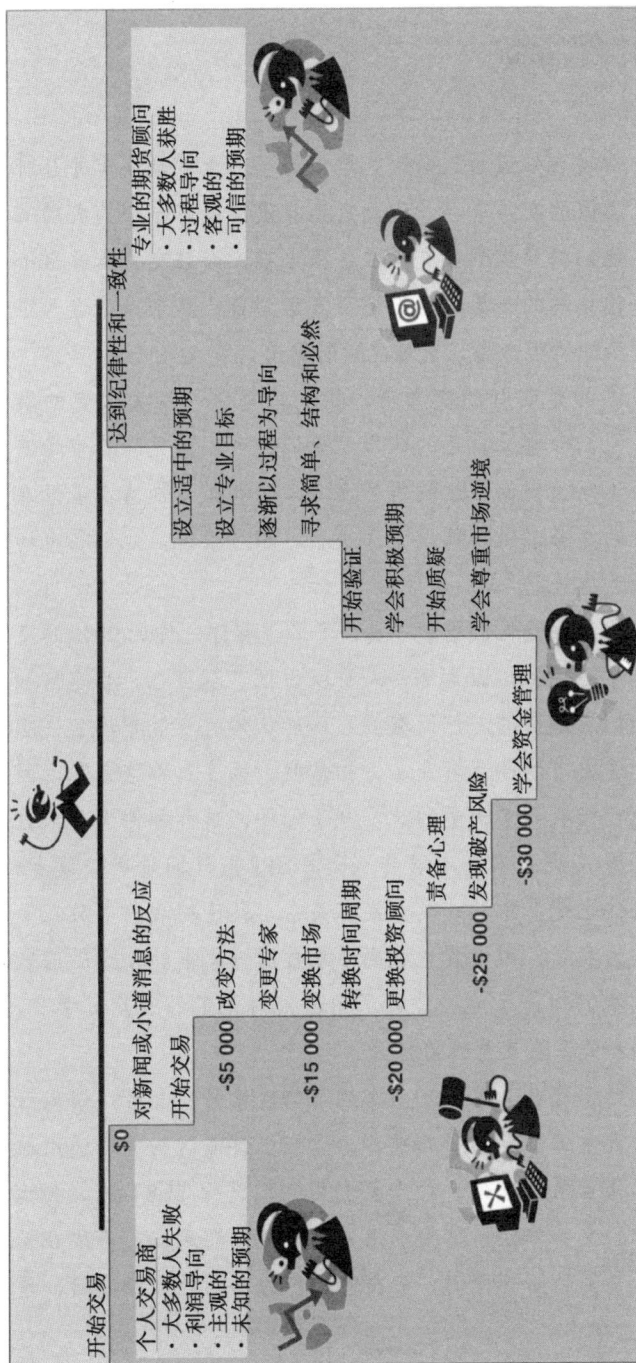

图 11-2 利用通用原则避免陷阱

开始交易

个人交易商
大多数人失败
·利润导向
·主观的
·未知的预期

开始交易
对新闻或小道消息的反应
$0
-$5 000 改变方法
-$15 000 变更专家
变换市场
-$20 000 转换时间周期
更换投资顾问
$25 000 黄备心理
-$30 000 发现破产风险 学会资金管理

开始验证
学会积极预期
开始质疑
学会尊重市场逆境

设立适应中的预期
设立专业目标
逐渐以过程为导向
寻求简单、结构和必然

达到纪律性和一致性

专业的期货顾问
大多数人获胜
·过程导向
·客观的
·可信的预期

　　你现在知道自己是否已经做好了。大多数诚实并且对自己忠诚的交易者会意识到自己并没有做好充分的成功准备。他们将意识到做交易准备很艰难，而且交易本身也不是一顿免费的午餐。他们还会意识到自己并未做好进入艰难市场的心理准备，有可能适时退出。

　　这些是明智的交易者。他们将避免一场失败者的游戏；他们会看紧自己的账户；他们也可以避免随着市场逆境的不断出现而产生的情感海啸，而那些不知情或者没准备好的交易者就可能遭受冲击了。相对来说，他们在市场中没有痛苦。

　　如果你是他们中的一员，那么祝贺你，你比90%的交易者幸运得多，因为那些人自以为很了解自己，其实只知道他们想知道的。然而有些人可能认为我在散布谣言，想让你退出市场的甜蜜交易。相信我，很多人都这么想，因为我已经收到了大量的此类电子邮件。这些邮件大多来自那些看了我的第一本著作《交易SPI指数期货》的读者。如果你也是其中的一员，没有关系，就请把我的书放在手边作为参考，因为我也收到了来自同一本书的读者的道歉信。他们知道了这些普遍通用原则对他们的财产、荣誉、精神和关系真正意味着什么。

　　对于那些具备成功所需的坚韧性格的交易者，请做好面对大量工作和痛苦的准备。你应该遵循这些普遍通用原则，并且信任它们。你需要利用它们进行TEST测试和验证你的交易方法，需要利用它们避免爆仓风险。当你在无情的交易地带探险时，应将它们作为参照物和指南针。请不要忽略它们。不要只是在口头上说说而已。请这么做，否则你的交易将毁于一旦。

虽然到了普遍通用原则讨论的结尾部分，但并不意味着停止进一步洞悉成功交易的脚步。第 12 章，我会介绍一大批成功交易者。他们十分慷慨，愿意为你提供一条基于他们多年成功经验的建议。那些被我称为市场大师的交易者，让我们与他们见见面吧。

大 师 卓 见

The Universal Principles of
Successful Trading

　　到目前为止，你听到的只是我的一家之言。下面你将听到一
些关于交易的更加新鲜丰富的内容。

　　你将听到一群市场大师的声音，这些市场大师都是成功的交
易者，他们根据成功交易的个人经历提出了重要忠告。我向他们
每人提出了相同的问题，我相信你会对这个问题很感兴趣。我
请求他们给予一条建议，一条提供给像你这样有抱负的交易者的
建议。

他山之石

　　我之所以在本书中加进这么一章是为了让本书的观点更加全
面。我所写的是我所认为有用的内容。对我而言，我已经写出了
成功交易中的普遍通用规则。既然我已经成功了，那么现在你对
交易中我所认为对成功至关重要的因素也有了很好的了解。但这
些因素仅是我的个人想法和观点，源于我那段由坎坷迷途跋涉到
成功彼岸的个人经历，反映了我对交易的看法，是对我的见识和
亲身经历的总结。

　　在本书中，我之前鼓励你了解所有的交易观点，但应保持怀
疑态度，因为在金融交易中存在着太多市场炒作。无论一个交易

观点在你手上是否能体现出其价值，我都建议你有所保留，自己下决定。我坚信，无论我写了什么，也无论其他作者会写些什么，仅仅因为观点被写在书中，并不表示也会给你带来成功。只有当你通过自己的努力和亲眼所见来证实这些观点，成功才会随之降临。

到目前为止，本书中你已经读过的内容仅仅来自一个交易者的个人之见，即我的见解。我当然认为普遍通用规则不容置疑，但你需要亲自研究它们以确定其价值。如果你看待我的普遍通用规则时有所保留，那也没关系，但我只是想提醒你，不要故意反其道而行之。如果那么做的话，我保证，市场逆境将给你从事的事业带来雪崩式的灾难，成为你永生难忘的噩梦。

但是，我想在这里强调的是，不管我如何坚信这些通用原则的价值，这里所写的仅代表我个人观点。而现在，我想在我单调的论述之外，增加更多他人的声音，兼听则明。我想把自己关于普遍通用规则的讨论与一些智者的务实言论相结合，以达到客观全面的效果。我不仅想充实自己的观点，我也想给你一个千载难逢的机会，亲自领略成功交易者的内心想法。

这一章是给你的超值馈赠。将这些交易大师的观点收集整理出来，于我而言，无疑也受益颇多。

市场交易大师

接下来，你将见到一些市场大师，他们都是成功的交易者，在此与你分享一则重要的建议，帮助并鼓励正在交易之旅中跋涉的你。

我简单地向市场大师介绍了本书的写作背景与内容。本书主要讨论交易者进行成功交易的普遍通用规则，我向他们提供了涵盖全部章节标题的提纲，大致介绍了本书的主要内容和他们的建议所在的章节。然后，我向他们每个人提了一个相同的问题："根据你渊博的交易知识和丰富的实践经验，应该有不少人向你取经吧？如果请你给那些怀揣梦想的交易者提一条建议，仅仅是一条，那么它将会是什么？为什么是这条建议呢？"你将会得到那条忠告。

这样的机会千载难逢，能如此近距离地了解这么多成功的交易者——市场大师的内心想法。

那么这些市场大师是谁呢？其中的一些你非常熟悉，还有一些相对陌生，还有一些可能你闻所未闻。然而不管你是否熟悉他们，他们都是成功交易者，将给我们提供一些极具价值的忠告。

你们将结识一群当今一流的交易者，他们是交易界新锐，并有机会向他们学习。你还将领略"金融市场传奇人物"——那些活跃交易界 40 余载的交易精英的风采。这些传奇人物曾在技术分析领域做出贡献并产生重大影响，如今依然活跃在交易市场上。你将有幸一睹最大、最活跃的个人交易者的风范。当然，你不仅能见到交易界元老级人物和一些新秀，你还将认识许多介于这两者之间的交易者。这些优秀交易者包括市场大师、全球金融危机的幸存者，以及愿与你分享经验的交易界精英。

他们代表了一群多元化的交易者，一些从事的是随机应变型交易，一些则进行机械型交易，还有一些则采用自主与机械混合型交易。他们中的一些交易者运用了传统的技术分析，另一些却只遵循单一的市场理论，还有一些则是系统性交易者。一些是不为人知的个人交易者，还有一些则是交易培训界鼎鼎大名的教主。他们中有些人是最多产的金融作家，除却他们成功的交易经历外，他们还有着令人嫉妒的写作天赋，这也使他们能与投缘的读者自如交流；有些交易者经营了咨询服务公司，出版发行出色的实时讯息和交易建议；他们中有些人是基金经理，管理着个人账户和大型基金；有些人买卖股票，有些做期权交易，有些买卖交易所交易基金（ETF），有些做期货交易，有些进行外汇交易，有些进行商品交易，有些买卖差价合约（CFD），有些交易金融工具，还有一些则做混合交易；有些是当日交易者，有些是短线交易者，有些是中长线交易者，有些是长线交易者，还有一些从事混合时间段的交易。一些已经享有盛誉，还有一些则从未公开抛头露面。如我前述，他们确实是金融市场上各式各样交易者的代表。

这种多元性不仅存在于他们各自的交易方法上，还体现在地理位置的不同。在这些市场大师级人物中，你将见到来自新加坡、中国香港、意大利、英国（虽然现住阿拉斯加）、美国以及澳大利亚的交易者。

虽然在技术和地理上存在着差异，他们却都是成功的交易者。在我看来，他们都是交易市场大师级的人物，因为他们都安然度过了全球金融危机。他们都很成功，并且愿意与你分享一条最重要的忠告。

作为补充，我希望这样的差异性也能向你证明，市场交易的途径不止一个，可谓条条大路通罗马。你只需寻找到那个最适合自己的就行了。你只需找到一项技术，或者几项可行的技术的集合。这项由你亲自执行的方法可以发挥你的优势，并在零爆仓风险下进行交易。

我已跟你分享了我坚持的"己见"，并整理编制了成功交易普遍规则。我知道每个市场大师都能将他们的各种言论轻易整合成其各自的"普遍规则"，而我也正想将那些观点中最精华的部分与你分享。

我们不可能奢望长篇累牍地介绍这些市场大师的所有观点，但我想让他们给你一条点睛之忠告。我希望他们能传授给你一条"最重要的忠告"，我也希望通过分享他们的每一条重要感悟，以更好地完善我自己的观点。

我亲自拜访和请教过这些市场大师。我向他们提出同样的问题并得到他们的忠告，请你仔细聆听领会。

对于每位市场大师，我都将先简单介绍，包括他们的生平及他们在技术分析的专长。接着，我会提出一个问题，随后就是他们的答复了。如果你还想了解关于他们更多的信息，那么，在每个忠告结尾，我都写明了他们的个人网址以供你查阅。或许你暂时难以确定谁的观点能为你所用，可要是其中一个或几个大师的观点引起了你的共鸣，那我建议你可以主动地进一步了解他们及他们驾驭市场的方法。

好的，现在，就让我按照字母表顺序将这些市场大师介绍给你吧。他们是：

拉蒙·巴罗斯（Ramon Barros）

马克 D. 库克（Mark D.Cook）

迈克尔·库克（Michael Cook）

凯文·戴维（Kevin Davey）

汤姆·德马克（Tom DeMark）

李·格特斯（Lee Gettess）

戴若·顾比（Daryl Guppy）

理查德·迈尔基（Richard Melki）

杰夫·摩根（Geoff Morgan）

格雷格·莫里斯（Greg Morris）

尼克·瑞吉（Nick Radge）

布莱恩·谢德（Brian Schad）

安德里亚·昂格尔（Andrea Unger）

拉里·威廉斯（Larry Williams）

王达（Dar Wong）

请认真仔细地领会这些市场大师关于成功交易的忠告。请沉下心来倾听，这条忠告将点亮属于你的那盏交易明灯，给你带来瞬间彻悟。那就让我们一同开始吧，记住它，认真听好吧！

拉蒙·巴罗斯

拉蒙·巴罗斯可能是我认识的人中最无畏的交易者了。至今，我仍为曾目睹拉蒙向一个交易学员讲解标准方差感到震惊。拉蒙鼓励人们在其资金管理策略中使用交易结果标准差方法。对于我而言，将统计学与资金管理策略相结合是一个很大的挑战，尤其当学员多为金融市场与金融交易领域中的新人时。我猜想，学员与其他多数人一样，在校学习统计学的经历并不是什么特别美好的回忆！说勇敢也好，愚钝也罢，拉蒙确实迎难而上，没有躲开这项艰巨的差事。

拉蒙不仅是大无畏的，在对待交易书有着异常的执着。你瞧，他一进销售交易类书店时，总是难以克制买书的冲动。我们一同在印度参加交易博览会时，我曾亲眼看见这样的事情。当时，我和拉蒙在一家孟买书店一起接受 CNBC 的直播采访。采访结束后，拉蒙忍不住又买了本书，对此他向大家解释自己在离开前必须得这么做。于是他买了两本书。很可能正是拉蒙对交易类书籍的这种热情且过度强迫性的特征，使他成为世界上阅读书籍最多的读者之一。不仅如此，他的私人图书馆的交易类藏书可能是世界上最多的了；拉蒙嗜书如命，为了保存众多书籍而不得不支付大额的仓储保管费用！

直到近年，拉蒙对交易和交易书籍的热爱才得以释放。虽然拉蒙的交易启蒙源于他的父亲——一位活跃、成功的交易者，但他却未被允许涉足该行业。他那强势而保守的父亲不愿培养他对交易行业的兴趣。他被鼓励潜心于学术研究，并进一步追求学术上的成就。就像许多专制父亲与儿子的组合一样，直到父亲去世，拉蒙才有机会在交易领域追逐他的挚爱。

所以到了 1975 年，拉蒙在已是一位成功执业律师的情况下，开始了他的交易生涯。拉蒙是一个凭直觉的、随机应变型的日内交易者，他会寻找一些感觉不错的机会。然而成功却离他很远，这也使拉蒙痛下定决心一定要获得成功，他决定全身心投入交易中。拉蒙于1980年抽身离开法律行业，百分之百投入他生命中真正热爱的行业——金融交易之中。可不幸的是，成功并未如期而至。他无数次的失败了，经济上遭受了严重的损失。

但是拉蒙毫无畏惧，他全心投入该行业中，不断进行着自我分析和策略分析。当他对自身情况和市场环境更加了解之时，最终取得了成功。应该说，随着对市场环境的精熟掌握，他不断完成了利润丰厚的交易。彼得·史泰米亚（Peter Steidlmayer）是拉蒙的启蒙导师之一。该理论使拉蒙对市场价格的当日波动性有了更深的理解，成为他在交易行业得以立足的一个优势。熟练掌握市场环境之后，拉蒙的交易很快就获得了盈利。直到1986年，拉蒙仍然持续获得盈利。后来，他在这个基础上创立了自己的交易方法论。

他的成功很快就在银行业传开了。这些银行把它们的基金委托给拉蒙管理，并派来交易员向拉蒙学习交易策略。拉蒙不仅是世界上第一批外包的外汇交易者，他还成为为数不多的常常给机构交易者授课的编外交易人员。

在他教学成功并尝到教学乐趣之后，拉蒙发觉了自己的另一爱好：教导他人。我认为，正是这种对教导和帮助他人的热爱，使他无论在何处看到交易类书店都会开心、热切地买上几本交易类书籍。

在教学上的成功，使拉蒙成为一名倍受追捧的交易导师。直到最近，他也最多只允许5个人参加他的24个月导师制培训项目。拉蒙的教学实在太受欢迎了，他未来学生的等候名单已经排到三年之后！

我认为拉蒙是一个有深度的思想者，他特别强调交易者行为心理的重要性。他是神经语言程式学的拥护者，并且坚信，要想取得成功，交易者首先须全面了解自己的心理特点。

时至今日，拉蒙继续按照他的 BarroMetric 方法进行随机应变型交易。他的这套方法论把巴罗·斯温斯（Barro Swings）、雷·韦弗（Ray Wave）的思想与市场环境结合起来。虽然这个理论基于结构性和若干规则，但拉蒙仍添加了一条可以破例的规则，这就保留了他凭直觉判断问题的可能性。拉蒙主要通过 Market Analyst 得出 BarroMetric 交易预案，他运用 E-signal 和 Channelyse 进行周期分析。拉蒙偏爱的投资包括：标准普尔 500 指数交易、主要货币外汇配对交易、黄金、基于 18 天摆动浮动的月份时段的 30 年债券交易等。他喜欢保留交易记录，曾用过屏幕录制软件 Camtasia Studio 记录了每次交易背后的所有缘由。通过 Camtasia 软件，拉蒙能够同时捕捉到电脑上的图表信息和他口述交易背后原因的音频信息。拉蒙会重播录像观看自己是如何进行交易的。这种不停的记录和视频回放，强化了他个人的交易习惯，并易于发现他的行为中存在的潜在的不一致。拉蒙就是通过这样的方式进行自我教导。

由于经常在 CNBC 电视台上露面，又曾在他的《趋势的本质》（*The Nature of Trend*）一书中分享过关于趋势预测的观点，拉蒙在亚洲早已经闻名遐迩了。

在交易与教学之余，拉蒙最大的兴趣是什么呢，对，你猜得没错，那就是阅读。除交易类书籍之外，拉蒙还阅读各种题材的书籍：从幻象到混沌理论，涉猎甚广。虽然对拉蒙来说，阅读既是一种爱好又能放松身心，何乐而不为呢。但这个爱好却给他的妻子带来了烦恼，因为他的妻子不得不腾出更多的空间来存放他的新书！拉蒙和他的妻子常年在中国香港、新加坡和澳大利亚等地居住。现在，让我们一同听听来自拉蒙的一条忠告吧。

"拉蒙，根据你渊博的交易知识和丰富的实践经验，应该有不少人向你取经吧？如果请你给那些怀揣梦想的交易者提一条建议，仅仅是一条，那么它将会是什么？为什么是这条建议呢？"

潜在的规则

众所周知，80% 甚至 90% 的交易新手都以失败告终。

问题是，为什么会这样呢？原因绝不在于教育背景的缺失。近年来，在投资与交易的竞技舞台上举办了越来越多的业务研讨会。更重要的是，人们在如何有效学习方面取得了巨大的进展。但即便如此，交易者的成功率与我最初从事交易业的 20 世纪 70 年代相比，可并没什么区别。

不过，我们发现部分原因在于交易本身的属性。作为一项概率博弈，在任何一场单独交易中，新手与老手的获胜机会均等。但是，一系列连胜过后，新手常常把自己的幸运当成自己的技能高超——市场会很快让他们认清现实，于是，新手不仅会输掉全部盈利，甚至还会发生亏损。

另一个原因在于交易新手错误地理解了成功交易的秘诀。他们误以为成功需要一个"超级交易策略"，并毫无意义地埋头忙于寻找所谓的"圣杯"：某个以少量资本为基础就可以产生无限财富的方法论和某个使损失相对减少的方法论。

正如交易老手所知，这样的方法论只是成功公式的一部分而已。成功公式如下：

成功＝成功心理学 × 有效风险管理 × 书面的交易规则 [有优势的]

布伦特的这本书全面论述了这些传统通用原则。

然而，我认为还有一个常被忽略、很少被提到的规则。这一规则的作用曾在 1934 年的航空安全领域表现得非常显著。在那年冬天，美国陆军航空队里多个经验丰富的飞行员在几次事故中身亡。

事后看来，这些事故的主要原因显然是培训项目缺陷造成的。培训项目包括：

- 培训学员坐在飞机上，教练将执行一系列转圈和翻滚动作。如果学员未出现不良反应，那么他就能被地面学校录取。
- 在地面学校，学员由一个教练传授飞行理论和一些实际操作经验。
- 几周后，学员逐步被允许驾驶飞机。

培训的结果如何呢？

一些学校的死亡率接近25%。

而如今，航空业出色的安全记录有目共睹，这可要归功于爱德华·林克（Edward Link）发明的林克飞行模拟器。模拟器的发明允许飞行学员犯错，并能安全地从错误中吸取教训。总之，林克飞行模拟器让飞行员能够更深入地练习。

丹尼尔·科伊尔（Daniel Coyle）在《一万小时天才理论》一书中介绍了"深入实践"这个概念。在详细介绍这一概念之前，让我先花些时间带你了解一下交易学员所受到的教育与1934年的飞行员接受的教育的相似性。

作为交易学员，我们倾向于通过2～4天的研讨班以及阅读来学习技能。在这之后，我们在反复试错的基础上不断学习，但这使我们宝贵的资金处于风险之中。这与1934年飞行员在反复试错中学习十分类似，唯一的区别只是飞行员拿自己的生命冒险，而我们则是拿我们的金融资本，有时甚至是我们的金融生涯来冒险。

图12-1阐释了"深入实践"的概念。

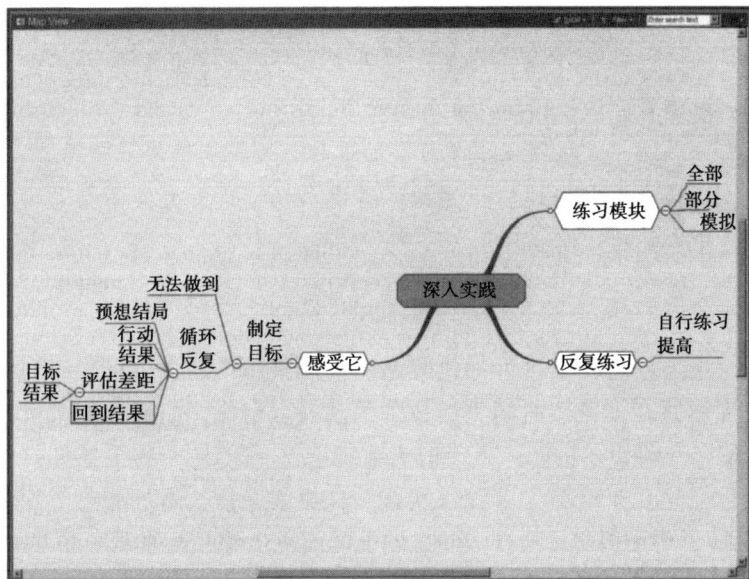

图 12-1　精深练习

资料来源：Daniel Coyle.The Talent Code(Bantam Dell, Random Hose 2009).

　　我认为这一概念将引起金融交易培训的革新。

　　根据深入实践方法，我们的培训与教学内容将进行细化。

　　我们在标题"感受它"之下看到"深入实践"这个方法。这体现了科伊尔的观点，即我们需要通过理智与情感相结合来学习。在任何练习阶段，我们首先得确立一个较高的目标。但是，要明确这些目标，我们必须先制定工作内容（或模块）。也就是说，我们先确定要学习的主要内容，再将它们细化。

　　一旦确立好目标，我们就已准备好进行模拟交易练习了。我们采取行动时，脑海中会出现一个预想的结果。训练到最后，我们会将行动结果与预期结果进行比较，换句话说，我们会察觉到其中差异，然后我们反省、改进行动以缩小差距，然后，再重来一次。我们就这样不断重复着这一循环，直至差距消除为止。

这一"从错误中学习"的过程迅速减少了学习时间。我认为，若能适当地施行，科伊尔模型将大大提高交易中成功的可能性。

拉蒙·巴罗斯

难道之前我没告诉你拉蒙是一个涉猎颇广的深刻思想者吗？也许你愿意多花些时间重读拉蒙的观点。记住，如果你尚未读过丹尼尔·科伊尔的《一万小时天才理论》，那么你可得先感谢拉蒙让你在这儿了解到了"深入实践"！拉蒙坚信，适当施行"深入实践"，将加快交易员在成功之路上的前进步伐。通过学习该方法，你可以掌握到所有最先进的交易知识，你可以制定出明智的资金管理策略，你也可以获得一个具有正期望值的方法，你甚至可以放手一搏了。然而，如果没有不断的练习、练习、再练习——也许你会觉得自己像布娃娃那样被市场冲击带来的重重困难折腾来折腾去，也许你会觉得很迷茫，你会将交易计划置之脑后，不知道自己是该买入还是卖出。然而，随着持续的适当练习，你最好做好准备去对付市场逆境的种种伏击。你不会偏离交易计划，你将坚持到底。然而，如果没有深入实践，你在交易中的表现将会另当别论了。你将发现可使用 TEST 程序证实你的方法论，这对你的"深入实践"有很大帮助。所以感谢拉蒙给你的交易宝库里增加了一个新工具，据我所知，这个工具之前从未在其他交易书籍中被提起过。你真应该将拉蒙的名字添加到你的圣诞卡名单里！

如果拉蒙的忠告让你产生了共鸣，或许你会想了解更多有关他的交易思想和市场观念的信息，你可以通过以下网址与他联系：www.tradingsuccess.com。

马克 D. 库克

马克 D. 库克是个不折不扣的交易狂，他交易成瘾。马克酷爱交易市场，让他长时间离开那儿，简直是难以想象。他知道自己对交易的嗜好，也很乐意向他的听众承认这一点。尽管他很成功，尽管有无数人请求他撰写一部交易类书籍，但他对交易的痴狂如此强烈，以至于至今他仍在拒绝那些请求。由于难以从交易市场中抽身，马克总是难以找到一段足以让自己动笔写作的时间，这就是为什么我会称他对交易上瘾。

能让马克花时间考虑给出一条忠告，这让我觉得自己非常幸运，希望你也能对他的参与心存感激。毕竟，没有多少交易者能像马克那样成功，所以能邀请到他参与本书，对你我来说都是无比荣幸的。

马克是电子盘标准普尔迷你版中最大、最活跃的日内交易者之一。因为电子盘标准普尔迷你版 500 是全球最大的期货合约之一，这使马克成为全球最大、最活跃的个人日内交易者之一。

忙碌时，马克一天接手的交易次数可多达 40 次。

如果你像我和其他许多读者一样读过杰克 D. 施瓦格的《金融怪杰》，那么你对马克应该很熟悉了。马克是该书中唯一被特别介绍的标准普尔期货交易者。

马克的故事确实很鼓舞人心。凭借毅力，马克扭亏为盈（他曾经历一次摧毁性的亏损，差点因此而爆仓），成为世界上最成功的日内交易者之一。马克正是那句古老谚语"永不放弃"的生动印证。同时，他的事迹也是"母爱的力量"和"信任孩子"的生动证明。他的母亲坚信他命悬一线的金融状况一定会好转，这种信任激励着马克，使他的交易最终获得成功。

如果你曾为自己的交易经历感到沮丧，那么，你真应该重读《金融怪杰》中杰克 D. 施瓦格对马克的采访。这段采访将让你正确看待自己的遭遇，它将启示你，如果你诚心诚意地渴望在交易行业取得成功的话，什么才是可能。它还会强调，在交易市场中，优秀的职业道德对取得成功极为重要。而马克可算是金融市场上最勤奋和最具职业道德的日内交易者了。重读那段专访，还有助于让你理解并意识到，只有有准备的人才适合从事交易这一行。记住，如果你也在从事电子盘标准普尔迷你版500（E-Mini SP 500）的交易，那么要么你是马克的客户，要么就是马克的竞争对手。每天开市前，马克会花大量时间做好准备。如果你希望与他进行同向交易而非对手盘，那你也得投入对等的精力。若你并不打算在电子盘标准普尔迷你版500上为成功而努力奋斗，那么你最好还是从事其他工作吧。你必须明白，成功的日内交易无捷径可走，若你坚持认为有的话，那么请让我再次提醒你重新读读对马克的访谈。

马克过去在美国俄亥俄州的东斯巴达从事农业生产。那时，他以经营家族农场为生，该农场自19世纪70年代起就为他的家族所拥有。由于他的成功，马克通过购买邻近可出售土地来扩大其家族的土地拥有量。作为保守主义人士，马克坚持认为，应该将交易所得转变为实实在在的可耕地。马克确是非常幸运的，他以交易所得扩大土地持有量，这使他将自己热爱的两个行业——交易与务农结合了起来。

可是，好运并不总能光顾马克。1977年，马克成为一名随机应变型交易员，分析各种打印图表。早年，他不断失败。到1982年，一点小成就带来的贪婪，差点让他失败。那时，他的无担保看涨期权头寸亏损，使他的交易账户锐减了整整35万美元。为弥补账户上的赤字，马克只好向父母和银行借钱。如马克所说："再没有比借钱来将经纪账户的亏损填平更难堪的事了。"

然而，那次经历以及母亲对他的信任——相信他有重新赚大钱的能力，是马克事业的分水岭。他的事业有了转机。到了1986

年（虽然是在他开始大赚特赚以前）他的事业开始有所好转，并且研制出了"Cook Cumulative Tick"指标这一专利。"Cook Cumulative Tick"指标可辨别超买和超卖情形。马克发现，每当这一指标到达低谷或高点时，交易市场就会快速恢复。由此，他懂得了根据指标高点与低点变化，把握住有利的交易机会。

Cook Cumulative Tick 指标给他带来了日思夜想的交易获利机会。这个指标为他交易上的成功立下汗马功劳，直至今日仍有影响。自此以后，马克的交易一直很顺利。到 1987 年，他已有能力偿还 1982 年期权亏损时不得已欠下的 35 万美元了。库克的成功还在继续，他以 563% 的投资回报率赢得了 1992 年美国投资大赛的冠军称号。1993 年他又以 322% 的投资回报率蝉联冠军。自 1986 年起，马克成了一位连续盈利的交易大师。

时至今日，马克仍然是一位随机应变型日内交易者，他一直根据 Cook Cumulative Tick 指标从事证券交易。马克利用该指标监测各种时段的市场机会。虽然他是重量级的日内交易者，可在他的指标允许范围内，他也会从事一些短线的 3 日摆动交易和长线交易。马克会一直进行着长线交易，直到 Cook Cumulative Tick 指标显示无效才终止。马克还是一个热心的交易记录者，他坚持把每笔交易都记录下来。马克坚持认为，应该不断从过去的交易中吸取经验教训。

作为交易大师，马克注重高效准确的策略。他会在任何 Cook Cumulative Tick 指标反应敏感的证券市场进行交易。虽然他因电子盘标准普尔迷你版 500 为人所知，但马克也做期权、股票，合适的话，他也买卖交易所交易基金（ETF）。

如今，马克不仅用自己的资金进行交易，还为百万美元以上的高净值私人账户管理资金。他管理了 CMG 绝对回报率策略基金 10% 的资金。21 世纪初，马克公开邀请意欲挑战他的交易者进行交易竞赛。这是一个"胜者全赢"的挑战。但令马克奇怪的是，没有任何一位交易者肯接受他的邀请！另外，马克还经营了一家咨询服务公司。若时间允许，马克会将他的交易场所设在他的农场办公室里。在那儿，学员不仅能学到证券交易中成功的因素，而且能品尝到他的搭档吉尔精湛的家庭厨艺！

交易之余，马克热衷演讲，也喜欢向别人讲授交易知识。虽然他也钟爱收藏古董拖拉机，但这并不足以让他从对市场交易的嗜好上分心很久，反倒使他对证券交易的渴望愈加强烈。即使他月入百万美元，仍旧难以满足这种难以填满的欲望！

现在，我希望你准备好竖起耳朵聆听了。正如你所知，马克从未写过交易类书籍，因为从事交易行业少有空闲，所以请你格外注意马克的话，并能记在心里，因为这条忠告来自于世界最大、最活跃且最成功的个人日内交易员之一，或者说来自一个市场怪才！

让我向马克请求提供一条忠告吧。

"马克，根据你渊博的交易知识和丰富的实践经验，应该有不少人向你取经吧？如果请你给那些怀揣梦想的交易者提一条建议，仅仅是一条，那么它将会是什么？为什么是这条建议呢？"

首先，我要告诉他们，成功是一条铺满荆棘的道路！

我关于交易的言论也许只能影响到某位读者，然而，那位读者的人生却将因此而改变。不计其数的文章中都推崇分散投资，却鲜有人提到要保存收益。"赚钱容易，存钱难。"每位资深交易者对这句箴言都有着强烈的共鸣。

在我的简介过后，若你仍在阅读着这冗长的句子，那你很有希望。鲜有人懂得交易的"艺术"。它并非指读图能力、基本面分析能力或者技术分析能力，而仅指对于自身的了解。33年的证券交易从业生涯教会我几条真理，而下面这条必定是最重要的。你将会亏损，而且必须能够处理好这件事。职业运动员往往能接受他们将来会受伤的事实。成功与失败的区别在于，他们如何应对伤害。

我曾经在投资领域损失了上百万，但从好的方面来说，我幸运地赚到了更多的钱。其原因是：我接受失败是现实中的一部分，并如期恢复交易以弥补损失。

我最初的交易以连败数场而告终，当时难以相信这样的事怎么可能发生在我身上！但后来，我成了一名成熟的交易师，也能坦然直面这样的现实：我并不是受害者；我所受的伤害都是自己造成的。无经验的交易者往往没有交易计划，而有经验的交易者则严格执行其计划。高手懂得，若要把握殊死大决战的先机，他们就得事先制订出应对计划。而三脚猫的交易者则是直到大决战时才匆忙应对，但为时已晚。你应该读读下面的真相，记住这些真相，把它们牢牢地刻在脑子里。

以下是马克 D. 库克所说的真相，也是我所认同的真相。

真相1：我知道我会遭受亏损

我遭受的亏损曾使我一度歇业，但我坚信人生有起有落。在人生的艰险旅途中，低谷期无疑是最难熬、最脆弱的时期。我知道自己有潜在损失的可能，我也为此而尽力防范；可是35%的资金缩水实在是太多了！

真相2：杜绝臆想，专注事实

我每天都探寻据以交易的事实。常言道，一分耕耘一分收获，确实如此。一旦权衡了所有事实，你就会发现一切定局都是顺理成章的。如果下着雨，就不要妄说会阳光灿烂。我们生活在现实中，而非虚幻的传说中。

真相 3：发现机会，把握机会，切勿错过

亏本后，我对自己严格要求，依然坚信赚钱的机会定会再来，只不过我尚未碰到罢了。我早年的交易经历及所有看过的书籍都未曾提及寻找机会的方法。但有一个事实摆在眼前，即市场是波动的。因此，我应该看到它是动态的，认识它们，并紧随它们（但不要逗留太久，以免适得其反）。只有三脚猫的交易者才会在交易中逗留太长时间！高手早就溜之大吉了。猜猜最后谁才会赚到更多的钱呢？

真相 4：满怀信心。为盈利而交易，不要为了不亏而交易

自信与直面现实相辅相成，而自信和失败则不共戴天。人生的博弈自有其平衡法则，包括防守与进攻。我们都曾见过一些思想上轻言放弃的人，他们的肉体不久也会屈服。他们对人生的冲劲已然消失，因此，也就不再进取。当意识到逆境即将来临时，防守其实既是一种保卫，也是一种对抗逆境的方法。真正的平衡是指比较所有的可行方案、设定各种可能、承认各种可能，并制定相应策略。确实有得分的方法，也确实有阻止对手得分的方法！去找到它们吧！为盈利而交易。

业余交易者会去寻找所谓的圣杯，而专业交易者则会根据神圣的真相进行交易！

马克 D. 库克

看过以上建议，你意下如何？和许多人一样，你肯定也花了大量时间和精力去搜寻那把万能钥匙吧，兴许它能揭开交易市场的秘密，那可是高不可攀的圣杯呢。然而，你更应该去寻找那神圣的真相！你本该懂得，成功的交易更需要接受亏损并学会保存收益，而不是一味地赚取利润。当下，市面上充斥着大量教人如何赚钱的书籍，却鲜有书籍关注如何保存已有收益。答案其实就是接受损失。若你能在交易事业初期就知道这答案该有多好！另外需要指出的是，真相3的部分言论公然违反了大众普遍接受的交易知识。马克从未过久停留在已有的盈利交易中。然而，交易者却被灌输着"让利润暴增"，而不是亦步亦趋地积少成多。马克的做法与人们的普遍想法全然不同，这也许能让你好好想想。

但你一定要记住，马克是一位极高明的交易大师，对于时常获得的小利和偶然的较大亏损，他都能泰然面对。他的观点仍旧很具价值，因为它们不是出自交易教科书，而来自标准普尔500交易市场这样的真实世界。在这里，只有极少数的交易者幸存了下来并获得成功。如我所述，他的建议极具价值。如果你期待从事日内交易，你更应该时常咀嚼消化这些金玉良言。多亏了马克，你现在拥有了他的秘诀，这些会引导着你，伴随着你在交易之旅中前行。这交易之旅虽然充满艰难坎坷，但正如他所说，被预先警告实际上意味着可以有备无患！

如果马克的建议让你产生了共鸣，或许你会想了解更多有关他的交易思想和市场观念的信息，你可以通过访问以下网站与他联系：www.markdcook.com。

各式各样的交易员

如我先前所述，我的市场大师团队代表了各种各样的交易员，其中一些非常高调，另一些则非常低调，还有一些曾得过交易大赛冠军。能召集这么一大批各具特色的成功交易员，我自认为非常幸运。另外我还想说，他们慷慨的帮助着实让我受宠若惊。在我继续叙述之前，我只想让你知道，除了1992年美国投资大赛冠军马克 D. 库克以外，我还准备让你见识其他冠军交易员。在表 12-1 中我已经标出了这些冠军。正如你所见，我很荣幸地聚集了罗宾斯杯期货交易冠军赛近年来的获胜者，他们是：美国的凯文·戴维、英国的迈克尔·库克和意大利的安德里亚·昂格尔。他们都是华尔街上新兴的年轻精英。除此之外，我还邀请了该比赛 25 年来最成功的获胜者——拉里·威廉斯，他 16 岁的女儿米歇尔·威廉斯和他联手夺得了 1997 年的比赛冠军。

表 12-1 期货交易世界杯赛历届冠军一览表

2009 年：Andrea Unger	115%		1996 年：Reinhart Rentsch	95%
2008 年：Andrea Unger	672%		1995 年：Dennis Minogue	219%
2007 年：Michael Cook	250%		1994 年：Frank Suler	85%
2006 年：Kevin Davey	107%		1993 年：Richard Hedreen	173%
2005 年：Ed Twardus	278%		1992 年：Mike Lundgren	212%
2004 年：Kurt Sakaeda	929%		1991 年：Thomas Kobara	200%
2003 圣：Int'l.Capital Mngt.	88%		1990 年：Mike Lundgren	244%
2002 年：John Holsinger	608%		1989 年：Mike Lundgren	176%
2001 年：David Cash	53%		1988 年：David Kline	148%
2000 年：Kurt Sakaeda	595%		1987 年：Larry Williams	11 376%
1999 年：Chuck Hughes	315%		1986 年：Henry Thayer	231%
1998 年：Jason Park	99%		1985 年：Ralph Casazzone	1 283%
1997 年：Michelle Williams	1 000%		1984 年：Ralph Casazzone	264%

资料来源：Robbins Trading Company http://www.robbinstrading.com/world-cup/standings.asp.

现在就让我向你介绍获得了 2007 年罗宾斯杯期货交易冠军赛冠军得主：迈克尔·库克。

迈克尔·库克

迈克尔·库克是一位交易冠军。2007 年，他以 250% 的收益率赢得了罗宾斯杯期货交易冠军赛的奖金，他也是该比赛 2008 年的亚军。迈克尔的一个理想是连续三届获得该比赛冠军。25年来，该比赛可从未有人能完成此壮举。

迈克尔无疑是位杰出的交易者，在事业初期，他就屡屡获得成功。不同于多数念大学时拼命苦读的学生，迈克尔花了很多时间认购私人持有的非流通证券，并在上市流通的第一天马上抛售获利。虽然他的学业因为炒股而受到影响，但他的金融学无疑学得非常棒！

迈克尔不仅在证券交易方面非常杰出，他还有机会学习如何运用他人的资金来交易。我指的是1997年他被伦敦的美国银行雇用。他加盟了新兴市场固定收益交易部门，在那里，他得到了向资深机构投资者学习市场和交易问题的机会。

在美国银行供职时，迈克尔主要从事随机应变型交易，利用彭博终端进行交易。这种终端不仅能提供图表、数据分析和新闻通告，还能制作大咖啡杯垫呢！经过十余年的打拼，迈克尔成了一名资深交易师，并精于各种机构交易的技能，这包括银行和对冲基金。

2007年，迈克尔离开了有安全保障的机构交易行业，转而自立门户。迈克尔非常成功地把机构交易技能用到建立自己的个人账户上，这使他以250%的收益率摘下了罗宾斯世界杯期货冠军比赛桂冠。根据我的个人经验，很少有前机构交易员能成功地管理其个人账户。因此，能获得该冠军确实非比寻常。只有在管理自己的资金时，交易成功所必须遵循的职业与情感相分离的准则才会有所改变。当每次的交易结果都会影响到个人净利润时，人们情感上对待交易的冷漠才会消散。当你把交易场所当作了自家大院，就难以对每天的交易损失不闻不顾了！所以从机构交易到个人交易的过渡是迈克尔的另一项卓越成就。

迈克尔现在是一位中短线自主机械型交易员。他的交易可持续数天或数月。只要在他的模型中看到机会，迈克尔都会义无反顾地扑向那个市场，不论是外汇、股票、期权或股指期货市场，还是金属、能源或金融工具。他的模型会运用统计指标来确认交易机会。当条件合适时，该模型就会进一步确认并筛选。迈克尔喜欢简单的交易，因为那能使他的电脑屏幕相对整洁。他不喜欢在模型中运用传统意义上像振荡或随机一类的超买和超卖指标。他说："我的方法并不复杂。它们不过是 20 或 30 行代码。"虽然他主要从事机械型交易，但必要时也偶尔他会称自己是随机应变型交易者。

迈克尔用 Genesis 和 Excel 软件来摸索、研究和测试模型。另外，他交替使用 e-Signal 的 FutureSource 和 Genesis 制图。

你常常会发现，在业余时间里，迈克尔总莫名其妙地被卷入各种小事故中。他自己也说不清是为什么，从英国搬到阿拉斯加以后，他几次从滑雪板上摔下来，还有几次撞上滑雪地机动车和全地形汽车，这都让他感到恐慌！迈克尔和他的妻子都是英国人，现在居住在美国的阿拉斯加。现在就让我们听听迈克尔的一条忠告吧。

"迈克尔，根据你渊博的交易知识和丰富的实践经验，应该有不少人向你取经吧？如果请你给那些怀揣梦想的交易者提一条建议，仅仅是一条，那么它将会是什么？为什么是这条建议呢？"

对于一个胸怀大志的交易者，一条忠告就足以涵盖所有。缩小交易规模吧。

显然这是有例外的，但一般来说，一个交易新手很容易高估自己。对于给定的风险资本水平，他们往往高估了头寸的准确规模和数量。

绝对要重视投资规模：越小越好。

交易新手大都读过《金融怪杰》系列。该系列书籍采访了许多顶尖交易员（他们已成功完成了数百万甚至几十亿笔交易）。这些交易员就好比交易界的泰格·伍兹、罗杰·费德勒或者球王贝利。可其中一个值得注意的地方是，在他们早期的职业生涯中，大多数都曾亏损了大笔资金甚至爆仓过，这对刚到华尔街的新人来说无疑是颇有益处的借鉴。虽然他们是佼佼者中的佼佼者，他们早年却一样差点倾家荡产。

那些交易新手应该明白，游戏是残酷的，比赛也是残酷的，而赚大钱或不时的亏损，都能让人找到胜出的方法。

小规模交易远没有"起伏跌宕"的大规模交易那般刺激。可俗话说得好，如果你想要忠诚，就买条狗吧。类似地，如果你追求刺激，就去高空跳伞吧。具有远见的交易者应该尽早确定他们究竟想从交易中获得什么。我想，那应该是盈利，而非探险。

小规模交易初期很难带给交易者多少收益（那相当难），但盈利不应成为我们的早期目标。我们的目标应定为，在交易市场上尽可能长久地存活下来。只有这样，随着时间推移，我们才能学到盈利的所有经验。接下来，一切就皆有可能了。

读到这里，很多人会想："这实在没啥新意，我早就知道了，我已听过100次那样的建议了。我曾经听过很多关于风险管理的建议，现在你能告诉我一些取得成功交易的其他建议吗？"

忽略这条建议的确没关系。但是，眼高手低的你不会在这场交易游戏中待很久了，那么其他更多的经验也就不再需要了。所以，缩小交易规模吧，那至少是一个让幸运降临的机会！

迈克尔·库克

有人看出这里的讽刺意味了吗？强调迈克尔建议的力度与深度真是个讽刺。作为动辄投资数百万的前机构交易者，迈克尔竟然建议你从事小规模甚至更小规模的交易。如果你能听从迈克尔的建议，那么你开始交易的时候就能将损失降到最低。如迈克尔所言，若你能做好小规模交易，你将拥有大量学习其他经验的时间，那么你就一定会成功的。虽然小规模交易未必能让你获利，但它能确保你在交易市场存活足够久，从而让你根据小规模交易获得的知识在日后赚取利润。这些就是一个在机构交易和个人交易中同样成功的冠军交易员的观点。重视这条建议吧，对你来说，这将是明智的。我希望你能和我一样，一直在用心聆听。

如果你认同迈克尔的建议，或许你会想了解更多有关他的交易思想和市场观念的信息，你可以通过以下 E-mail 地址与他联系：mcook@tradingaccount.co.uk。

凯文·戴维

凯文·戴维是一位高智商的交易冠军比赛获胜者。凯文拥有旁人少有的优势：高智商。这不仅因为凯文是航空航天工程专业最优秀的毕业生（他在美国航天局完成了实习），而且他拥有 MBA 学位。凯文绝对是坐在智慧金字塔的顶尖了。他的卓越让我们自愧不如。好吧，确切地说是让我感到自愧不如。

凯文充分发挥其聪明才智，成了一名成功的短线系统交易者。他非常优秀，这使他在 2006 年罗宾斯世界杯期货冠军比赛中以 107% 的收益率拔得头筹。不仅如此，凯文还分别在 2005 年和 2007 年以 148% 和 112% 的收益率获得了亚军。

在我介绍的交易者中，凯文无疑是独特的，因为据我所知，他是唯一单枪匹马地操作全自动机械型交易系统的人，他在电脑上进行了绝大多数的交易：下令买入、止损以及卖出。虽然他是个积极的交易员，但他的交易行为却没有那么活跃。他的电脑负责了大多数的交易。这就是我所说的聪明！

如多数交易者一样，凯文早年充满了失落。凯文于 1991 年进入交易行业，他的初始交易策略之一是采用移动平均交叉系统。经过一些亏损之后，他决定反其道而行之，可事与愿违，换来的结果是更惨烈的损失，但至少他的表现始终如一！历经了一次 60% 的账户亏损后，凯文决意停止交易，将之后的岁月投入到对交易的全身心研究中。通过努力，凯文摸索出了一套随机应变型投资的获胜策略。该策略使他在交易冠军比赛中的表现突出。尽管尝到了成功的滋味，凯文却是在 2008 年才辞职转行从事全职交易活动。实际上，研究全自动交易策略并不需要凯文整天面对着电脑。他选择辞职主要是为了花更多的时间陪伴家人，同时也有更多研究交易市场的空闲。

如今，凯文致力于使自己的系统性模型简单化。他认为，正是对退出投资策略的重视，使他的模型具有优势。他使用 TradeStation 软件来探索、研究并检测策略。他还用该软件研究自动订单成交模型。凯文主要研究短线机会，他会从事各种时段的日内交易。他的一些模型将被用于从事 1 分钟、10 分钟、30 分钟和当日时段的交易。另一些时间较长，一般是 1 ~ 5 日，而他的价差交易则可持续几周甚至几月。他主要从事股指期货，偶尔也会从事金属、农业产品和现汇交易。

谋划策略和监控自动交易之余，迈克尔喜欢和家人相聚，与此同时，他还会花些时间关注最爱的球队克利夫兰布朗队和密歇根大学狼獾队的动态。凯文同他的家人现居美国俄亥俄州，现在就让我们来听听凯文的一条建议吧。

"凯文，根据你渊博的交易知识和丰富的实践经验，应该有不少人向你取经吧？如果请你给那些怀揣梦想的交易者提一条建议，仅仅是一条，那么它将会是什么？为什么是这条建议呢？"

在近20年的交易生涯中，我学到了很多知识，包括技术分析、基本面分析、战略规划、资金管理以及交易心理学。然而，在读过了大量的交易丛书（有些书实在太深奥了，连我都难以读懂），参加了许多研讨会，花了无数夜晚研究交易思想之后，我开始意识到，在交易中简单才是最好。

我这话是什么意思呢？我就认为，成功的交易员都遵循了奥卡姆剃刀通用原则：最简单的方法往往就是最优选择（最简即最优）。所以在制定策略时，我会尽量避免像艾略特波浪理论或江恩线那样深奥的理论，相对来说，我更推崇参数极少的简便方法。事实上，我现在使用的一个策略就只用了新近的两个收盘价格来作为我决定下一次的交易信号。非常简单！

那么，相对于曾有良好表现的深奥理论，简单策略究竟有多好呢？在制定策略时，数学概念"自由度"就开始起作用了。如果你试图用太多的规则去限定数据，也许你能得到完美的一致，但却用尽了所有的自由度。那可不好，因为这样的拟合曲线在未来难以有优异表现：只有在过去它才有优秀的表现。简单策略只运用了少量的自由度，因此更有可能在未来表现得更为突出。

在我的交易办公室里，我也运用了简单化概念。和许多日内交易员不同的是，我既没安装许多股市行情监控器，也没有放置一堆的电脑。一台电脑和两个股市交易监控器已经足矣。由于我常忙于用历史数据检测新策略，所以大多时候我甚至不太关注当前的市价。我所有的方法都是自动或半自动的，在交易时，这能让事情变得简单。

我承认，有时我会有点嫉妒那些研发出新方法的人。这些新方法是以量子物理学的最新研究与 10 000 行代码为基础的。当看到一个交易员的办公室里放置了许多价格图表和指数监控器，使它看起来就像 NASA 的操控室时，我也会有点嫉妒。看到这样壮观的场面，任谁都难以抑制羡慕之情吧。可之后，我总会退一步想并询问自己："这样愈加复杂的安排真能带来更好的结果吗？"至少从我的认知来说，答案是否定的。简单才是最优，因为简单最有效率。所以，简单就好。

凯文·戴维

读了上文，你做何感想呢？你应该理解"简单即美"这一明智之举。答案就是这么简单。请大家记住，这条建议来自本书中很可能最聪明的交易员。若有人能制定出复杂的交易策略，或许他也能成为像凯文那样的股市分析高手。所以，凯文并不是因为难以驾驭其他方法而坚持他的简单通用原则。不，这不过是因为他的聪明才智与成功足以让他懂得一个交易小秘密：简单才是最好。我希望你能和我一样，一直在用心地聆听。

如果你认同凯文的建议，或许你会想了解更多有关他的交易思想和市场观念的信息，你可以通过以下网址与他联系：www.kjtradingsystems.com。

汤姆·德马克

汤姆·德马克可是机构交易的重量级人物。当一些交易巨头和投资基金需要帮助时，他就是那个关键时刻值得托付的人物。汤姆·德马克就是他们的智囊团，是他们的救生索。在我介绍的所有市场大师中，汤姆的交易策略一直沿用至今，他主要负责管理巨额资金。这么说吧，自 1997 年以后，汤姆一直担任塞克资本（SAC Capital）的史蒂文·科恩（Steven Cohen）的特殊顾问。史蒂文·科恩是一个亿万富翁，他是塞克资本对冲基金的投资者和创始人。塞克资本成立于 1992 年，当时它管理着 2500 万美元的资产。在撰写本书时，史蒂文正管理着 160 亿美元的资产，自他的基金建立以来，他每年平均有 40% 的回报率。在与史蒂文·科恩共事以前，汤姆在与查理·戴·弗朗西斯卡（Charlie Di Francesca）——当时芝加哥交易所最大的交易员共事。汤姆可不是所谓的"大人物之一"，他应该是那个最重要的大人物了。他曾经与一些交易市场里最重量级的人物、公司或政府合作过，这包括保罗·都德·琼斯、乔治·索罗斯、迈克尔·斯坦哈特、范·霍辛顿、高盛投资公司、IBM、联合碳化物公司、摩根大通、花旗银行、大西洋富田公司、伊利诺伊州政府、蒂施家族（The Tisch family）、MMM 公司、利昂·库珀曼以及其他一些成功的大型投资人或基金。

很幸运，我能请到像汤姆这样的重量级人物来给你一条建议。通常需要交纳大量咨询费才能得到这条建议。但对你来说，只需支付本书的价钱你便能获得这条建议！我想再次感谢拉里·威廉斯，因为是他把我引荐给汤姆的。

事实上，拉里为我做了三件事。首先，他把我介绍给了汤姆。然后他建议汤姆考虑并接受参与本书的邀请。可本书书稿截止日期快到时，我仍在等着汤姆的建议。最后，是拉里帮我催促汤姆，让他的助手快写完他那部分的建议。在离截稿日七天时，我终于收到了汤姆的建议！所以再次感谢拉里。顺带一提（看看我这儿的评论是否能被编辑保留会是件有趣的事），本书所有的市场大师都是友善之人，否则他们就不会费心地帮我撰稿，并且还给你一条建议了。而在我的市场大师名单中，有两个人帮助我集合了如此多样的成功交易师，应该说，他们给我了最大的帮助。他们是两位大牌交易员：戴诺·顾比和拉里·威廉斯。他们仅仅因为我的要求而帮忙，这让我感受到了他们的友善，尽管他们都立场鲜明且时间有限。

在我心中，汤姆·德马克是一位交易界巨人。他那新颖卓越的思维使他成了市场上最受追捧、最高薪的市场短线炒作者之一。只需再瞧瞧上面那些曾挖掘出他的聪明才智的人的名字吧。他的独到见解不仅使他成为一名广受欢迎的顾问，也使他凭自身力量成为一名成功的交易师。

作为顶尖交易员的精英顾问，他在这个行业中独领风骚。而他的存在与成功，是对老生常谈之人所支持的相对投资主张的公然反抗，这些陈词滥调的观念通过印刷媒体和电视大肆传播："……是时候投资市场了，它比波段操作更重要……"

汤姆就是一个市场投机者！在过去的43年中，他致力于研究、制定、检测、从事并教授他独特的投机方法。他把这些方法教给了机构交易员与投资者。汤姆花了40余年证明了现在不是投资市场的时机，进行市场投机才是最重要的！汤姆于1967年开始从事交易，他逐渐成为一名运用传统图表模式进行分析的随机应变型交易员。在那时候，交易市场上还没有使用个人计算机、互联网、实时数据订阅源，也没有彭博终端机。汤姆主要负责售出维多利亚饲料商品的图表、亚伯·科恩（Abe Cohen）和摩根·罗杰斯（Morgan Rogers）的点数图以及怀科夫图表。

在获得MBA学位毕业，继而就读于法学院之后，汤姆加盟了NNIS一家位于威斯康星州密尔沃基市的投资公司。汤姆负责决定发起投资和变现投资的适当时机。他很快发现：在市场探底后，累积任何重要头寸几乎是不可能的；在市场造顶后，对于重大投资持有股的变现也同样困难。汤姆不得已制定了"逢低买入逢高卖出（即预期市场将探底时，则买进疲软股票；而预期市场将造顶时，就抛售强势股票）"的策略。由于他在实际中管理了大量资本，汤姆不得不反向思考以应对市场变化。汤姆不得不预测市场走势，而不是避免选择价格的顶部和底部。

1973年，汤姆偶然遇到了另一位同样喜欢寻根究底的年轻交易者，这位交易者也在挑战传统交易概念。两人一拍即合，并建立了稳定而持久的合作关系，他们的友谊一直持续到了今天。虽然那时还不为人知，但这两位交易员却在技术分析领域有了突破性的发现。他们的努力是围绕着艾略特波浪理论进行的。汤姆和他的合伙人都在交易市场上轻易看出了艾略特所定义的波浪架构。然而，他们难以赞同的是，艾略特波浪随其他波浪的变动而变动的主观性。他们开始研究，与艾略特理论主观的和可塑的三浪或五浪组合相比，艾略特理论具有机械、客观方式的波浪反转点存在的可能性。他们试图研制出一套不同的模板，用以解释市场顶峰与谷底。最终努力没有白费，他们共同发现了汤姆著名的 TD 系列指标，该指标至今在所有市场和时间框架上仍被无数交易员使用着。即便是在汤姆和他的伙伴们发现这一客观定价模型 30 年后的今天，在市场上仍能看到人们使用该指标。这两位年轻交易员的确做出了突破性的工作。如你所知，他们其中一位是汤姆·德马克，而另一位是拉里·威廉斯。

1973 年汤姆与拉里的见面使他决心从事全职的交易，如他所说，其他从事交易行业的人往往都在交易界与投资界有着显赫的背景。

作为交易市场的投机者，汤姆成为逆势交易者。他 95% 的工作都致力于对价格疲软的测度、对市场顶峰与谷底或者行情反转的预期。如你所见，汤姆看待市场的观点与众不同。在交易市场上，大多数人根据市场趋势交易股票，而汤姆则根据对最终趋势的预期做出判断。汤姆是个"逆势先生"。

汤姆是一般技术分析的严厉批评者，同时他认为技术分析极具主观性，所以作用不大。虽然，汤姆承认其工作可归为技术分析这一类，但他并未将自己看成技术分析师，而是如你所知的市场投机者。

汤姆认为基本面决定了市场的长期变动，但是，对于短线，则认为需要预计进出市场（买进和卖出、开仓和平仓）的时间。他还认为，人们可以运用心理学和市场投机工具，预期最佳交易时间。

汤姆认同简单、非优化、客观的机械型交易系统，他也认为该系统应在所有市场与时间框架下广泛使用，在所有牛市和熊市中也应使用。他不赞同市场会随时间而变化，因为市场只反映人类的本性：永不改变的恐惧与贪婪。例如，在20世纪70年代，汤姆与拉里·威廉斯共同合作开发的TD系列，最早运用在现货、股票和短期国债期货领域。自那以后，尽管人们想当然地认为市场发生了若干变化，可TD系列的作用并没多大改变，它仍在所有市场和时间框架中发挥着作用。汤姆说，可能需要很长时间才能说服他市场发生了变化。

汤姆已发明了许多市场择（投）机模型和指标。他的市场择机工具——汤姆·德马克TD指标，是他主要的模型基础。他的系列指标不同于大多数价格（定价）衍生指标。汤姆的系列指示器反映了100%的客观价格（定价）模型。它们捕捉到特殊模式，然后就形成了指标。这些指标易于查看。他的许多指标可利用当今大型专业数据服务平台：彭博社、汤姆森、CQG和DeMark Prime。如今，超过35 000名彭博社交易者都在使用着汤姆的系列指标！可见，汤姆的确是位非常重量级的人物。而且，汤姆还是位推崇简单系统的重量级人物。

如你所知，我认为汤姆发布的市场观察报告是我所读过的最出色的报告之一。以下引自艾特·科林斯的《战胜金融期货市场》。

当我在都铎公司时，我为保罗·琼斯设计了四五个系统。在发明了这些系统以后，它们被那些使用优化模型、人工智能以及其他用到高等数学的人所用。本质上来说，历经 17 位程序员花费四五年的测试之后，人们发现最基础的那四五个系统工作得最好。

汤姆就是那个为保罗·琼斯设计了四五个系统的人。汤姆就是那个简单机械策略的设计者，该策略后经 17 位程序员 4 ~ 5 年的测试也未被推翻，甚至保罗·都铎·琼斯的技术团队也未能推翻该系统。

除提供咨询服务以外，汤姆将他的定价指标继续用于股票交易。汤姆一般使用 CQG 和彭博社平台，他偏好的交易时段是日内交易和日线图。

汤姆已著有 3 本书，分别是《技术分析科学新义》《市场韵律与失效分析》和《德马克的当日期权交易》。交易之余，你会发现汤姆沉迷于市场投机研究或者各种体育运动，尤其是篮球。跟多数成功而上进的人们类似，汤姆忘我地投入全球市场的研究中，这点让他的家人有些担忧。汤姆和他的家人现居于美国西海岸。那么，就让我们一同听听汤姆的一条建议吧。

"汤姆，根据你渊博的交易知识和丰富的实践经验，应该有不少人向你取经吧？如果请你给那些怀揣梦想的交易者提一条建议，仅仅是一条，那么它将会是什么？为什么是这条建议呢？"

大多数交易新手常常在明显的误解之下开展交易，这里所说的误解即认为遵循市场建议和随大流是通往成功的道路。这种观念极可能源于人们生活中的处世之道。具体而言，生活中需要妥协，与他人阵线一致可以减少阻力，但类似的方法用于交易则会导致交易惨败。

　　长期以来，在交易员中有种观念，即"市场趋势是
交易者的朋友"。我想为这句谚语增加一个脚注："趋势
终结时除外。"

　　很多年前，我开展的深度供给/需求分析研究证明
了市场的探底，不是由于精明的买家在预期市场走低时
的买入造成的，而是因为，比方说，最后的卖家抛售造
成的。

　　事实上，当市场下跌时出现的先买行为，常常是由
于空头平仓。而一旦购买行为停止，先买行为引起的价
格真空会导致行情更快速地下跌。

　　相反，市场高点的出现不是因为卖方的机敏和灵通，
而是由于最后买方的购买。

　　这一套观察结论有利于我所从事的这类投资事业。

　　具体地，对于管理着大笔基金的交易者来说，预期
市场走高时即卖出非常重要，因为一旦市场被认定已走
高时，价格就已经开始走低。所以，在市场疲软时买进
也比市场已被认为走低后买进更为谨慎。这可避免价格
下滑和损失，也可避免进行大多数趋势交易者所做的买
进和卖出。

　　换言之，在走势疲软和价格下跌点操作的收益，大
于根据市场趋势和交易者想法进行交易的收益。

　　在交易时与市场总体的一般预期反向操作是困难的，
但是逆势操作在获取趋势交易者没有认识到的交易盈利
方面，却具有优势和机遇，特别是当你使用那些专门预
期可能的市场趋势转折点（价格走低）的交易工具时，会
有额外的收获。

　　这种逆势操作已证明可以获取更多的回报，因为它

与卖出交易而不是买进交易相关。买进是一个积累过程。
我这么说是指人们在交易时具有一个最初的头寸，一旦
股市上扬，就会扩大持股规模。同时，人们更倾向于寻
找股市上扬的趋势和进行乐观的评价，一经证实，人们
甚至采取保证金交易方式增加持股规模。最后，不论你
对交易有多么的热爱，但你的购买力是有限的。然而，
一旦交易者对市场产生悲观态度，甚至会抛光手中所有
的股票。

这就是市场通常的下跌速度比其上扬速度快3倍的
原因。交易者可以持有不同规模的头寸，在价格上涨时
逐步购进，可一旦趋势下跌，所有的股票都会被抛售。

汤姆·德马克

读了上文，你感觉如何？汤姆认为随波逐流也许没有你被告
知的那么无伤大雅，尤其是在趋势即将结束之时！汤姆跟你分享了
他关于市场造顶与探底的重要观察结果。与大多数人所想的相反，
市场造顶并非由精明的卖家造成，而是由于购买力的短缺。探底
也不是由精明的买家造成，而是由疲惫的卖家造成。明白这点让
汤姆成了如今的市场投机大师。而它给你的忠告，即是对时下的
普遍想法的质疑，要避免羊群心理，避免大众行为，避免盲从多
数人。在市场走势低谷和价格下跌点进行交易，投资于逆势和摆
动交易，这些策略给他和他的客户带来了可观的利润，也同样可
以给你带来收益。从汤姆的经历来看，因为市场下降的速度比上
升的速度快3倍，所以反趋势或逆趋势交易有更丰厚的收益。汤
姆在技术分析领域独一无二。就像一位无所畏惧或愚蠢的反叛者，
汤姆独自屹立于技术分析"高速公路"上，毫无畏惧地与传统观点
和大众观点背道而驰！他能胜任这项工作，因为显而易见，他因此
获得了巨大成功。汤姆这条强有力的忠告是让大众远离羊群效应带

来的安逸，应该研究预期市场造顶和市场探底的手段与方法。这条忠告的分量很重，基于如下两点：第一，与大众观点相悖，因此颇具争议性，是一个敢冒天下之大不韪的观点；第二，它正是史蒂文·科恩、保罗·都铎·琼斯、乔治·索罗斯那类投资和其他交易巨头雇用汤姆的原因：在市场逆转之前，确认入市或退市的准确时机和合适价格，在机构交易规模上进行操作。汤姆的忠告属于逆势或摆动交易的方法论。我希望你能像我一样用心地聆听。

如果你认同汤姆的忠告，或许你会想了解更多有关他的交易思想和市场观念的信息，你可以通过以下网址与他联系：www.demark.com 以及 www.marketstudies.net。

李·格特斯

李·格特斯是一位世界级的机械型交易系统设计师和交易大师。李取得了其他交易者罕见的成就。值得称赞的是，李发明了一种机械型交易策略，并经受住了时间的考验。自发明完成 21 年来，这个策略仍然很有效。很少有成功的交易者有资格说这样的话。在这个有着各种系统发明的竞技舞台上，李无疑是有能耐自夸为系统权威专家的！当然，如果你对李很熟悉，你就会知道他为人谦逊，并不喜欢自吹自擂。他自豪但不傲慢。

李的成功始于 1988 年，那一年他成功开发了 Volpat 交易策略，除了这个策略指导交易不断获利外，在写本书时，它被《期货真相》（一个独立监测 500 多种交易系统的刊物）评为排名前 10 位的交易系统。它不仅仅在最近 12 月中挤进了"前 10"，而且取得了第 3 名的好成绩！在 500 多种交易策略中排在第 3 位，而且这个策略可是李在 21 年前发明的！这是多么了不起的成就啊。

让我向你介绍一下李所取得的成就吧。按照他的交易市场行为理论，他发明了一套客观、规范的交易策略。任何施行了该策略的人，在过去的 21 年都是有利可图的，他们的盈利弥补了所有不可避免的支出后仍然有节余。当然，也会有亏损的时候，但在总体上显示出了一条稳步增长的权益曲线。没有什么被人看好的交易理论（更不用说交易策略），敢宣称取得了这样高水平的成功。

如我所说，鲜有交易者敢说自己取得了与李一样的成就：发明了一套经久不衰的交易策略。当然，无独有偶，20 世纪 60 年代期间，理查德·唐奇安（Richard Donchian）发明的 4 周通道突破系统使他跻身"名人"行列；20 世纪 80 年代，理查德·丹尼斯（Richard Dennis）和比尔·埃克哈特（Bill Eckhardt）做了著名的海龟实验；同样在 20 世纪 80 年代，还有人发明了另一个趋势交易系统，它基于约翰·布林格（John Bollinger）的布林线（Bollinger bands），这项策略直到今日仍被用来赚钱。这些都不是那个时代唯一经久耐用的策略。但是，相较于这些年不断发明创造出的大量交易策略，21 年来仍能经受住考验的强健策略实在是少之又少，属于凤毛麟角。

李曾经做过其他行当。在事业初期，他一直在通用电气公司打杂，之后转而从事计算机编程工作。1985 年，在接听了一位股票经纪人暗示他赚快钱的电话后，他开始对期货交易产生了兴趣。在个人账户经历了重大损失后，李开始全身心投入技术分析的研究中。他利用自己的计算机专长来评估测试各种市场假设和设想。当时，他并不能像如今的交易者那样得益于先进的交易软件，他在最早的一种 88XT 个人电脑上用 GWBASIC 语言编写了自己的代码！尽管当时还没有奔腾电脑芯片，李却成功开发出了基于模式识别的波幅突破点（volatility breakout）策略，这项成功策略帮助李掘到了第一桶金。

李的期货交易做得如此之好，以至于他在 1987 年（恰好在 10 月股票崩盘之前）决定全职从事期货交易。说到最佳时机，这绝对不是！虽然在股市崩盘那天他损失了一大笔资金，但他的损失并不算严重，很快就挺了过来。如今再回头想想，李承认对他来说这是个不错的经历："当标准普尔指数下跌时，这一生的全部经历在我眼前——闪过。对我来说，这样的后知后觉是有利的，因为直到那时我才知道期货交易的艰难。那一记'耳光'促使我下定决心去学习期货交易。"

1988 年，李开发了 Volpat 策略。该策略在 1993 年被他以超过 67.5 万美元的价格出售给了一批专业交易机构，这其中包括两家大型公共基金和北美一家最大的银行。

如今，李已全职从事了 25 年期货交易。他经营着一家成功的咨询服务公司，在这家公司，他与每个他所推崇的交易机构都有业务往来。许多专业交易机构都通过李的咨询服务公司寻求分散交易中的风险。现在，他仍旧主要关注短线交易。李会同时从事当日交易和短线交易。在短线交易中他持有头寸的时间为 2 ~ 4 天。他也做电子盘标准普尔迷你版 500（E-MINI SP500）和 30 年美国短期国债期货的交易。李仍然使用波幅突破点系统进行交易，尽管如今他将其策略与时机结合在了一起。然而，在这几个要素之中，李更加青睐模式识别。李的研究、开发和订单的生成都是通过 Genesis 软件进行的。虽然他的模型具有系统性，他还是会根据不同的情况进行期货交易。他会基于自己对市场状态的见解，选择根据相应信号进行交易。

在工作之余，李喜欢健身和打高尔夫，以彻底放松自己。令其家人担忧的是，不管情况多糟，李却只喜欢看到事物积极的一面。正如李所言："我宁可大笑也不愿哭泣。否则，我们中就没人可以活着逃脱了，所以为什么不尽可能地寻找一些让人开心的事情呢？"李和他的家人居住在美国亚利桑那州。现在就让我们听听李的一条建议吧。

"李，根据你渊博的交易知识和丰富的实践经验，应该有不少人向你取经吧？如果请你给那些怀揣梦想的交易者提一条建议，仅仅是一条，那么它将会是什么？为什么是这条建议呢？"

　　我认为一个好的交易者也应该是个悲观主义者，至少在进行每笔期货交易时是这样。过于积极的想法会逐渐变成满怀希望的想法，对于交易者来说，那可是没有好处的。我更关注，确切地说，我认为每个交易者应该更加关注风险。

　　但我是个非常乐观的人。我从事期货交易就是为了赚钱，我确信，事实上每位交易者都是这么想的。要是为了亏钱而从事期货交易，就实在说不通了，不是吗？我一直期待有朝一日能挣到大钱，对于长线结果我也保持乐观。有所期待地进行交易、企图赚到大钱，这样的想法本来就很理所当然。既然我们都明白这点……那么我需要关注的其实是我会亏损多少钱。为什么呢？因为任何认为自己可以操控期货交易的想法，都是自欺欺人。

　　我们都花了大量的时间研究和分析价格图表，企图找到我们该买入和抛售的股票。但在你完成所有分析，并着手进行期货交易以后，为了盈利，你还能做些什么呢？你扎根于市场，找寻着自己前进的道路，你用自己的方式赞美或诅咒着市场。你像对待人类一样质疑着市场的父爱主义，你甚至会经常祷告请求保佑。但是你绝对无法让市场朝着你希望的方向变动，达到你的期望值。你只能希望自己完成了准确的研究并选择了合适的道路，即便如此，你应该接受的是，这只是可能而非必然。有时，即使每一项指标测度都是正确的，你也可能出错，而不得不遭受损失。一旦你把一大笔资金投入期货交易中，那么它就不再由你说了算。

　　此外，对于亏损的大小，我们还是有少量控制权的。执行成本、市场下跌、隔夜价差以及飞机撞到高层建筑，都可能引起比我们预期大得多的损失，但理论上，我们还保有控制亏损程度的能力。无论你打算给自己多大的风险额度，大部分时间都可以被控制在这个范围内。既然风险是交易中你真正有可能避免的事情，所以我认为一个好的交易者应该重视风险问题。我就是那样做的，我也是那样建议你的。

　　我想要对我有利的可能性（概率），也希望面临的风险既可计量又可控制。如果那些因素都达不到，我宁愿停止交易。

李·格特斯

　　读了以上内容，你感觉如何？这样一位成功交易大师，没有谈论盈利问题，却建议你注重风险，而非收益；他也建议你对每笔交易持悲观的态度，让你关注损失；他还建议你注重能控制的事情，不是指市场的惠赐，而是市场的诅咒，即风险。我希望你能热情地聆听李的这条特别建议。交易的长久在于成功处理每次交易风险。如果忽视风险，你的期货交易事业不会长久。我希望你在听，就如我一直做的那样！

　　如果李的建议让你产生了共鸣，或许你会想了解更多有关他的交易思想和市场观念，你可以通过以下网址与他联系：www.leegettess.com。

戴若·顾比

　　戴若·顾比很可能是中国金融市场上最有人缘的外国人之一了。鉴于中国的人口数量，他更可能是世界上最为人所知的人物之一。主要原因如下：第一，戴若在中国具有广泛的公众吸引力，因为他的许多金融交易著作都被译成了汉语，并定期在华语财经类媒体做一些评论分析，而且，他还与CNBC的"财经论坛"合作，定期在节目上进行各种图表分析；第二，中国人热衷股票交易；第三，戴若对汉语很痴迷。澳大利亚可不仅仅有一位能说汉语的总理：凯文·拉德（Keven Rudd），它还拥有一位会说汉语的金融交易师：戴若·顾比！他标志性的胡子使他在中国极易被认出，而且作为"图表大师"，他在整个亚洲的期货交易界也非常有名。

虽然戴若已出版了许多金融交易类著作（这使他成为今日世界上主要的金融交易类教育工作者之一），但他并不认为自己仅仅是个教育工作者。首要地，他视自己为一名金融交易师，出版书籍不过是为他写作爱好提供一个机会吧。若你曾有幸收到并拜读过他的文章，你就会明白他对艺术的热爱。对那些胸怀大志的交易者来说，读过他的书无疑是件幸运的事。戴若擅长写作，那些难以理解或陌生的事物在他的作品中变得清楚易懂。

然而，当年的戴若曾默默无名，也并未出过书，这还要追溯到1989年。在那一年，他按照沃伦·巴菲特的价值投资哲学（即只投资你知道且了解的公司）投资于股市。因为讨厌自己的资金命运完全受公司的掌控，他开始潜心研究金融交易思想，这些思想能使资金的命运掌握在他自己的手中。终于，戴若发明了一套股票交易获利方法。每天，戴若都会做一份有待观察股票风险清单，在这份清单里显示出了多个系统性交易机会。然后，他会加入一套自主选择标准以决定留下清单中的哪些股票，这些股票随后将转移到他的期货交易列表中。他的计划主要是以高概率图表模式为主。戴若喜欢的时间框架是用Computrac制图软件处理的日线图。虽然成功并未立即降临，但是到2003年时，戴若已能带着自信与成功全职投入金融交易之中了。

戴若成功的消息很快传开，人们开始向他咨询求助。这样的关注促使戴若在 1996 年时写出了他的第一本金融交易著作《股票交易》。这本书在两周内就销售一空。如今，在此书出版的第 14 个年头里，这本经典读物已被印刷了 12 次！能把自己热爱的两件事——金融交易和写作相结合，戴若真是羡煞了神仙。自那以后，戴若开始踏上写作之路，他总计出版了 15 本金融交易类著作，有些被翻译到国外出版，其中一些书还针对中国市场状况做了修改。

今天，戴若仍在从事金融交易，就像他刚获得成功时所做的那样，把一套自主选择标准与多种系统性交易机会相结合来进行分析。他频繁地交易股票和相关的衍生产品，包括 CFD、权证、交易所买卖基金（ETF）以及澳大利亚、新加坡和中国香港市场的各种指数。由于中国不断提升的国际影响力，他密切地关注着中国动态。他一直重视基于当日交易轨迹得出的高概率图表方法。戴若强烈地认为，应该由市场条件决定他最喜爱的交易时间框架。如果条件允许，他很容易就能进行短至 5 分钟或长至数周的交易。市场会告诉他最佳的时间框架。为帮助自己确认时机，戴若还使用了一系列图表工具，包括 Guppy Essentials、Merastock、NextView Adviser 以及分析中国市场的 Gousen 软件。

戴若对交易的贡献不仅在于书籍。这些年来，他发明了数个被 MetaStock、Om-niTrader、Guppy Essentials 等图表工具使用的主导技术指标。他建立了一套非常成功的交易者教育模式，与达尔文市、新加坡和北京市合作开展商业培训。戴若为澳大利亚、新加坡和马来西亚市场制作了大量的教育实时通信。他为向发行量不断增加的中国财经类刊物撰写定期文章以及专栏。他在亚太地区、中国、欧洲和北美地区都广受欢迎。

在交易与教学之余，他一定正在世界的某个地方，用笔记本电脑将自己的想法记录在硬盘里。虽然他酷爱写作，但由于写作需要过长时间的专注力（他的妻子可宁愿他把这段时间花在处理家务事上），所以这也成了他的缺点了。

我不想说戴若和他的家人居住在澳大利亚达尔文市，尽管他们确实住在那里。但我每次联系戴若的时候，他要么在北京、上海、新加坡、吉隆坡，要么是在其他的某个地方，反正从不在家！

既然戴若现在并没有关注交易的事情，而是在赶飞机或者记下自己的想法，那么就让我问问他的一条建议吧。

"戴若，根据你渊博的交易知识和丰富的实践经验，应该有不少人向你取经吧？如果请你给那些怀揣梦想的交易者提一条建议，仅仅是一条，那么它将会是什么？为什么是这条建议呢？"

这看上去是个简单的问题，但回答起来其实挺复杂的。在市场上，成功对许多不同的技能都有所要求。我记得住看过的所有书籍和在市场交易那些年的事情。1999 年、1989 年与 2009 年的市场行为就有很大区别。然而，这其中肯定存在一些从未改变的共同特点。

在最初从事交易时，我从其他市场大师身上学到了很多东西。随着技艺见长，我提出了自己的观点并发明了新的方法。我在自己的书中分享了这些见解以便大家学习。渐渐地我有些自负起来，但市场会提醒我，要想在不断发展的市场条件中生存，我就必须得更新自己的技艺。所以，我送给交易新手与经验丰富的资深交易者的建议其实就是一个词：谦逊。

谦逊意味着你明白，也承认其他人比你懂得多得多。他们中的一些人了解某个公司的经营中究竟发生了什么。其他人则了解经济上或在政府中究竟发生了什么。还有一些人有着绝佳的分析技能或信息。单独培养形成这些知识是不大可能的，你很难比市场或在市场中的人们更聪明。

谦逊意味着你欣赏他们的渊博，你学会遵从他们在市场中的结论。他们所有的信息和分析技能都在价格波动图表中有所反映。每天都有聪明的人在市场买入或卖出。你可以通过观察价格行为来分析他们的意见。这种行为形成了三个重要的基本关系。

第一个基本关系是稳定的支持位和阻力位。我们把这些视为图表上的水平线。

第二个基本关系是动态或者支持位或阻力位的上升。我们把这些视为图表上的斜线。

第三个基本关系是处于交易者与投资者之间。我们可以通过运用 Guppy Multi-ple Moving Average（Guppy复合移动平均指标）了解和分析这一层关系。

以上这些就是我理解市场的基础，因为它们可以告诉我别人是怎么想的。

谦逊意味着我接受了图表和价格行为模式给出的信息。有时我认为市场是错误的。它本不应该下跌的。但我明白，如果我的观点未被市场价格行为证实，我就会忽略自己的观点。

谦逊意味着我按图表行事。你仔细听，还能听到金钱在彼此交谈着呢。所以我的一条简单建议就是这个。在市场中谦逊，市场就会奖励你的。

戴若·顾比

谦逊，如此简单，如此微妙，却如此强大。这是一条绝妙的建议，因为谦逊往往是身经百战的交易员最不可能具备的特点。当人们进行交易时，常伴有自信、活力、热情和无意识的傲慢（这通常发生在年轻人之中）。然后，经历过市场最大的灾难后，我们付出了金钱的代价、灵魂的代价、骄傲的代价和自我（即我们永不可能成为那种坐在无所不知且千变万化的专横市场底下的恭敬学生）的代价。我希望你在听着。我绝对是在听着。即便这些内容包含了所有交易知识和一个人能获得的成功，可一旦你停止聆听市场，并打算宣称自己的观点，它们便被搁在一边了。保持谦逊才能确保你不断地接受市场信息，正如戴若所言，反过来，这样的行为将给你带来收益。如果不这样做的话，你便乘上了通往"失望"的高速列车。

如果戴若的建议让你产生了共鸣，或许你会想了解更多有关他的交易思想和市场观念的信息，你可以通过以下网址与他联系：www.Guppytraders.com。

理查德·迈尔基

理查德·迈尔基是一位成功的随机应变型交易师，他管理着绝对回报基金。作为一个随机应变型交易者，理查德的风格被称作全球宏观型，这意味着理查德的交易没有限制。他是一名自主独立的交易师，他可以因为任何理由在任何时间进入或退出任何市场。如果理查德认为一个交易方案逐步清晰，那么他就会进行交易而不管它的交易工具、市场或者它的地理位置。

理查德·迈尔基是最优秀的随机应变型交易员之一。在 2008 年全球金融危机期间，研究机构"澳大利亚基金监测者"在其策略类别中将理查德排在了第二名。

你会期待他的良好表现吧，因为理查德全部事业生涯都在市场中进行交易和投资。理查德原来在一家机构担任操盘手，他曾在 10 年的大部分时间里为澳大利亚的商业银行进行交易。其中一家是信孚银行，在那时信孚银行可是所有市场参与者嫉妒的对象呢。

作为随机应变型交易员，理查德很少使用技术分析或技巧来完成自己的交易。理查德凭借自己对全球宏观事件的理解和对市场运动的知识做出一个个交易决策。

此外，理查德·迈尔基也是我最年长、关系最好的朋友之一。我们在 1983 年遇见，那时我们都还在大学里攻读金融课程。1983 年 12 月，我放弃了荣誉课程（honors program）学习，转而加盟美国银行，而理查德则拿到了荣誉学位，并于 1986 年进入了 AIDC（澳大利亚工业发展有限公司）——一家半国有商业银行。

作为一个纯粹的、对特殊技术没什么兴趣的随机应变型交易员，我私下里把理查德视为只凭"头脑"和直觉进行交易的特立独行者。他是少有的幸运儿，他拥有着能理解许多经济变量的罕见天赋和能力（很有悟性）。当他监察多个市场时，就会将那些重要变量提取出来，变成一个清晰的是否进行交易的决定，然后他会运用技术因素来择机入市。他可是我所知最优秀的经济分析师了。如果你知道理查德的话，你将会无视所有电视上或广播中那些首席经济学家的话，你只会听理查德一个人的观点。

但我们还是从头说起吧。1986 年，理查德作为见习交易员入职 AIDC 公司。最初，理查德从事着随机应变型交易员的工作，他试图正确解释基本的经济景象，并利用技术工具确定入市时机。在过去的 23 年中，理查德并没什么改变，除了对交易更为得心应手外。当时，理查德依靠路透社和德励财富公司获取经济信息和图表。1988 年，理查德负责管理 AIDC 的金融衍生品，并成了该公司的一名职业操盘手。他的成功事迹在市场上广为流传，没多久他就被猎头挖到了 BT 公司。理查德在 1995 年离开了 BT 公司，开始为自己做交易，继续追逐着投资收益。

2000 年，为管理外部资金，他成立了自己的绝对回报管理公司。理查德从事交易已经 24 年有余，他可以轻易地放弃一种特殊的市场观念，中止自己的那种观念，并彻底改变自己的立场。当理查德出错时，就算他知道了，他也不会因为错误分析了一个特殊情形而决定自尊受损。而我们中的绝大多数则会因为亏损而感到沮丧，并为自己错误的分析和自己过不去，可这样的事对理查德来说，简直没有丝毫影响。他又去寻找下一个机会了。

关于理查德的另一个有趣事实是，作为随机应变型交易者来说，他十分尊重系统型或机械型交易者。这主要跟他的自身经历有关。一般来说，随机应变型交易者看不上系统型机械型交易者，因为他们认为，市场远非数学运算那么简单，无论是指标还是数量公式，数学运算难以得出可信的收益。他们相信弱式有效市场假说，该假说宣称人们不能用过去的价格行为预测未来的价格行为。所以，像理查德这样非常尊重系统型交易者的情况实属罕见。

此外，理查德曾在 BT 公司的鼎盛时期担任操盘手，他亲自查看了机械型交易。在它们最繁荣的时期，BT 公司将其职业交易员集中到一个部门，理查德正是其中一员，但并非所有职业交易员都一样。有一位交易员要求由两个年轻的毕业生不断监控市场，其中一个负责白班，另一位负责晚班，他们的工作就是执行交易员（他与理查德或其他人都不同）下达的每个命令。理查德在 BT 工作时，每年表现最好的那位就是这个特殊的职业交易员。你猜怎么着？这位职业交易员其实就是一台运行着系统型交易程序的电脑：每周 7 天，每天 24 小时全天候监控着全球市场，它会发给年轻的毕业生买入或卖出的指令，让他们去执行。当理查德在 BT 公司任职期间，BT 表现最佳的交易员就是一个系统型交易程序！因此，理查德会高度尊重系统型交易。

顺便一提，其他的职业交易员都不知道这种程序的作用。这可一直是 BT 公司的内部秘密。但是大家都知道，这个程序是由 BT 公司受人景仰的国际象棋冠军理查德·法利（Richard Farleigh）设计的。在 BT 公司，理查德·法利非常成功，后来被挖到百慕大去管理一个对冲基金。34 岁时，他在那儿退休了，再之后，他搬到了蒙特卡洛市。你可以在他的著作《驯狮》中读到更多关于他的事迹。

理查德·迈尔基见识过系统型交易的有效性，所以并未像其他随机应变型交易员那样摒弃它。作为随机应变型交易者，理查德喜好在多重时间框架——从日内交易到短至中线交易下进行交易。理查德很少参与长线交易。虽然他对自己的交易对象没有界定，但他较偏爱股票指数、利率期货、商品期货和外汇市场的交易（在撰写本书的时候）。他喜欢的交易工具是期货与期权。如果看到了机会，他也会买卖澳大利亚股票。理查德会阅读所有的经济报告，在技术性方面他会运用任何组合，包括简单趋势线的突破、认识简单模式、离散度以及动量改变。

交易之余，你会发现理查德埋头于阅读传记，与唠叨的妻子佩塔相安无事。作为在澳大利亚、新西兰和菲律宾的Antiochian正统大主教管辖区的董事会成员，理查德有强烈的信仰，在教堂中也非常活跃。理查德与家人现居于澳大利亚悉尼市。现在，就让我们听听理查德的那条建议吧。

"理查德，根据你渊博的交易知识和丰富的实践经验，应该有不少人向你取经吧？如果请你给那些怀揣梦想的交易者提一条建议，仅仅是一条，那么它将会是什么？为什么是这条建议呢？"

我叫理查德·迈尔基，我是RTM绝对回报基金的首席执行官。自1986年以来，我是主要资产类交易（major asset classes）中一位活跃的交易员，在每年的交易中我都有盈利。那时候，我经历了一段又一段的市场混乱（并幸存了下来），如1987年的股市崩盘、1997年的亚洲危机、1998年的长期资本管理公司危机、"9·11"恐怖袭击还有时下的全球金融危机。不仅如此，我已从事了大约20年的证券交易，历经数载后，我的热情也依然未被耗尽。

　　我交易成功的关键是基于我的资本管理系统和交易计划，而非简单的一件事情。作为一名具有全球宏观视角的随机应变型交易者，我正面临着泛滥的信息、市场观察和技术分析的挑战。这些变量的协调统一就是解决交易决策的关键，而我的资本管理系统的职责之一就是决定其如何执行。在这篇短评中，我尽量描述该策略的概要，而不是单一的一条建议。

　　无论我是基于短期或长期前景进行交易，还是在股票、固定利息收益证券交易，或是在外汇交易中，最重要的是现实的预期，一个强健的资本管理系统和一个适用于你的时间框架的交易计划。不要试图在最初几个月里达到你的目标，因为这只会把事情弄得更糟，你应该把每个月都当成通向目标的垫脚石。

　　我的交易计划非常简单，在多年的交易生涯中，我也发现大多数成功交易者的交易计划都不太复杂。作为随机应变型交易员，每天我都被大量的经济数据狂轰滥炸。我的交易方法是依赖于前瞻性的经济数据和那些与技术市场观察相结合的模型。市场统计与时机抉择也起到了很重要的作用。比方说，零售销售额是我追随的一个重要经济变量，但是库存销售比率和库存水平对我也一样重要。ISM 指数是另一个重要的经济变量，但和它同等重要的是那些子分类指数（index subcategories），如指数中的生产和新订购量。我的交易方法中还包含了市场技术、统计和时机观测，以及市场显示出来的情绪和氛围。这些变量的协调整合，就构成了我的交易方法的关键要素。

　　我的资金管理系统涵盖了所有的交易决策。这保证了资本的保存和安全有效的配置。作为资本管理系统的一部分，我需要不断地提醒你，并非人人都是赢家，事实上大多数交易者可能都是输家，所以关键在于处理损失，并能以一种"确保你的总预期回报总是为正值"的方式退出盈利交易。当入市或退市时，为了将回撤所带来的损失控制在最小，我只会在流动性市场和不受制于政治操控（这在一些货币市场有所发生）的市场上从事交易。

　　对一个交易者来说，强大的心理素质是非常重要的，因为亏损必定是这场交易游戏中的一部分。向前看并且不过分停留在对损失的关注是很重要的，或者也不要沉迷于弥补损失。记住，机会每天都会出现。

理查德·迈尔基

　　以上内容确实出乎预料！如果你偏好随机应变型交易，那么理查德已经让你看到了他的经济战术手册，那里面都是他所关注的基本统计内容。理查德与你分享了他的交易计划，这些计划让他在过去 24 年里年年盈利。理查德觉得一条建议无法说清楚（一言难尽），所以他无私地将其经验进行了总结。对理查德来说，重要的是看到那些前瞻性经济变量和市场价格走势的一致。理查德总在试图取胜。他是资金管理的坚定拥护者，他也一直在学习如何去忽略那些平常让人容易分心的市场噪声。以上这些睿智的文字都来自一个成功的交易员，他拥有一个罕见且令人羡慕的获胜纪录长达 24 年之久。

杰夫·摩根

　　杰夫·摩根是我的良师益友，他把我领上了成功交易的正确之路。杰夫把统计概率的重要性介绍给我，它需要通过无个人情感的、百分之百客观的、冷静的、公正且具有逻辑性的行为来对待市场。

那时候，我还是艾略特波浪理论的信徒，从事着 SPI 交易。杰夫当时在为我以前的证券经纪人工作，他做的是客户投资顾问。在过去的很多年里，在很多场合我都碰到了杰夫。虽然我们时常交谈，但是并未真正地聊过市场。

一天，我为了另一起损失打电话给客户投资顾问，我又一次为自己的交易感到失望了，好像我很难赢一轮。当时我的客户投资顾问出去吃午饭了，杰夫接听了电话。于是我向杰夫询问他是否可以回答期货交易方面的问题，这是我第一次向他咨询关于 SPI 走势的问题。杰夫冷静分析，SPI 已经连续 3 次走高了，并且他注意到鉴于 SPI 达到平均水平并继续有上升趋势，同时根据其连续的收盘价序列，他不会买进。他觉得倒不如寻找机会做空。后来，SPI 上涨结束，价格在持续走低。那是我最辉煌的时刻，好莱坞和拉斯维加斯出现在我的脑海，因为我感觉自己好像正在一个巨大的探照灯下行走！自那以后，我开始从依赖艾略特波浪理论进行主观分析的预测者，变为了依靠 100% 观测的 100% 客观价格模型技术的实用主义者。所以，我要感谢杰夫向我指明了一条崭新的道路，我感谢杰夫与我的交谈。

现在的很多人都没听说过杰夫，因为他是一个深藏不露的人。他是一个个人交易员，只为他自己及家人从事期货买卖。他不教授别人，不写书，也不会出现在交易博览会上，更没有运营公司。

我觉得自己是幸运的，因为能见到杰夫，并有幸聆听杰夫的教诲。这次我又很幸运地请杰夫参与本书。你知道，在本书的许多市场大师中，杰夫是一位交易思想家，他也是我愿意聆听的最具有逻辑性思维的大师。杰夫拥有严谨的逻辑性、谨慎的认知，当提到交易市场时，他还拥有着深厚的哲学素养。他不仅聪明，而且有着一项过人的独特天赋，即能用简洁、有逻辑性的方式解释问题。他就像那种在各门科目中你都希望拥有的学校老师和大学演讲者。他非常善于教学，所以我给他取的外号之一就是"教授"，另一个外号是"TG"：交易师杰夫（Trader Geoff）的缩写。

我时常会和杰夫及另外三位专职交易员一起用餐。我和杰夫都是个人交易员，其他三位则经营着自己的绝对回报基金，管理着数以万计的机构资本和私人资本。他们中的一个人，你方才已领略过，就是理查德·迈尔基。

我们大家时常会一起用餐，一起闲聊有关交易的事情。我们之中，那个带来最多思考和欢笑的人，正是杰夫，那个教授杰夫。他对市场具有令人惊叹的洞察力和见解，当他解释这些时是那么的有逻辑、简单且显而易见。当谈及交易市场时，他有时让你惭愧于自己的无知，不过是以一种友善的方式。

所以，尽管杰夫并不出名，但请你明白，他是一位有着让人嫉妒的交易纪录的成功个人交易员，他具有机构交易级别的领悟力。

既然你对杰夫其人已有了更多的了解，那么让我为你介绍下他的背景资料吧。杰夫从小就对风险评估感兴趣。大约14岁起，他时常参加赛马，从中学会了碰运气并获得胜利。20世纪70年代，他修读了土木工程专业，他还利用课余时间做了一些土木工程实习的兼职。在读书期间，杰夫继续从事着他的市场博弈活动。仅仅靠运气就能贴补他的收入，这些收益贴补了他的大学生活。

所以，从20岁出头起，他就知道市场——不管是凭运气还是实实在在的交易，就是发现一个统计上的获利空间，然后充分利用它。他能够胜任这一切是因为他很强的逻辑思维能力和数学头脑（在攻读土木工程时，他就运用了它）。他还写过一本未出版的书籍，该书教人如何通过运算和运气赢得西洋双陆棋！在他读完一本西洋双陆棋世界冠军棋手的著作之后，激起了他写这本书的兴趣。在书中，那位世界冠军把一个特殊的策略称为悖论，然而杰夫将其视为基于概率的一项优势，他果然聪明吧？

在海外旅游归来后，相对于回归土木工程行业，他决心改变事业方向，选修了计算机分析和编程课程。不久，他找到了一份保险行业内的分析员／程序员工作。

1985年，杰夫开设了自己的公司，他主要为保险行业开发风险评估软件。这项工作做得非常成功。1989年，杰夫卖掉了公司，这使他付清了抵押贷款。于是，他再次改变了发展方向，完成了金融顾问的课程，成为注册金融顾问师并赚了一笔。

与许多新进交易市场的人不同，杰夫并不是随机应变型交易者，他建立了概率模型，这为他提供了一个入市和退市的机械性程序。取得了最初的一些成功过后，杰夫意识到他对市场知之甚少。因此，杰夫决定去市场内部学习。于是，他与一位期货经纪人建立了联系，立即获得了在这个执业期货经纪人身边工作的机会。杰夫没有把它看成一份工作，而是当成一个向内部获得真实市场知识和货真价实的交易技能的机会。他可以从经纪人和客户身上观察、聆听和学习。通过将实践经历和他对数字的喜爱相结合，杰夫得以运用他的编程技术去调查和研究各种各样的交易策略。没多久，杰夫就成功发明了波幅突破点策略，该策略曾使他及其客户受益。

1995年，杰夫离开了中介行业，转而全职从事证券交易。直到今天，杰夫仍继续着和1995年类似的交易，只不过如今他的交易有了更多的方向。杰夫在中期趋势交易采用基于模式的波幅突破点策略。他会日间买卖期货，并做股票短线交易（一般在3～10天内）。对于交易对象来说，杰夫偏爱欧元／美元交易、美元／美元货币交易和SPI。至于股票交易，在我写作本书的时候，杰夫正在交易澳大利亚证券交易所挂牌的财产信托和黄金股票。

交易之余，杰夫也会找些其他事来做。最使他烦恼的就是干坐着无事可做，让他放松可真是件挺难的事情。杰夫酷爱整修自家：你可以阻止杰夫学土木工程，但他做工程师的天赋是与生俱来的，他具有超强的竞争意识，爱好长跑，时常会参加"城市冲浪"比赛（一个定期举行的悉尼 8.7 英里⊖的趣味跑步比赛）。他热爱填字游戏、数独和旅游。噢，我有告诉你杰夫编过一个以逻辑为基础的程序用以解决数独问题吗？让他的妻子温蒂感到烦恼和挫败的是，有时杰夫实在是太有逻辑性、竞争意识强而且太一根筋了，这让他变得有些难以相处！杰夫和他的家人现居澳大利亚悉尼。现在就让我向杰夫询问他的一条建议吧。

"杰夫，根据你渊博的交易知识和丰富的实践经验，应该有不少人向你取经吧？如果请你给那些怀揣梦想的交易者提一条建议，仅仅是一条，那么它将会是什么？为什么是这条建议呢？"

> 我自 1989 年至今一直从事证券交易。
>
> 在此期间，我只有一年亏损。
>
> 当布伦特第一次让我为这本书写点什么时，我感到受宠若惊。
>
> 然而，当我越深入地思考我该说些什么时，我越强烈地意识到自己有一个哲学问题：我是一名交易员，而不是教育工作者。
>
> 证券交易就是一场零和博弈，我赚到了钱即意味着其他人必定输钱。那么为何我会希望别人不再亏损呢？
>
> **杰夫·摩根**

我得承认这并不是我所希望的回复。收到杰夫的这段话时，我正在外地度假，我得说，最初我对杰夫的文章挺失望的。我那时觉得这不太仗义，当然，我也觉得这并没反映出杰夫慷慨的本性。然而我们认识已近 20 载，也许我把他对我的慷慨大方当成他平时的

⊖　1 英里 = 1609 米。——译者注

样子。不管怎样，我在回复中向他致谢并说道，当我返程时我会再联系他。于是我仔细考虑了他提供给读者的建议，虽然仍觉失望，但我能看出他的观点态度。虽然我觉得他的行文略显短小且有点小气，但这也的确是事实。尽管他有些强硬，但他也很诚实和公平。就如杰夫所言，他不是教育工作者，而是一名商人。

不管怎样，在我结束假期的返程途中，我打电话联系了杰夫。我们谈了很久。杰夫已在等着我的"电话轰炸"，因为他知道他的文章并不符合我真正的要求。我向杰夫坦言我的失望，但我也发现自己明白他所想表达的意思。不过，我并不想让杰夫脱身，我希望从他身上得到更多的东西，因为我明白他的特别，我也知道交易者需要了解他和他的想法。

你知道，并非所有成功的交易员都声名显赫。也并不是所有成功交易员都能夺冠。其中一些非常顶尖的交易师，就像杰夫那样，都是不在公开场合交易的个人交易者。他们并不管理机构资金。他们都是想要保留隐私的私人交易者。所以，我找到了杰夫，我也找到了一个将他从隐蔽处拉出来的机会，这能使你明白，并非所有成功交易员都为大众所知。我已下定决心将他请到公众面前，以让大家知道成功私人交易员这类人的存在。

所以我辩驳说并非要求他变成教育工作者，我不过是向他请求得到一条建议，一个作为资深交易员向心怀壮志的新人的建议。我们反复争辩，各抒己见，直到杰夫态度缓和下来。正当杰夫向我重述他曾经的经历时，我插话，告诉他新人正需要他刚向我讲述的这些内容。这正是来自"内部"的故事，这故事很有分量，它包含我希望杰夫能分享给你的有力事实。我之所以有这样的观点，是因为杰夫慷慨地同意了分享它们，这正是以下内容。

最初，那就是所有我想说的内容，但在和布伦特交谈了很久之后，他说服我应该多加一些内容。

1991～1995 年的五年里，我一直担任期货经纪人。最终，在我形成了自己的市场理论和交易技能时，关于交易业与经纪业的斗争以交易业胜利而告终。然而，正是在这五年里，我明白了许多关于交易、交易员和我自己的事情。

我们的小经纪公司与零售投资者交易，其中大多数是散户。在这五年中，我差不多目睹了数百次的兴衰起伏，并且只见过一个赚到钱的案例。

这向我传达了一个强烈的信息：在开始获胜前，你必须得阻止亏损。

这个简单的观念形成了我的交易哲学基础。

大多数交易员，尤其是趋势交易员，注重利润最大化。他们为了弥补长期的亏损而需要这样做。

但是，当你有 10 次交易的连败纪录并损失了 50% 的股票时，就需要有个特别的人来为你做明智的决策了。

我却用了不同的方法，我注重于损失最小化，这种方法让我避开了这类心理上的困境。

我那唯一亏损的一年可归结为一次交易造成的，当时的情形还依稀在目。当时正值 1994 年 6 月，我已成功进行了数次银行债券价差交易，有些骄傲自大，我把持有量从 5 个交易单位（手）逐步增加到 40 个交易单位（手）。然后，就和家人去了豪勋爵岛度假，于是和市场有 10 天断绝了联系。这种利差通常波动得非常缓慢，所以你不必真正去叫停。然而当我在外地度假时，利率却猛烈变化了，我被套住了。最后，债券贴现率在 6 个月内从 4.5% 升至 8.5%。我得到了一个惨痛教训：我过度交易了，而且没有注重将潜在损失最小化。

总之，我这部分的建议是：防守制胜。

杰夫·摩根

这才是我方才谈论的杰夫·摩根。杰夫从担任期货经纪人的个人经历中获得了期货市场的知识和交易技能，他亲眼看到了不计其数的散户从他那里进进出出。而在 1991 ~ 1995 年，他只目睹了一位交易者赚到了钱！

据我所知，这样一个来自前期货经纪人的真实观察，应该是首次出现在一本交易书中的。

曾做过期货经纪人的杰夫坦率地让我们分享了他的发现，即在将近 5 年期间，他只看到一位顾客——数以百计客户中的一位，从期货交易市场上赚到了钱！

顺便一提，我也曾是那家经纪公司里许多失败的客户之一！但请不要将杰夫这段话曲解为只有期货交易才具有风险性。我认为，杰夫的论述可以适用于所有交易者，不管他们活跃在期货、股票、期权、认股权证、差价合约（CFD）、货币还是其他交易中。

现在，回到杰夫关于小型私人交易者的现实体验，他们对于控制和最小化损失无能为力。然而多数交易者注重收益最大化，杰夫认为，注重损失最小化更有助于成功。记住，期望具有两方面的价值。若你降低并最小化你的平均亏损，便意味着你将提高期望值，请记住，交易并不是为了赚钱，也不是为了准确性，而是为了获得期望值的机会。

所以对于小型私人交易者来说，杰夫的忠告源于他观察了无数私人交易者在五年间来来往往，这当中，除了一个以外，都因为未能最小化他们的损失而以失败告终。他们都注重收益而非尽量减少潜在损失。杰夫的珍贵建议是，致力于成为"最佳输家"！正如杰夫最后所言：防守制胜。

遗憾的是，我无法给你一个能联系到杰夫的网站，但我希望你能领会到他额外的一条建议，因为它来自一位熟悉交易内外的交易员，一位成功的私人交易员，他在过去 21 年里只有一年是亏损的。他还是一位让许多大机构交易员（他们中有很多人都管理着机构和私募基金里上亿的资本）羡慕和景仰的私人交易员。

格雷格·莫里斯

格雷格·莫里斯是位王牌飞行员，真的！汤姆·克鲁斯可要让位了——这里来了格雷格·莫里斯，他可是加利福尼亚州梅拉华海军航空基地美国海军战斗机武器学校（Top Gun Navy Fighter Weapons School）的优等毕业生。对格雷格来说，这里可没有电影里那样矫揉造作。因为在 20 世纪 70 年代，他担任了 7 年在 USS 独立号军舰上的海军 F-4 战斗机飞行员。

海军生涯结束后，格雷格对交易市场产生了兴趣，这最终取代了他对飞行的热情。格雷格展现出了和飞行时同样的专注和能力，很快成为一名专业的市场分析师，同时也是一位成功的交易员。

今天，格雷格因为他的畅销书《解读 K 线图》（*Candlestick Charting Explained*）而为人所知，该书于 1995 年第一次出版，至今已出到了第 3 版。该书可以算得上 K 线图分析的最好书籍之一了。格雷格在日本亲自学习了 K 线图分析，他还创作出版了《市场宽度指标完全指南》（*The Complete Guide to Market Breadth Indicators*），该书以百科全书的形式向读者呈现出了市场指标的辉煌历史。

格雷格还因与技术分析传奇人物约翰·墨菲（John Murphy）搭档而闻名遐迩。他们共同创立了 Murphy Morris 公司，并使它成为基于网络市场分析的工具和时评提供者。2002 年，他们将该公司出售给 StockCharts.com 公司。

在公司出售后，他仍旧为 Murphy Morris 资本管理公司的

MurphyMoms ETF 基金做了多年顾问，直到成为 Stadion 资金管理公司（前身是 PMFM 公司）的首席技术分析师。Stadion 是一家掌管 20 多亿美元基金的大型资本管理公司。格雷格设计和发明了基于技术规则的模型（the technical rule-based model），该模型被用来监督那些基金的管理工作。

由于他的成功以及显赫的声名，格雷格成为广受欢迎的演讲者，他在北美洲、南美洲、欧洲和中国都做过讲演。他曾被《商业周刊》（*Business Week*）报道过。如果你居住在美国，你将时常看到福克斯商业频道、CNBC 和彭博社 TV 采访格雷格对证券市场的观点。格雷格和他的妻子劳拉现居住在美国佐治亚州北部山区。

我觉得我在向格雷格提出一个错误的问题，其实我更想问问他有关驾驶 F-4 战斗机的经历。嘿，毕竟谁没梦想过驾驶战斗机呢！好吧，也许以后会有机会。现在，就让我来问问格雷格那个你想知道答案的正确问题吧。

"格雷格，根据你渊博的交易知识和丰富的实践经验，应该有不少人向你取经吧？如果请你给那些怀揣梦想的交易者提一条建议，仅仅是一条，那么它将会是什么？为什么是这条建议呢？"

事实上，我只想用一个词来回答这类问题：规则。在过去的 35 年里，我发明了技术分析软件，写了很多文章及两本关于技术分析的书，创设了技术指标和交易系统，而今我通过一个基于规则的技术模型，管理着近 20 亿美元的资产。发明了一个基于健全技术规则的优良技术模型，并拥有一套健全的买卖交易规则制度，只是资金管理一贯良好的部分原因。如果使用者没有遵守规则，这个资金管理系统就无法运行。

一旦你有了一个不错的技术模型，那么接下来你需要遵守一套规则，以实现基于你的模型要求的资产配置

（可用资产的百分比）。比如，当你的模型最初需要你投资时，限制你的风险敞口是个明智的做法。直到你有更多的证据证明未来走势将更适合交易。当这个模型日趋成熟时，买入通用原则将要求你投入更多的资金。在每一阶段，你也必须明白你将设置哪一价格水平以截断损失，然后就好像你的生活依赖着它那样，遵循这个规则。绝不要对"止损"犹豫不定。

我成年后的大多数时间里都在控制饮食。几个月前，我和妻子驾车郊游，中途停车加油。加油站有些陈旧，所以我得去里边交钱才能加油。我返回时在吃着刚买的一颗棒棒糖。我的妻子知道我本不应该吃棒棒糖的，她说："你真没有原则。"我辩解说："不是这样的，你不知道我想吃这些零食多少回了。"关键在于原则不是你能调整或者部分使用的东西，要么你就拥有它，否则就失去了。

几乎任何技术分析方法都会提供成功所需的通用原则，另外，这途径还能揭示并整合一些关于市场的详细内容，这将有助于你建立一套健全的交易规则。这个模型有助于你控制焦躁心理，更重要的是，当各种各样的模型存在于市场上时，它会阻止你偏转到其他途径上去。是的，它们都将存在。人们需要按规则遵循这个模型，当这个模型是用逻辑性的技术方式，而非使用者不了解的事物设计时，则会更为容易。这条通用原则将有助于填补分析与行动间的鸿沟（对很多人来说，这都是个绊脚石）。健全的通用原则将有助于我们战胜那些恐惧、贪婪和希望等可怕的人类情绪。自律，自律，再自律。

格雷格·莫里斯

格雷格给了你一条忠告。他所持的观点全部都是"自律，自律，再自律"。而这些都来自一位非常渊博的技术分析专家代表，他在 K 线图分析方面大概是最优秀的作者。他曾与技术分析界的超级大师约翰·墨菲紧密共事。然而，他与你分享了不止一点技术分析的建议。他所传达的信息既简单又实用。你能掌握到所有从事期货市场交易的知识和方法，然而，若你没有严守纪律，执行你的计划，你将一无所得。没有，没有，什么也没有。我希望你不仅仅读了格雷格的忠告，还听进去了，而且深入骨髓。我知道我已做到了。

如果格雷格的忠告让你产生了共鸣，或许你会想了解更多有关他的交易思想和市场观念的信息，你可以通过以下网址与他联系：www.stadionmoney.com。

尼克·瑞吉

尼克·瑞吉是我所知的最全面的交易员之一。任何一个市场、一种工具、一个工作或一个交易头寸，尼克可能要么已经在分析、交易，要么已经完成了。尼克做过这所有的事情，他从事交易，曾做过经纪人、基金经理、期货交易导师、期货交易类作家、聊天论坛版主、出版咨询服务。的确，就我而言，我还真不知道有其他交易员会像尼克那样全能。

尼克自 1985 年开始从事期货交易，从那之后，他从悉尼期货交易所的交易厅起步，做到澳大利亚、伦敦和新加坡的全球投资银行的国际交易部。尼克在全球大多数期货市场从事过交易，在澳大利亚、美国、英国和马来西亚买卖过股票。他曾管理过自己的对冲基金，他是澳大利亚的主要投资银行麦格理银行的前联席董事。他是澳大利亚技术分析协会副主席，还是《日交易员》（*Every-day Traders*）和《适应性分析》（*Adaptive Analysis*）等书的作者。

尼克的才能主要体现在系统技术性分析（综合了艾略特波浪理论和传统的图表模式和成交量分析）、交易系统设计和机械型交易方面。尼克还对影响成功交易者的交易心理因素很感兴趣。

然而，跟大多数人一样，成功并没有立刻光顾尼克。虽然，他当时并未意识到这些，尼克作为一名技术型交易员在市场上开始了他的事业。回溯到1985年，尼克正闲庭信步地经过一位顾问的办公桌，看见他正在图纸上描画一些红线和蓝线。这位顾问热情地告诉尼克，当蓝线超过红线时他就可以买入，当蓝线落在红线之下时他则应该抛出。尼克很快明白，就在此时此地，自己刚刚得到了期货交易中的"圣杯"。在见到顾问的几分钟之内，尼克就跑到街边的报刊亭购买了彩笔和图纸。没过几天，他就做起了股指期货交易！但让他失望的是，他的移动平均线交叉系统并不是他所想的"圣杯"！

尼克曾连续10年在交易中盈利，以后很难再有这样的可能了。在他将趋势交易作为最优方法之前，他和许多人一样也绕了很多弯路。尼克真的喜欢跟从市场趋势。他靠趋势交易谋生。虽然他可以从事一些自主决断的摆动交易，但他交易的核心还是遵从趋势而为。如他所言："这是将低压力收益从市场中提取出来的最佳途径。"

如今，尼克是一位多重时间框架的趋势追随者。尼克用三种不同的机械策略进行三种不同的时间框架交易。他的短线策略是"海龟交易策略"的改良，可以持续进行长达1个月的交易。他的第二个策略可以持续近12个月，而他的第三个策略可以维持数年。20世纪90年代，尼克为交易商品期货发明了最初的两个长期策略。2001年，他又改进它们以适应股票市场。虽然，他是因实施了外汇交易和期货交易强制性方案而闻名，但尼克偏好基于收盘价格数据的股票交易和CFD交易。为了研究并制定交易策略，尼克使用了 TradeStation 和 Ami-broker。尼克是 TradeStation 专家。

除了他本人的交易，尼克还经营着一家成功的咨询顾问公司。由于是 CNBC 和《星空新闻》（Sky News）的座上常客，尼克在澳大利亚家喻户晓，他还经常接受《澳大利亚金融评论》的采访，发表他对市场的见解。

在交易之余，你常能在努萨（Noosa）附近的钓鱼地点发现拿着钓竿的尼克。尼克酷爱钓鱼。他把钓鱼当作摆脱市场让自己放松一下的发泄口，他对此几乎着了迷！他热爱钓鱼，每周都尽可能多的出去钓鱼。这或许让他的妻子感到宽慰，因为作为一个完美主义且很难被愚弄的人，尼克平时的生活非常紧张，但他称自己的情况正在变好。毋庸置疑，就为这，他也要好好感谢澳大利亚东海岸那些难缠的鱼了！尼克和他的家人现居澳大利亚的努萨。现在就让我们听听尼克的一条忠告吧。

"尼克，根据你渊博的交易知识和丰富的实践经验，应该有不少人向你取经吧？如果请你给那些怀揣梦想的交易者提一条建议，仅仅是一条，那么它将会是什么？为什么是这条建议呢？"

坚持不懈：尽管在交易事业途中你会遇到艰难、障碍、挫折，努力，不断地坚持。

当今社会，人们总是急功近利：最新的玩意儿、升职、汽车甚至是在餐馆订餐，都想着越快越好。

总是抱怨这些东西来得太迟。

但是，交易成功并不是唾手可得的，而是来之不易。

为何有那么多人在交易中失败？他们只是没有坚持也没有耐心等待市场回报他们。也许你拥有非常棒的策略、最佳交易计划以及让人赞不绝口的资金管理。然而，若你不让这些工具相互磨合一定的时间，那么你将一无所得。

这是容易理解的概念，但将它用于实践中却难以置信地困难，这是因为人们希望立马就能得到收益。

在投资界中有一句谚语："重要的是时间而不是时机。"它常被用来表达"买入并持有"策略。

然而，对于交易者来说，这也是成功的重要因素，可能是最重要的因素。不管你使用着何种交易策略，当市场准备好时，它就会回馈你，这和每周五例行寄来的薪水支票并不一样。当市场准备好时，就会慷慨解囊，给你丰厚回报。你所需做的就是活着，然后才是活得更好。

好好想想这个类比吧。你会买3个月或6个月期限的房子吗？对大多数人来说，答案毫无疑问是否定的。你采用长线方式，在那段时间里，你预期房价上升或下跌。你乐意接受在一些年份中房价可能不会上升，甚至还可能会下降，但这并没有关系，因为你很清楚，长期而言，其价格将会上升。

所以，就让我们运用这个交易中的类比吧，尤其是在追随趋势这点上，它在我看来，可是获取低压力收益的最优方法。现在，我就是一个趋势跟随者，尤其是交易长期股票的时候。我的平均持股期大概是10个月。我是根据一个非常简单的策略来挣钱的，这个策略就是减少损失并让利滚利。当市场趋势上升时，我就打算跟进。当市场趋势下跌时，我就打算套现。不需要做任何比这更复杂的事了。

但为何不是所有人都能做得到呢？

因为他们觉得每个月甚至每天，都应该获利。

但事实上，每年的股价都不会升至很高。是的，虽然大多数时间里它们有所上升，但并不是每年都这样。

它们当然没在 2008 年上升，我很高兴当时做了套现，再等待时机。

然而，业余交易者不想套现。他希望赚钱，希望参与其中，希望现在就获得收益。

接着 2009 年来临，那是过去 10 年中股价波动最剧烈的年份之一。

专业交易者持有现金，充满自信，并懂得坚持不懈。他们制定可靠策略进行期货交易，在 2009 年大赚了一笔。

而业余交易者在 6 个月前就放弃了趋势跟随的做法，之后尝试了其他不同的策略，可都没什么用。他很可能亏损了，他遭受挫折了，做了很多事情试图纠正错误，但最后只是绕了个圈又回到了起点。

他回想 2009 年时充满了懊悔。如果他在对待市场给予的利益时，懂得坚持并长期持有的眼光该有多好。

尼克·瑞吉

坚持不懈。非常非常正确。我想许多交易员将开始考虑尼克的忠告，回顾他们以前因为业绩不佳而抛诸脑后的策略，重新审视这些近期屡创佳绩的策略。这就像在弯曲的结账队伍中挑选了一个你以为最近（快）的地方排队，结果却是最远的位置！尽管尼克建议你可以拥有所有的事物：一个强有力的策略和一个灵敏的资金管理策略，但除非你有时间、有耐心而且还有恒心，否则你将一无所得，你只会得到一些淘汰了的策略和越来越多的挫折！你必须忽视对迅速成功、短期回报以及短期满足的要求，这在交易中都很少发生。把坚持不懈这点加入你的交易计划中吧！

如果尼克的忠告让你产生了共鸣，或许你会想了解更多有关他的交易思想和市场观念的信息，你可以通过以下网址与他联系：www.thechartist.com.au。

布莱恩·谢德

布莱恩·谢德既是海军海豹突击队前队员（Ex-Navy SEAL），又是成功的交易员。和大多数人一样，布莱恩并非生来就是交易员。在进入期货市场之前的12年里，布莱恩做过潜水员和海军，效力于美国政府。他的一些经历能让你脊背发凉，比如，有一次他在维修USS爱荷华战舰时被困在了水底，而当时氧气快耗尽了。那次布莱恩由于脊椎中的氮气泡和手臂麻痹而在高压氧舱待了八个小时，差点把命丢了。谁说只有金融市场才有风险！

我想，你可以阻止他加入海军，但他天生适合做海军。在我们一起讨论这部分内容的时候，他的言语中充满"明白""交给你了""收到"等词语。这感觉就像亲身体验跟美国海军打交道一样！我要说，布莱恩也是最快回复我邮件并回答问题的交易员之一。我能想象，这反映了他在美国海军部队时就懂得服从纪律和快速反应，以便在紧急状况下有效完成任务。布莱恩的确有把当海军和从事交易做过比较，因为它们都会碰到随机决策的情形，这时就很需要一个明确的决策了。

布莱恩最初对期货市场产生兴趣是在1992年，那时他刚开始从事期货交易，以此贴补一些从海军获得的收入。最初，他是一个随机应变型交易者，在股市期权中运用传统的技术分析来进行交易决策。

与当初不同的是，现在人们可以通过互联网轻松找到数据信息，布莱恩在接受即时数据方面有些困难。当时，他通过一个大型卫星接收器来收集有10分钟延迟时间的数据信息。这个卫星接收器就放在他公寓的一个空房间里。唯一棘手的问题就是在他的窗户外正对面处有一颗垂死的樱桃树，那棵树妨碍了数据接收。幸运的是，一天晚上，那颗枯樱桃树消失得比魔术师大卫·科波菲尔的消失行动更快，所以他很迅速地又开始了交易活动！

成功并未很快光顾布莱恩，于是他将自己全身心投入研读任何他能找到的书籍中，其中一本书便是拉里·威廉斯的著作。所以，1994 年布莱恩向拉里寻求建议。拉里爽快地同意与布莱恩喝咖啡，而其他的，据他们所说已成历史了。布莱恩将他的成功归功于拉里的教诲和指导。1996 年，布莱恩辞去了海军教员的职位，全心全意地投入期货市场中。

布莱恩将自己的观察和拉里的教导相结合，成功发明了他个人的一系列独特规则。这些规则是针对入市和退市的。2002 ~ 2005 年，布莱恩帮助拉里出版了《威廉斯商品择时》通信杂志，它至今仍是现存第二古老的连续出版的商品类通信刊物。

如今，布莱恩称自己是一个无聊的交易主管，他监督自己的员工，这些员工遵从他的指示。除了从事自己的交易外，布莱恩还经营着一家成功的咨询公司。布莱恩不太愿意谈及自己的交易方法，他将它描述为一个"策略的随机应变型方法"。布莱恩使用 Genesis 软件来执行其策略，他会寻找一些持续 2 ~ 4 天的短线交易，尽管当他认为合适时，他也曾持股达三周之久。布莱恩主要从事期货和一些期权交易，它们是多样式的投资组合，涵盖了金属、能源、农产品、利率、现汇和指数市场。

在交易之余，布莱恩驾车快乐地带着家人在郊外旅行和观光，虽然他的妻子有时不知所措或不太情愿。但是，就像布莱恩说的："我的妻子小时候并没有那种爸爸收拾好行囊，然后开车带着孩子周末午后去旅行的经历，所以我的孩子们总看到在车里恼怒的老妈和手握方向盘的快乐老爸，而他们不知道这是为什么！"布莱恩和他的家人现居美国爱达荷州。现在就让我来提问吧，我知道你会想知道这问题的答案的。

"布莱恩，根据你渊博的交易知识和丰富的实践经验，应该有不少人向你取经吧？如果请你给那些怀揣梦想的交易者提一条建议，仅仅是一条，那么它将会是什么？为什么是这条建议呢？"

　　我想坦率地说：每个交易新人都有成功交易的潜质，但他们如何或者何时做到，以及他们是否能积累足够的资本，这可得另当别论了。不管他们最终选择成为基于基本面的交易者还是基于技术的交易者，是随机应变型还是机械型，为实现目标所做的所有研究、发明、交易和估值，都是实现最优交易必须花时间和金钱完成的必不可少的步骤。

　　我信奉的思想流派认为，花费时间一次就做成一件事，可以防止连续两次犯同样的错误。但是一个人如何才能做到这样呢……

　　如果我只有一条小忠告或者重要的见解送给一个即将进入金融行业的交易新人，它将是：在你的交易事业初期，就尽早努力将你的交易理念定义为先进的交易软件平台，并用它作为检测交易对错的支撑。

　　其他的一些补充是市场需要耐心、自律、下单时的守时，等等。这些补充都是事实，但是，在他们交易生涯的早期，能够尽早地通过测试确定那些他们认为要重复发生的市场模式和潜在进入／退出的信号，将有助于他们尽早采取行动，这样就会比大多数人更迅速，如同使用 GPS 导航仪的旅行者，而不是停下来向旁人打听通往目的地的方向。

　　对我而言，自从我于 1994 年购买了"System Writer"软件以来，针对这类高级交易的技术就有所改善了（结果更好，操作也更简单）。我从 2000 年起，开始使用 GenesisFT 豪华版交易软件。如果不能回测我的市场理念和判断，让我最终了解我曾经交易过的市场历史，或者无法了解任何给定的时间里的胜率，在这些时间里，我就会按兵不动。

10年前，我本应该建议一个交易新手尽量长时间地做模拟交易，直到他确信将做的是正确的事情时，再进一步去做现场交易。尽管我心里希望我曾这样建议过，但是，只做模拟交易带来的固有毛病，通常是一个交易只做了三件事之一时就已完成。这三件事分别是：

● 跟随趋势进行交易时。这样我们在进行真实交易时才不会出错（但未预见的第二个问题又出现了）。
● 在交易趋势快结束时。那时，你的模拟交易将有可能使你抛弃那些原本正确的交易方针。
● 市场盘整或者一个新趋势的初期。与第2条结论一致。

如你所知，就在这时，或者经常是在"真钱"交易一段很短的时间后，交易新手中有90%就很快成为亏损的交易者，不久之后一些将退出市场，因为不想在亏损过后重新投资，或者在养成交易恶习后继续迫使自己交易。而他们在模拟交易初始期，几乎都不知道最终的底线是什么，并且都受到了上天的眷顾！

随着回测模拟交易的出现，今天的交易新手都能及时回顾检查他们过去的每一笔交易，使他们能观察到当时在市场上升时期、下跌时期或者波动时期是如何行动的。现在，他们在开始时就很清楚将要做些什么，在每轮中如何去做以及如何应对。一旦他们有了信心，能自如交易时，他们就应该坚持下去（重复成功），并定时定期地"调整"策略。

这就是我能送给读者的最好忠告。人们有权决定轻松或艰难地去做交易，这得看他们的想法了。

祝你们交易成功！

布莱恩·谢德

我希望你听进了布莱恩的忠告，不要盲目交易。听从布莱恩传达的简单建议：掌握合适的交易方法，尽快去做。市场已经告诉过他们该怎么做，而交易者做得太晚时会发现：他们的策略不再具有优势了。所以布莱恩的忠告就是，在你真正赚钱以前，彻底测试并掌握你的交易方法。他鼓励你合理利用现有软件，它们对你的测试都有帮助。这些事情做得越早越好。布莱恩的忠告暗示着，如果你尚未购买合适的软件，那么你现在就该去买一个了，做这个投资。你还应该尽早地让自己了解这个系统的开发模块，快点行动吧。

也许你们其中一些想成为随机应变型交易员的人会说，这条忠告不太合适，因为它难以适用于随机应变型交易。但我想告诉你，你会为计算机能带给你的东西而感到吃惊的。

我的基本观念是这样的。只要你能想得到，就能把它记下来。如果你能把一个想法记录下来，那么通常就能把这个想法编成程序了。如果你不能，这往往是因为你不能清楚地表达和描述你的想法。如我刚才所说，你将为你在计算机上写出的程序感到惊讶。

请不要把"但是我年龄太大了，已不适合去学习把想法编写成程序了"这样的话当作借口！如果你希望在期货市场上成功，你就得严肃地对待，并且需要投入必要的金钱、时间和努力。不要偷懒，也不要忽视你的方法在市场上的潜力。听从布莱恩的建议，马上行动起来吧！如果我早年就听过布莱恩的忠告的话，不知会省下多少钱，少受多少罪啊！我希望你正在聆听布莱恩的忠告，我就是这么做的。

如果布莱恩的忠告让你产生了共鸣，或许你会想了解更多有关他的交易思想和市场观念的信息，你可以通过以下网址与他联系：www.schadcommodity.com。

安德里亚·昂格尔

安德里亚·昂格尔是一位夺得过冠军的日内交易员。他是2008年度和2009年度罗宾斯期货交易冠军赛的冠军连任者。如果他能在2010年蝉联冠军，就将成为该比赛25年来第一位"三连冠"的获得者。

由于具有工程学背景，他擅长设计机械型交易策略。2005年，他成功地赢得了欧洲杯顶尖交易员竞赛。随后，他又在2008年罗宾斯杯期货交易冠军赛获胜。安德里亚以12个月672%的回报率获胜！

2009年，他以115%的回报率再次获此殊荣。安德里亚现在是该竞赛25年来获得连胜的三位交易员之一。像迈克尔·库克一样，安德里亚的一个雄心大志是连续三次获得该比赛冠军。

正如我所说的，安德里亚是一位成功的日内交易员。但是，对大多数职业交易员来说，生活并非源于一个电脑屏幕、一个键盘和交易账户。作为一名机械工程师，安德里亚近十年大多时间里都在意大利一个大公司做中层管理工作。直到1997年，安德里亚对期货市场产生了兴趣。在从事交易的前几年，安德里亚主要是一个随机应变型交易员。依据他从电脑上观察的情况，凭直觉决定入市的头寸。

2001年2月，安德里亚发现了做市商定价的备兑权证存在低效率之处。作为一个擅长数学的机械工程师，他立即认识到自己可以利用这个低效率。他干得如此之好，以至于在两个月之后，他就辞职成了一名全职交易员。

但事情并不总是一帆风顺。安德里亚知道他发现的不合理之处不会一直存在，所以他开始开发一个机械型交易系统。他找到了意大利知名的成功交易员多米尼克·福蒂，向他征求意见，他不久便成了多米尼克的高徒。当时，他成功开发了依据 5 分钟 K 线图进行当日交易的机械型交易策略。从那以后，安德里亚和多米尼克成了亲密的朋友。他们一直在交易思想和系统开发方面进行交流与合作。

2006 年，安德里亚写了第一本关于交易员资金管理的意文版书籍《资金管理：方法和应用》。

如今，安德里亚依然在使用交易 5 分钟 K 线图。他在不同的市场上使用了不同的机械系统和不同的交易方法。安德里亚喜欢尽可能采用综合多样化的策略，并且在模型中结合了顺趋势和逆趋势方法。他使用 Genesis 和 TradeStation 软件来研究、开发和检测交易策略，并生成交易指令。他交易的是混合的投资组合，其中包含有指数、货币和债券。他最喜欢的交易工具是期货。另外，安德里亚经营着一家成功的咨询公司，该公司主要为像他一样希望从事交易的人提供咨询服务。

在从事交易之余，你常常会发现安德里亚奔跑着穿街过巷，他在为自己下次的马拉松比赛进行训练。他热爱旅行，就像所有意大利人都喜欢意大利国家足球队那样。安德里亚和他的家人现居意大利的阿斯科利。现在就让我们一起听听安德里亚写给有抱负的交易员（比如你）的一条忠告吧。

"安德里亚，根据你渊博的交易知识和丰富的实践经验，应该有不少人向你取经吧？如果请你给那些怀揣梦想的交易者提一条建议，仅仅是一条，那么它将会是什么？为什么是这条建议呢？"

世上有许多种或许充满雄心壮志的交易员，他们大多都有一处是相似的：那就是他们希望做正确的事情。要想成为一个成功交易员，你需要接受错误，你需要明白你的信念并非总是正确。

你应该为你的交易做计划，你需要坚持执行这个计划，你的计划也会有遭遇失败的可能，因此马上采取行动吧。

在市场上交易有许多途径，选择一个适合自己的途径，并计划自己成功的路径。你可以采用随机应变型交易或遵从机械型交易系统，但一旦你决定了自己的方式，那么就勇往直前，在你的计划告诉你是时候停止前，请不要改变自己的想法。

试着找到适合自己的途径。如果你想创建一个交易系统，请适当考虑自己的个性。你能在一排失败的交易者面前保持平静，却因为一个重大损失而感觉糟糕吗？那么，你需要一个设定有限的止损限额的系统，该系统能敏锐捕捉到市场大变动的征兆。如果情况如此，那或许趋势追随系统是最适合你的了。该系统就类似于一个具有定位止损功能的简单突破策略。若正好相反，你总是想做正确抉择，而且不能忍受连续亏损，那么一个设有巨大止损点的系统将达到你的目的。你将有很大的胜率（如果该系统被很好地设计出来了的话），一些不时的损失将不会太多地影响你的风格。

不要试图让市场去适应你的观念。你得去估计市场行为，检验自己的理论，并核查其结果。如果它们与你的预期有所出入，那么你得准备改变想法，并考虑一些新的方法。与其绞尽脑汁把时间花在让老观点"起死回生"上，倒不如制定一些新的更为成功的方法。

请始终保持好奇心，记住市场是会变的，所以你每天都得研究它们是如何进行的，而你又该做些什么，以便让自己能够保持优势。

不要为逃避必要工作而寻找借口，当你在制订自己的计划时，就算碰到那些愚蠢的障碍也不要停下。如果你真的想成为一个交易员，你就得一直往前走。

最后非常重要的一点是，不要高估市场潜能。回顾过去的图表，很容易就得到一些重要发现，"如果我这时买了，如果我那时卖了……"那都是一厢情愿的想法。事实并非如此。如果你确实低买高卖了，这更可能是因为你抓住了机会，而不是进行了一个不错的交易。这不过是一次幸运的交易。你不需要通过把握高点和低点达到交易成功。你只需要建立一个与你的个性互补的交易方法，然后年复一年、月复一月、日复一日地与它同行。

安德里亚·昂格尔

这篇高明的忠告来自一位连任冠军的交易员，我希望你在聆听。安德里亚坚信也建议你制定一个适合自己性格特征的交易策略，寻找到一个与自己"兼容"的策略，然后坚持按该策略进行。灵活应对市场变化，接受市场有朝一日总会改变的事实，寻找确切的信号以给自己一些线索。必要的话，时刻准备着调整策略。对市场上的新想法要保持好奇并能够接纳。避免停滞不动，毕竟市场可不是静止的，所以你也不应如此。这篇高明的忠告来自一位高明而成功的金牌获得者。我希望你方才听了安德里亚的良言，因为我确实是这么做的。

如果安德里亚的忠告让你产生了共鸣，或许你会想了解更多有关他的交易思想和市场观念的信息，你可以通过以下网址与他联系：www.oneyeartarget.de。

拉里·威廉斯

快到最后一位了，他依然是重磅人物。在后边介绍这位市场大师，似乎正好与前面关于他的善举的介绍遥相呼应。

就我所知，拉里·威廉斯是无与伦比的交易大师。他从 1962 年开始从事金融交易；从 1965 年起，他活跃于交易市场，而自 1966 年以后，他全职从事交易事业。那都是很久以前的事了。倘若拉里决定不再与我们分享他的观点，我真不知道还有谁能替代他。据我所知，追随他的人中，目前还没有哪位能做得像他那样成功。我难以想象还有哪位其他交易员能像拉里那般杰出。如果拉里离开这个舞台，他会留下一个令人难以置信的空缺，我觉得没有人可以填补。

我之所以说这些，是因为觉得拉里·威廉斯会较其他人更为尽力，贡献出更多新颖有效的交易观点，他比其他人更有可能把交易员推向成功的资金管理的职业道路上。当然，我很高兴现在有人给我挑错。但是，从我个人的经历和从专业资金管理者那里耳闻的情况来看，我不认为有其他交易员的看法会比拉里更成功地被如此多的交易员所使用。

当然，拉里与我们分享的内容不一定都行之有效，但是，他的许多想法自首次提出后，一直沿用到了今天。我能想象，未来它们将依然起着重要作用。

如前所述，拉里从事交易已很久了。如果你 19 岁开始进入市场，22 岁就成为一个活跃的交易员，那时人类还未登上月球，可想而知，那样一个人在交易过程中必定积累了很多宝贵的市场知识和交易思想。是的，拉里的确做到了，并且他仍在这么做。拉里自 20 世纪上半世纪的黄金时期起，一直在不懈地追踪市场，从事市场交易。

20 世纪 60 年代早期，像所有新交易员一样，拉里在努力发掘自身优势。那时候，拉里主要从事股票交易，他主要依据新闻消息和市场上的观点进行交易。即便没有交易新闻，他依然在交易着，直至"发现"了导致亏损的每一种方法！为了长期持有收益

（长盛不衰），拉里加入了一个读书会。不同于今天，那时候市面上只有五六本交易类书籍。拉里花费了大量时间在美国西海岸的各大图书馆中寻找那些凤毛麟角的交易书籍。

拉里不仅苦于缺乏交易类书籍，而且当时也没有像今天这样的"聪明的绘图程序"，所以他仍然手工绘制点线图。那时，拉里运用传统图表形式，主要从事快进快出能迅速盈利的股票交易。虽然他有些盈利，但还不至于非常成功。直到1967年，他遇到了比尔·米汉（Bill Meehan），芝加哥交易委员会成员之一，他的交易生涯才真正起飞。比尔向拉里传授如何通过在大的波动中拥有小头寸来赚大钱。比尔教会拉里基本面的重要性以及怎样做出选择，以迎接市场的大起大落。拉里学到这点后，接下来的问题是入市时机、如何止损和如何退出。他花了约10年才掌握了长线交易，他是基于可靠（健全）的基本面，并使用好的技术定时入市法进行长线交易的。当拉里掌握了长线交易方法后，他开始开发短线交易技术。

具有讽刺意味的是，拉里的交易事业却因交易类书籍的稀少和电脑的缺乏而获利。20世纪60年代，拉里必须独立思考，去研究市场上的新的盈利空间。拉里无法参考时下的交易新书来获取新思路，他也无法将自己的想法编成程序，绘制成图。尽管比尔给了他一张大图，但他还是得自己制定出"短兵相接的白刃战"时的具体指令。想想吧，若没有丰富的免费网络资源以供参考，没有亚马逊网站（用以搜索最近的交易报告），没有通过Google寻求答案的捷径，与我们现在所拥有的相比，拉里简直是在黑夜中摸索着进行交易。想象一下，现在如果没有触手可及的交易类书籍，没有电脑和图表软件包，无法联网，没有Excel，没有历史数据或电子数据，你将怎样进行交易？感到一无所有吗？很无助吗？有点焦虑吗？茫然？无知？无所适从？在黑暗中？对，那就是拉里进行交易的环境。现在我们有多少人能完成拉里在电子"石器时代"所做的壮举？我猜没几个人能做到吧。但具有讽刺意味的是，拉里却因为不得不做这些而发达了。他不得不学会怎样根据具体情形，即兴提出意见，进行市场调查，并证实他的想法。他不得不成为李·格特斯后来形容的那种"坚持不懈的研究者"。正是那些他在20世纪60年代被迫开发出的方法，帮助他成为20世纪上半个世纪最具原创性的成功交易思想者。

在他从业将近50多年后的今天，拉里仍在继续研究。谁会想到，20世纪60年代交易资料和服务设施的缺乏，对他而言却成了一个礼物，而非缺陷。迫于需要，同时出于好奇心和努力，拉里多年来以常人难以想到的原创性方式学会了观察市场。

然而，一切开始于20世纪60年代。1965年，他开始发行名为《威廉斯商品择时》的通信刊物。尽管2008年拉里曾停止发刊，可现在，它仍然是第二古老的连载商品期货实时通信。1966年，他创设了威廉斯指标，在提出该指标43年后的今天，这一指标仍旧包含于多数流行图表软件包中。同年，他首次提出现被称为"轴心点"的思想，该思想首次写进于1969年出版的《选股决定盈亏》一书中。现在，轴心点交易系统在时事通讯业内和交易者中仍十分流行，但拉里也不是轴心点思想的发明创造者，他是从一个叫欧文·泰勒的交易员在20世纪二三十年代首次写到的书中学到这个概念的。

1970年，拉里第一次写出了交易者报告（COT），并通常被认为是这方面的鼻祖。从那时起，致力于描述和阐释COT数据的行业开始兴起。从他首先写出COT报告到现在几乎40年中，他继续分析它，寻找基本面信息帮助其进行交易。1974年，拉里第一次描述了期货商品中的季节性效应，从那时起，围绕它形成了另一个行业。1983年，拉里首次证明了开盘价是一个重要的参考点，被认为是开发了价格波幅突破点技术。拉里是第一个写了周交易日和月交易日的人。拉里第一次介绍了个人期货商品交易资金管理技术，他创造了许多积累和分配资金的方法。

拉里最著名的可能是他获得了罗宾斯杯期货交易冠军赛的总冠军。1987年，他获此殊荣，因为他在12个月交易中把1万美元变成了110万美元。这一成就至今无人能及。拉里高兴地承认，他操作的账户涨到了200万美元，由于1987年10月股市崩盘，而回落到75万美元，但到1987年年底，他通过交易使账户资金恢复到110多万美元。就像我说过的，至今无人能打破他的纪录。10年后的1997年，拉里16岁的女儿按照拉里的技术，以1000%的回报率赢得了同样的比赛，到年底，她的交易账户从1万美元变成10多万美元。不，不是拉里替她建立头寸和操作，他的女儿依照拉里教她的规则进行了所有的交易。

拉里教授了遍布全球成千上万的交易者。1982年，他首次倡导了在研讨班上课期间进行实时交易教学。从那以后，实时交易成为较好的专题研讨会的共同教学特点。但是，就我所知，直到现在也不多的是，拉里是唯一一个在一次系列专题研讨会期间，从现场实时交易中赚了100多万美元的人。我本人参加了两次拉里的挑战百万美元专题讲习班，目睹他进行实时交易，在两次研讨会期间赚钱（我与另外一名参加者分享了他的20%的利润）。表12-2总结了他实时交易的结果。令人叹为观止！

表 12-2　实时交易结果　　　　（单位：美元）

1999.10	250 000	2000.11	46 481	2001.10	48 225	2003.4	12 046	2004.9	26 023
2000.5	302 000	2001.3	−9640	2002.5	32 850	2003.5	−750	2004.10	92 075
2000.5	35 000	2001.4	49 000	2002.10	79 825	2003.10	34 600	2005.6	6 000
2000.10	22 637	2001.5	23 300	2003.3	35 035	2004.6	34 000	2005.11	34 000
								2006.6	3800
									1 256 506

尽管我的好友和导师杰夫·摩根教会我简单价格图形，但是拉里让我在识别各种可能的图形模式方面大开眼界。我至今仍记

得在百万美元挑战专题讲座上第一次见到拉里，他正在看一张图，然后将最近的每日条形图数据输入 TradeStation 系统写作软件，编制反映近期最高价、最低价、收盘价的程序。

然后，他打开软件，通过图形历史数据库寻找相似图形出现。他想看看现在的价格行为是否是交易过的重复模式。正是在那一瞬间，我决定写出我自己的程序，让我寻找和识别高概率重复出现的价格走势。这个程序至今仍是我的短线交易组合的守护者。

就像我说过的，我不知道还有哪一个交易员能取得拉里在期货市场上所取得的成功。作为一个交易员，拉里最初主要做期货交易。他根据每日条形图作抉择，但他也会基于基本面分析建立不同市场的组合头寸。他偏好出击会有大变动的市场，这也许意味着他不会在某一个专门的市场上交易很久，或者说拉里感兴趣的不是某个特别的市场，而是宁愿发现具有良好基本面的市场。

尽管拉里不是一个机械、呆板的交易员，但他具有非常系统的交易观，他寻找符合他的基本面标准的市场。我要说，当拉里谈到基本面时，他不是指资产负债表或经济分析，而是指市场基本面的结构。了解市场参与者所做的，以及他们的行为会对期货价格的波动产生什么影响。拉里的基本面分析的资料来源之一是 COT 报告（外汇期货持仓报告／股票期货交易员持仓报告）。一旦他依据基本面分析确信某些市场可能有向上或向下大的波动，他将根据判断决定在哪个市场进行交易。一旦他决定了，拉里将运用他的技术工具，决定入市时间，设置止损点，管理退市时机。

拉里也是交易艺术的信奉者。他不相信交易可以"熟能生巧"，他不认为可以找到一个机械的体系，并一成不变地操作。他不是说机械型交易不赚钱，他只是认为一个交易员如果将系统方法与交易艺术相结合可以做得更好。拉里使用 Genesis 软件寻找他的基本面状况，确定它的入市、止损点和退市点。拉里是如此喜欢 Genesis 软件，以至于他希望拥有该软件的版权。

现在，拉里仍在学习。他觉得他将会不断学习，因为市场在不断地变化。他今天所交易的东西与20世纪60年代、70年代、80年代或90年代交易的东西不同。今天，可以用不同的工具和市场来进行交易。电子市场的出现使得交易与以往完全不同，没有什么会停滞不前。

多年来，拉里写了9本书，其中大部分被翻译成了10多种不同的语言。40多年来，拉里把这些书的版税捐给了俄勒冈大学的奖学金项目。

在交易之余，你将会发现拉里在研究考古学，收集本国艺术品、钓鱼、参加马拉松比赛（他参加了76场）。但是，让他妻子恼怒的是，尽管有这么多兴趣，他发现没有什么比交易更具有挑战性。顺便一提，如果你曾经有机会，就会读到他1990年所著的《摩西山：西奈山的发现》一书。它的确让人大开眼界。拉里·威廉斯就是夺宝奇兵！拉里和露易丝现住加利福尼亚州的拉荷亚。

你下面读到的将非常特别，它来自一个比大多数其他交易参与者交易时间更长的一个积极交易者。请认真聆听，集中注意力。拉里的建议来自你很难买到的多年经验。让我现在向拉里提问他的一条忠告。

"拉里，根据你渊博的交易知识和丰富的实践经验，应该有不少人向你取经吧？如果请你给那些怀揣梦想的交易者提一条建议，仅仅是一条，那么它将会是什么？为什么是这条建议呢？"

如果这里只有一样东西，让我告诉一个刚起步的交易员，它会是：这是一个令人惊讶的、既简单又复杂的事业。我所强调的不只一件事。然而，如果只让我讲一件事，那就是，如果你要成功，你就必须学会控制。

控制比你的交易系统或适用的资金管理技术更重要。有人混淆了关注和控制，其实它们是不同的。关注是把你的注意力集中在一个特殊的事物上，而控制在其后。控制意味着不仅高度关注，而且接着采取特别的行动。

控制必须包括这项交易事业的许多方面，你必须全面控制你选择的资金管理的所有形式。换句话说，交易中仅仅有资金管理策略或技术是不够的。那有点像你为轿车配备雪地胎，在冬天却不装上它们，以至于你的车在冰上打滑，毁掉了你的爱车。那实在是一个好的类比，比我以前所想到的都要好。

当你获得了一个方法知道你应该做这个或那个，那是关注，但是没有将过程置于控制之中，是造成交易者偏离轨道，"在冰面上滑行导致交通事故"的真正原因。

我不太确定用哪种资金管理策略会有很大的区别，只要它是合理的，并且不是过度投机的。对你有帮助的不是资金管理方法或者对资金管理的理解，而恰恰是应用：你的控制。

这些对于你的交易策略或个人交易心理也是适用的。就像父母谈到生活时常说的那样，正确的吃、行，别与坏人出去玩，这些都是老生常谈，但不是每个人都会照做。

说来容易做起来难，相信我，交易事业就是一场战斗。这场战斗中首先是要确定一个相当好的、可行的、能确实盈利的交易方法。然后是持久地运用这个方法，用它进行资金管理。个人应坚持遵循这种方法，不断完善这个特定策略。

当新手还在寻找一个简单的答案时……事实上每个人都在寻找这样一个答案。也许有那样的答案，然而，真理来自其他人的答案的可能性，并不比来自你解决自身面临的特殊问题时所提出的问题更多。

是问题，而不是答案，培养出了更好的交易员。

在从业近50年中，我还必须具备对交易行为或一项交易的即时洞察力。没有聚光灯照亮我前面的道路，没有什么特别的人给过我完整的答案。如果你认为有那样一个答案，那就错了。

交易事业是艺术和科学的结合，是数学和情绪的结晶。所以，对某个人有用的东西，不一定适用于另一个人。

所以，答案不在这儿，这是一个指示器。这儿是一些可以让你在余生中赚钱的数学公式。答案是：这项事业充满了需要你亲自回答的问题。

没有风险就没有回报；没有工作就没有回报；没有奉献精神和坚持不懈，同样没有回报。

我不希望这样，我希望我会说，这里有个答案：光明和真理，但是那不是我在交易中经历过的。我确实很希望我所说的，会在你盈利交易之路上起步或驻足之时对你有所帮助……这条道路充满了问题，其中大部分问题似乎没有绝对的答案。然而那并不妨碍我提出问题，并在提问的过程中学习，每天有所进步，成为一个专业的交易员。

拉里·威廉斯

没有简单的答案，只有问题。但你和我一直在找答案，就像拉里说的，不去做好控制，而只是一味地寻找问题答案很难获得成功。你不仅需要不断提出问题，而且你必须自己发现答案、体会答案。只有通过个人经历，你才能学会和实施交易成功所必须具有的必要控制。每个人都沿着自己的轨迹前行，只要你一路上提出了足够多的问题，那么你就可能会达到你寻找的目的：一个可持续和成功的交易家。

　　我希望你在听拉里的建议。这是一个长期攀登交易之山的智者之言，他从一个交易员少有的视角提出了他的建议，以供我们分享。拉里向我们揭示了：复杂的交易世界中不存在简单的答案，只有好奇的提问和对答案的个人发现。一旦你找到了适合自己的一套解决方案，就应该确保将其一直沿用下去。

　　如果拉里的忠告让你产生了共鸣，或许你会想了解更多有关他的交易思想和市场观念的信息，你可以通过以下网址与他联系：www.ireallytrade.com。

王达

　　王达是一位极具天赋的新加坡外汇交易员。我总能知道他何时出现在展会上，因为展会期间，他总是那个被最多人簇拥的人。我只需环视展览大厅，看看哪个地方最忙乱就行了。很多时候，王达就正在那儿，在向一大群聚精会神的交易员传授心经呢。王达的脸上总挂着温暖的微笑，他的行为举止总是那么自信。王达的身上浓缩了一个成功外汇交易员的精华：自信、随和、讨人喜欢。

　　与现居悉尼的我和现居伦敦的迈克尔·库克一样，王达于1989年开始从事交易工作。当时，他正在美国花旗银行新加坡分行工作。王达进入了期货部门，他在新加坡金融期货交易所（SIMEX）按客户订单进行操作。1996年，王达离开了花旗银行，成为期货交易所中的个体交易者，作为一个本地交易员，他在自己的账户上进行交易。

　　作为本地交易者，王达主要从事日经平均指数的期货合约短线交易。他率先用30分钟的柱形图取代了传统的图表模式。早年，王达使用Metastock技术分析软件，但并没用多久，因为他在续约中发现了数据的不一致而受挫。1998年，王达停止使用所有图表程序包，只接受路透社和彭博社的实时数据服务。

2001年，王达预期新加坡交易所将会关门，并将全面电子化（这实际发生在2006年）。于是他离开交易大厅开始进行电子交易。像许多离开交易大厅开始电子交易的非本地交易商一样，刚开始王达发现很难找到获利空间。然而，在他获得有规律的现金流收益以前，新的交易办公室让他感到疏离而陌生。在交易大厅交易和电子交易是完全不同的经历。王达花了近两年时间研制了他的方法：基于电子化日内交易的动力波浪（power wave）交易。

如今，王达仍旧使用着多重时间框架进行日内交易。他使用30分钟柱形图决定买入、止损或获利卖出。只有当他的动力波浪模型与四小时和每日柱形图（同步和时齐、均衡）协调一致时，他才进行交易。当模型在所有三重框架协调一致时，他才开始寻找1∶3风险回报机会进行交易。它的动力波浪模型最初基于价格和图形模式。他计划以逆趋势和顺趋势相结合的模式进行交易。运用逆趋势模式时，他寻找在极端价格区间的迅速反转机会；运用顺趋势时，他寻找价格停止突破的机会。尽管我们知道他偶尔也使用慢随机指数去测量反转的力度。

除了由他的外汇交易服务商提供的K线图，王达不使用任何特殊的软件改进其动力波浪模型。王达用计算机进行交易。王达主要利用几个指数进行外汇交易。他喜欢进行欧元／美元和美元／日元货币交易，以及日经和道琼斯指数期货交易。

交易之余，你会发现王达热衷于更健康的生活方式。人们常惊讶于他如此多的养生之道以及对营养补品的兴趣。毫无疑问，他魅力非凡，他拥有必需的各种维生素！王达和他的家人现居新加坡。让我们来听听王达给我们的一条建议吧。

"王达，根据你渊博的交易知识和丰富的实践经验，应该有不少人向你取经吧？如果请你给那些怀揣梦想的交易者提一条建议，仅仅是一条，那么它将会是什么？为什么是这条建议呢？"

对于痛苦的失败者而言，交易总是那么神秘。每次，发明了经受住实践检验的策略的成功者，只会重复着既定的交易策略和各自发现的技术模式！

在你决定将交易作为终身职业前，必须先厘清交易概念。这与强调低风险敞口的通用原则是相符的。除了交易概念，技术策略是可变的，并且随着其参数会依据基本面和市场情绪的变化，而变得更加适用。

在一个有经验的交易员开始交易活动之前，他会全面了解交易目标工具的杠杆尺度，及其账户允许的交易限额。通常，只有部分或最多1/3的交易限额被用在最初开仓时的交易中。交易限额的其他用处是利润积累，这通常需要在短期内持有一定的头寸。显然开始时的交易总难免遭受损失，但可以在交易中采取一个良好的风险回报比率来平衡，以较高的盈利概率进行交易，可以弥补损失。

为了周密配置交易保证金，你不得不去了解市场行为，并搜寻一套经过深入证明了的策略。全面地看，不同的交易行为将会导致不同的图形模式和技术性循环，这些需要你通过"诊断"正确地开出处方。

在入市抉择方面，一个有经验的交易员绝不会允许他的风险回报比率低于1∶2，一个理想的交易在开始应该预计到，与以后要忍受的损失相比，要有3倍甚至更多的潜在盈利。

尽管在许多不同的教材中关于止损配置的风险控制能力存在争论，它主要取决于个人交易承受力与计划的退出区间，这个区间依据交易员对市场的技术表现的认知而变化。

我的观点是，一个交易员应该把自己看成一个日内交易员或者趋势（头寸）交易员。确认你的交易目标的过程，会在整个职业生涯中帮你实现每一个时期的交易目标（货币报酬）。这里没有对或错的定义，除非你能不断获得积极的交易结果。

交易是一个概率游戏。没有固定的游戏规则，只要你能赢就行。总之，盈利是基于在预测的趋势实现过程中进行有效的风险管理。一个资深交易员会选择进入计划中的市场的极端区域，或是先高后低之间的中间区域，抓住瞬时反转，获取短线利润。

一句话，你比别人先看到，就将成为你的盈利，但是你现在所看到的，已经被他人赚取了。是的，想象力是交易成功的关键之处。

王达

王达坚信，如果你不首先理解成功交易的关键概念，就不可能取得成功。成功交易是指低风险的交易安排。这个概念应该为每个交易员永久保留，而且绝不改变。对于王达来说，技术交易策略是可变的，它随着不断变化的市场条件而改变。然而，低风险敞口的概念却不会改变。王达建议你坚持低风险敞口，这样会给你带来 1 : 3 的风险回报。他认为，考虑将交易作为终身职业的交易员，必须确定他所偏好的是日内交易还是头寸交易。王达坚信，交易是一个概率游戏，没有一成不变的游戏规则，只要你能赢！但是，一个交易员如果不能了解到成功首先基于低风险的交易安排，那么他们就难以成功。对于王达来说，一切都基于低风险定义和低风险收益。王达对你的建议应首先关注交易的风险，只有面对低风险且具有 3 : 1 的潜在收益时，你才能开始交易。这是极好的建议。我希望你在倾听，我当然也在倾听。

如果王达的建议引起你的共鸣，如果你想知道他更多关于交易和市场的思想，你可以通过网站 www.pwforex.com 与他联系。

金玉良言

这些建议怎么样？你享受与这些成功交易家的交流并接受他们的建议了吗？我相信答案是肯定的。在表 12-3 中，我对这些市场大师的建议进行了总结。

表 12-3   大师卓见

资金管理		确立低风险方案	王达
小规模交易	迈克尔	善用软件实施方法	布莱恩
关注风险	李	心理因素	
方法		交易前深入实践	拉蒙
选择与自己风格匹配的方法	安德里亚	求胜不惧输	马克
开发简单方法	凯文	自律	格雷格
避免从众，学会逆向思维	汤姆	耐心	尼克
对方案正确定位	理查德	谦逊	戴若
以守为攻	杰夫	控制	拉里

你应该花点时间总结这张表，在你的交易计划中，采纳他们的建议。真正有价值的建议只可能来自那些正在真实市场上日出日进、正战斗着的真正的交易者。这些建议来自丰富的经验、巨大的挫折、真实的亏损、难以忍受的痛苦以及在残酷的交易世界里难得的胜利。这些建议不是你从本地某个书屋角落里能买到的。请花些时间记下这些建议，把它们钉在你的电脑屏幕旁边，每天看一看，直到烂熟于心。

现在，除了他们的个人建议，我还希望强调两点。第一，他们是完全不同的交易员。在不同的市场上进行交易，使用不同的时间框架、不同的金融工具、不同的技术方法。我希望你能明白交易有不同的方式，然而，别以为有确定的盈利策略，因为根本不存在。但是，只要你善于发现机会，就会有足够的选择空间。

第二，他们给你的个人建议谈到了成功交易的一般规则。这些规则对于成功的交易员普遍适用，尽管他们的交易类型不同，使用了不同的时间框架、金融工具和技术。这就是成功交易普遍规则的全部要点。尽管这些交易员如何以及为什么与市场打交道的原因不尽相同，但他们都坚持遵循这些普遍的关键性通用原则：交易规模较其账户规模要小，关注风险，做简单的交易，与大多数失败的人反向交易，利用获利空间（优势）交易，将亏损视为交易事业的一部分，受约束，耐心，谦虚，处于可控状态（控制中）。他们的个人建议强调了成功交易普遍规则的重要性。

没有一条建议涉及入市技术或入市理念。尽管汤姆·德马克鼓励你预先抓住市场反转的机会，也鼓励你不受舆论干扰，独立思考。同时，汤姆还会考虑市场结构，但他并没有提到预期反转的特殊方法。

这进一步强调了上述观点。业余交易者会不恰当地耗费时间去找寻入市的完美技术，他们迫不及待地想入市开始交易。他们不愿花时间去学习、领悟和实践成功交易的普遍规则。那么，他们在交易中的屡屡失败还用得着质疑吗？

为了证明我的观点，我在 Google 上快速搜索所想到的交易方面的词组。表 12-4 总结了每一条词组的搜索结果。现在我不是要系统地阐述我的观点，只是添加一些我能想到的东西。"入市交易"这个词条在 Google 搜索结果中点击量居于第二位。如果你同意 Google 恰当地反映了人们在网络上的兴趣，你就不得不承认，交易者的确花费了过多的时间试图寻求完美的、100% 正确的入市方法。如果你也是这样的人之一，我只能恳求你不要再去费心考虑你怎样完美地入市，根本就没有什么最优入市法。更重要的是，你可以在更多的富有成效的方面花费一些时间。我建议你可以从成功交易普遍规则这一方面入手。

表 12-4　Google 搜索

Google 搜索词	搜索结果	Google 搜索词	搜索结果
技术分析	76 900 000	退出交易	8 050 000
入市交易	48 000 000	交易模式	8 020 000
交易市场	39 600 000	交易趋势	7 910 000
日内交易	37 900 000	交易指标	6 780 000
交易软件	35 600 000	交易周期性	4 530 000
交易资金管理	31 600 000	交易者责任报告	4 160 000
交易市场结构	30 600 000		

在 15 个交易员中，只有两个交易员建议你重视资金管理，7个交易员建议你关注方法，6 个交易员建议你关注心理。

我知道 15 个样本交易员在统计上不一定具有显著性。然而，假如我能有幸汇集更多有经验的成功交易员，我会高兴地看到同样的结果。根据交易精通人士的观点，方法排在心理之前，而我更偏好心理排在方法之前。

现在我不再惊讶于"心理"这一项能获得高分，因为我知道我关于心理的看法与大多数人不一致。只有我这样看待心理问题。然而，我惊讶于资金管理排名很靠后，但这也是我要邀请成功市场大师基于他们多年的经验和成功给你提出建议的原因。我想要读者听到他们的侧重点，我把我的想法告诉你们，他们给出他们的想法，正可与我的观点相得益彰，所以，我已成功地补充完善和完成了我的普遍规则，它来自这些十分成功的交易家。

至此，这本书已经接近尾声了。最后，我还有几句话要在第13 章说给你们听。

结　束　语

The Universal Principles of
Successful Trading

　　到了该说再见的时候了。我已经将成功交易的通用原则倾囊相授，希望你能喜欢，并能从市场大师的真知灼见中有所领悟，得到我的成功交易通则和市场大师的真传。

　　我很自信能为那些置身艰难险阻的市场中面对令人眼花缭乱的交易服务与产品一筹莫展的交易者，提供交易的基本通用原则和庇护所。

　　因为，对于个人交易者而言，这个时代既是最好的，也是最差的。这是个最好的时代，因为交易者从未有过如此优越的条件：没有进入壁垒，轻点鼠标就可做出若干选择；从未有过数量这么庞大的低收费的经纪人、电子交易平台、自动交易程序、低价的实时数据、图表分析程序、指标、各类市场、时限、工具、基本面和技术分析理论、交易快讯、交易培训师和交易培训班等可供选择。当今的交易者并不缺备选对象。

　　机构投资者与私人投资者相比不再具有优势，这是前所未有的好事。我们遇上了最好的时代了！但这又是最坏的时代，现在，仍然有90%以上的交易者处于亏损状态。这太糟糕了。这与我在1983年进入美国银行工作时的情形并无二致。这就是交易困境：这是最好的但又是最坏的时代！

　　我希望我给出的成功交易通则，能帮助你走出最坏的时代。我认为先进的交易技术、交易服务和交易培训会让人们心猿意马，忽略了对通用规则的理解。天花乱坠的市场宣传、市场的魅力和快速致富的愿望，使交易者没有丁点耐心去思考和学习成功交易的重要知识，反而是激励人们更快地直接从事交易。这些多种多样的选择不仅令交易者忘乎所以地步入市场，而且这些选择本身又衍生了更多的选择，更加复杂，导致了太多的困惑、挫折与失败。

正因为这一点，我认为这也是最坏的时代，交易者疲于选择，受浮夸的市场宣传和快速致富承诺的迷惑，对真正管用的成功交易基本通用原则对视而不见。希望我能将盲目乐观的交易者拉回到现实，成功交易通则，将会引领你步入最好的时代。

你知道的，市场本质上变化无常，困难重重，没有什么确定性可言。唯一能够肯定的是，如果你遵循成功交易通用原则，你就能成功。如果你能够实行审慎的资金管理战略，运用简单、客观而独立的具有正预期的方法（经过 TEST 方法检验），那么交易的爆仓风险就能降为零。如果在零爆仓风险前提下开始交易，是再好不过的了。如果你能建立专业目标和适当的预期，你自然就会顺理成章地遵照执行交易计划。如果你同意市场充满了困难和考验，你将做好准备，迎接逆境中的痛苦，并能一直坚持到取得最后的胜利。

你知道的，交易并不是一帆风顺的。交易可不是超豪华假期，希望你已经知道交易需要你付出超乎想象的艰辛努力。有点讽刺意味的是，人们都迫不及待地放下手上的工作，开始全职从事交易活动，满以为可以比较轻松地赚到大钱。但是，为了能够持续盈利，多数成功交易者比任何时候都要忙碌，比任何时候都要辛苦。希望你已经明白，若想持续取得长期成功交易，与其说需要做出优秀的交易，还不如说需要良好的痛苦管理。你会发现交易并不难，真正令人抓狂的是，如何应对挥之不去的痛苦。你将体会到这场痛苦之役异常艰辛。

- 亏损的痛苦
- 克制尽早落袋为安的强烈冲动的痛苦
- 抛开虚幻盈利的痛苦
- 踏空市场的痛苦
- 账户资金缩水的痛苦
- 无法洞悉成功交易时机的痛苦
- 认为自己比所有人都笨的痛苦
- 认为自己比所有人都辛苦的痛苦
- 失去耐心的痛苦
- 欲望无边的痛苦
- 苦思冥想而不得成功要领的痛苦
- 疲惫的痛苦
- 从未满足的痛苦
- 怀疑任何人的策略都超过自己的痛苦
- 从来没有对自己的方法感到满意的痛苦
- 没完没了自我完善的痛苦

如果你能够管理这些痛苦，那么你就能够享受长期成功交易的愉悦，否则，你注定将被边缘化。

请务必对轻而易举完成的交易保持高度警惕。记住，交易中最难的莫过于面临着太多的抉择。学习、掌握和落实书中的理念很难，学会软件程序用于检验策略很难，将策略编码便于检测很难，运用 TEST 检验交易方法很难，很快接受亏损的事实很难，放长线钓大鱼很难，波澜不惊地进行小额交易很难，从事交易很难，认清人性很难。不要草率做出决定，因为这样的决定往往是错误的。

与任何故事一样，你的交易生涯也经历了开始、进行中和结束。一开始，你踌躇满志地想赚大钱，在进行过程中，你将为了成功而历尽艰难困苦，最后，仍然无可奈何地要品味失败痛苦。

但是，对于那小部分出类拔萃的人而言，他们的结局是获得了财
务的独立，为自己进行交易，无须为任何人负责。成功交易通用
原则也是一个开始、进行中与结束的故事，希望这个故事能够使
你跻身少数成功交易者之列。

切记不要急着开始交易，请耐心研读普遍交易通则，聚焦成
功交易最基本的核心原理。磨刀不误砍柴工，市场绝不可能因为
你赶早开始交易，就出现天上掉馅饼的好事。只要民主制度、交
易制度存在，就随时都有合适的市场，供你大展身手开展交易
活动。

沉住气，开发一套简单、客观和独立的方法，使用 TEST 验
证其有效性，结合使用反马丁格尔资金管理策略，只有当万事俱
备、爆仓风险降至零的时候才可以开始交易，在此之前万万不可
轻举妄动。

当你开始交易以后，请你一定要善于输，长于赢。果断止损，
放长线钓大鱼。不要忘记交易的本质是：输得起，才能赢。

祝你善于输，长于赢。

布伦特·奔富

澳大利亚悉尼

致　　谢

　　这本书虽然是我独立撰写完成的，但书中题材和丰富的信息资料却不是我闭门造车能得来的。读者将在书中幸会许多我称之为"市场大师"的投资交易精英，这些交易赢家很乐意与读者分享他们的成功经验。这些成功经验与建议来自他们，而不是我，非常感谢他们同意我整理成书与读者分享。

　　有些"市场大师"是我熟识的，很多是不认识的。借此机会对那些热心地介绍其他商界精英给我认识的"市场大师"表示衷心的感谢。

　　首先感谢戴若·顾比介绍我认识格雷格·莫里斯。戴若·顾比还试图让我们分享到约翰·布林格和马丁·普林格的真知灼见，遗憾的是，约翰因为日程安排很紧未能参与其中，不过他对这本书的提纲与设想给予了很高的评价，马丁由于自己一本新书交稿日期迫近，以及正紧锣密鼓地筹备工作室而与我们失之交臂。非常感谢戴若·顾比，他不仅参与本书的撰写并介绍我认识格雷格·莫里斯，而且为本书写了热情洋溢的推荐序。

　　还要感谢拉里·威廉斯热心地介绍我认识汤姆·德马克、李·格特斯、布莱恩·谢德和安德里亚·昂格尔。正是因为有了拉里的介绍与参与，我们才荣幸地领略到这些商界成功人士的风采，再次表示由衷的感谢！

　　非常感谢安德里亚·昂格尔的参与以及他引荐了戴维·凯文和迈克尔·库克。

　　最后，借此机会感谢所有的市场大师：拉蒙·巴罗斯、马克 D.库克、汤姆·德马克、李·格特斯、理查德·迈尔基、杰夫·摩根、格雷格·莫里斯、尼克·瑞吉和布莱恩·谢德，还感谢王达应邀参与并对本书提出了改进意见。

爆仓风险模拟计算器

变量和模型

The Universal Principles of
Successful Trading

下面这个爆仓风险模拟计算器可以生成附录 C 的爆仓风险模拟计算结果，这部分内容见第 4 章。

在好朋友和交易员杰夫·摩根的帮助下，我根据对附录 B 所示的瑙泽 J. 鲍尔绍拉的期货交易员基金管理策略的理解，制定了下面的模型。

如果在理解瑙泽 J. 鲍尔绍拉策略的逻辑方面出现任何错误，责任由我承担。此外，请注意，这个模拟计算程序只是一个假设性的工具。它可以展示使用一个可以产生平均盈利大于平均亏损的方法的好处是什么，而不是为读者提供绝对肯定的结果。

我已经将这个模拟计算器编写成了 Excel 中的 VBA 程序。如果你熟悉 VBA 和 Excel，有时间和兴趣的话，你也可以写一个类似这个模拟计算器的自己的模型。即便你不熟悉编程，也可以发现能够理解这个模拟计算器的编程逻辑（我在附录 B 中提供了尽量用平白的英文写的代码）。

如果你的计算机上安装了 Excel，欢迎把我的爆仓风险模拟计算器拷贝过去。你只需通过我的网站（www.IndexTrader.com.au）联系我，告诉我这本书和模拟计算器，我就会发一份代码拷贝给你。

模拟计算器的变量

这个模拟计算器要求你定义你的方法的两个关键变量：准确率和平均盈亏比率。在第 4 章和附录 C 里，我采用的是 50% 的准确率和 1∶1 的平均盈亏比率。

尽管这个计算器可以自动计算你的期望值，但不一定用来模拟计算爆仓风险。你还需要定义你的交易账户规模。我输入的是 100 美元。注意这个账户规模是不重要的，因为爆仓概率受准确度、平均盈亏比率和基金管理策略的影响。

这个模拟计算器要求你从两个基金管理策略中选择一个：固定比例或者固定风险。根据你所选定的基金管理策略，你需要给出定义，要么是每次交易你的账户可以承担的风险比例，要么是你想将账户里的钱分成几个单位。在第 4 章和附录 C 中，我选择了固定美元风险的基金管理策略，以及 20 个货币单位，这意味着我每次交易可以承担 5 美元风险。会编程的人可以修改这个模拟计算器程序，加上你的其他基金管理策略。

这个模拟计算器之后要求你给出爆仓的定义，即你的账户胡扯的百分比。在第 4 章和附录 C 中，我定义的爆仓是账户出现 50% 的回撤。定义完这些变量，我们看看这个模型的逻辑。

模型的逻辑

这个模拟计算器的逻辑很简单，可以根据你的基金管理策略和方法进行交易模拟。该模拟程序采用一个随机数产生器，确定一个交易是盈还是亏。如果你的方法具有高准确度，这个模拟计算器产生的盈利交易就会比亏损交易多，但是随机数生成器将决定盈亏交易出现的顺序。结束一个交易之后，这个模型会生成一个连续权益曲线，测量回撤的深度。一旦回撤从一个高点下降到你定义的回撤极限幅度时（如 50%），这个模型将停止，并用下述公式计算出爆仓风险：

$$爆仓风险 = \frac{上次高点之后发生的亏损交易次数}{上次高点之后总的交易次数}$$

注意，这个模拟计算器忽略了上次高点之前的所有交易，这是因为这个模拟计算器只关注高点之间的交易和回撤爆仓水平。这个模拟计算器要得出的是在高点之后，需要多长时间达到决定爆仓风险的回撤幅度。

为了避免这个模型陷入死循环，当权益曲线达到 2 亿美元或交易次数达到 10 000 次之一发生，而之前预定的爆仓回撤水平还没有达到时，这个模拟计算器将停止计算。这个模拟计算器假定上述两个条件发生时，爆仓已经被避免。

模拟计算器

正如你在图 A-1 看到的，当达到 50% 回撤时，这个模拟计算器就会停下来，计算出爆仓风险为 59%。这是一个非常高的爆仓风险，你应该不做这个交易，因为它一定会让你遭受损失。

图 A-1　爆仓风险模拟计算器

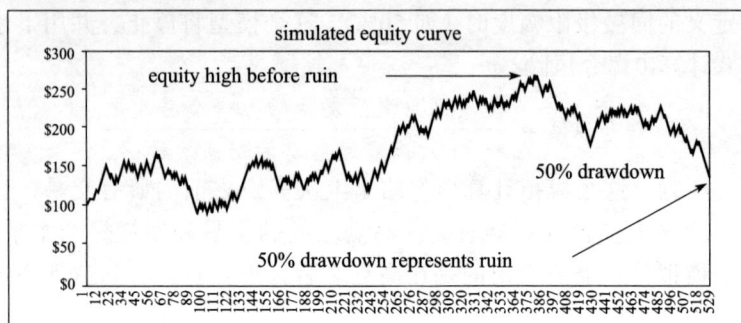

图 A-1 （续）

自制模拟计算器

对于那些勇于尝试的读者，我在附录 B 中列出了我的模拟计算器 Excel 中使用的 VBA 代码。

爆仓风险模拟计算器
代码

The Universal Principles of
Successful Trading

下面用于 Excel 的 VBA 代码是附录 A 中爆仓风险模拟计算器的程序文件。

如果你不熟悉 VBA，别去尝试建立自己的爆仓风险模拟计算器。我在附录 A 中已经提到，如果你有兴趣的话，欢迎你索取我的模拟计算器软件拷贝。如果你希望做一个自己的模拟计算器的话，那么在开始写 VBA 代码前，你需要做以下的准备工作。

我先给你一个提示。我不会解释建立这个模拟计算器的每一个步骤，只能为那些熟悉 VBA 的读者提供足够的信息，帮助他们创建自己的程序，但是无法帮到那些完全没接触过编程的人，因为提供一个导引性的 VBA 课程，已经超过了这本书的范畴。

自制 VBA 爆仓风险模拟计算器

打开一个 Excel 文件，将第一张表改名为"RiskOfRuin"（爆仓风险）。

在"RiskOfRuin"表中，定义以下科目。

科目	位置
Accuracy	C4
Payoff	C5

Start_Capital	C9
FixedPercentage	C14
Unit_of_Money	C15
Fixed_Dollar_Risk	C16
Ruin	C19
Money_Mgt_Approach	Y1
Probability	G9

- 在 C12 单元格放上一个输入框，将其输入范围定义为"Z1：Z2"，并将 Y1 定义为链接单元格。
- 在 Z1 单元格键入"Fixed % Risk"。
- 在 Z2 单元格键入"Fixed $$ Risk"。
- 找到单元格"AA1"，在"AA1：AA10"中键入随机数，创建第一个假设权益曲线。
- 创建一个简单的线图，定义其输入范围为"AA1：AA10"的随机数，将此图放在第一张表单（"RiskOfRuin"）的单元格 A20。调整这个图的格式，直到你满意为止。
- 将此工作表存为"O_Risk_of_Ruin_Simulator.xls"。
- 打开 VBA 编辑器（Alt F11），创建一个新程序"Simulate_Risk_of_Ruin"。
- 在新程序里键入下面的代码。

爆仓风险计算 VBA 代码

定义变量

```
Const NoRecords = 10001
Dim TradeResult(NoRecords) As Long
Dim EquityCurve(NoRecords) As Long
Dim Accuracy As Variant
Dim PayOff_Ratio As Variant
Dim Money_Mgt_Approach As String
Dim Fixed_Percent_Risked As Variant
```

```
Dim Ruin_Point_Drawdown As Variant
Dim Account_Start As Variant
Dim Account_Balance As Variant
Dim Account_New_High As Variant
Dim Account_DrawDown As Variant
Dim Account_DrawDown_Percent As Variant
Dim Win_or_Loss As Variant
Dim Probility_Of_Ruin As Variant
Dim RowNumber As Variant
Dim Unit_Of_Money As Integer
Dim Fixed_Dollar_Risk As Variant
Dim Number_Of_Trades As Long
Dim Number_of_Losses_Before_Ruin As Long
Dim Number_of_Trades_Since_Account_High As Long
Dim i As Long
Dim j As Long
Dim x As Long
```

锁定屏幕

```
Application.DisplayAlerts = False
Application.ScreenUpdating = False
```

从数据表加载变量

```
Load Accuracy Rate
  Sheets("RiskOfRuin").Select
  Range("Accuracy").Select
  Accuracy = Selection

Load the Average Win to Average Loss Payoff Ratio
  Range("Payoff").Select
  PayOff_Ratio = Selection

Load Money Management Approach
  Range("Money_Mgt_Approach").Select
  If ActiveCell = 1 Then
    Money_Mgt_Approach = "Fixed Percentage Risk Money Mgt"
  Else
    Money_Mgt_Approach = "Fixed Dollar Risk Money Mgt"
  End If

Load Starting Account Size
  Range("Start_Capital").Select
  Account_Start = Selection

Load Fixed Percentage Rate of account balance risked on each trade
  Range("FixedPercentage").Select
  Fixed_Percent_Risked = Selection

Load the percentage DrawDown rate we define ruin as
  Range("Ruin").Select
  Ruin_Point_Drawdown = Selection

Load the number of units of money we have in our account
  Range("Unit_Of_Money").Select
  Unit_Of_Money = Selection
```

清除数组

```
For i = 1 To NoRecords
  TradeResult(i) = Empty
  EquityCurve(i) = 0
Next i
```

开始模拟计算爆仓风险

```
Number_Of_Trades = 1
Account_Balance = Account_Start
Account_New_High = Account_Start

Account_DrawDown_Percent = 0
Number_of_Losses_Before_Ruin = 0
Fixed_Dollar_Risk = Account_Start / Unit_Of_Money

i = 1
j = 1
x = 0

Do Until Account_DrawDown_Percent >= Ruin_Point_Drawdown Or EquityCurve
(i - 1) > 200000000 Or x >= 10000
  Check For New Equity High and reset number of losing trades to zero

    If Account_Balance > Account_New_High Then
        Account_New_High = Account_Balance
        Number_of_Losses_Before_Ruin = 0
        Number_of_Trades_Since_Account_High = 0
    End If

Generate random number to see whether a trade wins or loses
    Win_or_Loss = Rnd

Check for a Win
    If Win_or_Loss >= (1 - Accuracy) Then
    We have a WIN!
        Calculate the profit
    If Money_Mgt_Approach = "Fixed Percentage Risk Money Mgt" Then
        TradeResult(j) = ((Fixed_Percent_Risked * Account_Balance)
                    * PayOff_Ratio)
    End If

    If Money_Mgt_Approach = "Fixed Dollar Risk Money Mgt" Then
        TradeResult(j) = Fixed_Dollar_Risk * PayOff_Ratio
    End If

    Add to the equity curve
    If i = 1 Then
        EquityCurve(i) = Account_Start
        i = i + 1
        EquityCurve(i) = EquityCurve(i - 1) + TradeResult(j)
    Else
        EquityCurve(i) = EquityCurve(i - 1) + TradeResult(j)
    End If

    Add to our account balance
        Account_Balance = Account_Balance + TradeResult(j)
    Else
```

```
We have a LOSS!
    Calculate the loss
    If Money_Mgt_Approach = "Fixed Percentage Risk Money Mgt" Then
        TradeResult(j) = -(Fixed_Percent_Risked * Account_Balance)
    End If
    If Money_Mgt_Approach = "Fixed Dollar Risk Money Mgt" Then
        TradeResult(j) = -Fixed_Dollar_Risk
    End If

    Add to the equity curve
    If i = 1 Then
        EquityCurve(i) = Account_Start
        i = i + 1
        EquityCurve(i) = EquityCurve(i - 1) + TradeResult(j)
    Else
        EquityCurve(i) = EquityCurve(i - 1) + TradeResult(j)
    End If

    Add to our account balance
        Account_Balance = Account_Balance + TradeResult(j)

Calculate current drawdown and percentage drawdown
    Account_DrawDown = Account_New_High - Account_Balance
    Account_DrawDown_Percent = Account_DrawDown / Account_New_High

    Calculate the number of losses before ruin
    Number_of_Losses_Before_Ruin = Number_of_Losses_Before_Ruin + 1

    End If
    Calculate number of trades
        Number_Of_Trades = Number_Of_Trades + 1
        Number_of_Trades_Since_Account_High
        =Number_of_Trades_Since_Account_High+1

    Increase counters
x = x + 1
j = j + 1
i = i + 1
Loop
```

计算爆仓概率

```
Probility_Of_Ruin=Number_of_Losses_Before_Ruin/Number_of_Trades_
Since_Account_High
If the Equity Curve is above $200m or we have simulated 10,000 trades then
we will
    assume ruin has been avoided.
    If EquityCurve(i - 1) > 200000000 Or x >= 10000 Then
        Probility_Of_Ruin = 0
    End If
    Enter Probability of Ruin in Spreadsheet
        Sheets("RiskOfRuin").Select
        Range("Probability").Select
        ActiveCell = Probility_Of_Ruin
        Selection.Style = "Percent"
```

绘出权益曲线

```
Clear Previous Equity Curve
```

```
        Columns ("AA:AA").Select
        Selection.Clear

Print Equity Curve in Spreadsheet - Column AA
    i = 1
Do Until i >= Number_Of_Trades + 1
    Sheets (1).Cells (i, 27).Value = EquityCurve (i)
    i = i + 1
Loop
Change Chart Range
        Range ("AA1").Select
        Selection.End (xlDown).Select
        RowNumber = ActiveCell.Row
        ActiveSheet.ChartObjects ("Chart 1").Activate
        ActiveChart.PlotArea.Select
        ActiveChart.SeriesCollection (1).Values =
                "=RiskOfRuin!R1C27:R" & RowNumber & "C27"
        ActiveWindow.Visible = False
        Windows ("0_Risk_of_Ruin_Simulator.xls").Activate

Move cursor to the Probability of Ruin calculation
        Range ("B22").Select
```

清屏

```
        Application.DisplayAlerts = True
        Application.ScreenUpdating = True
End of Simulator
End Sub
```

返回 Excel 工作表

- 回到"RiskOfRuin"表单，在单元格 F3 加上一个宏按钮，将其命名为"Simulate_Risk_of_Ruin"。并将此按钮加上"模拟计算爆仓风险"标签。

- 存盘。

- 在表单中键入输入数值，点击"模拟计算爆仓风险"宏按钮，开始查错！

如果发现任何问题，你可以联系我：www.IndexTrader.com.au。

记住，你的目的是找到一个合适的基金管理策略，它具有一个经过验证的方法，可以产生的爆仓风险为 0。祝你走运。

爆仓风险模拟计算器

运行结果

The Universal Principles of
Successful Trading

　　图 C-1 总结了 30 个不同平均盈亏比率的爆仓风险模拟计算结果。这些结果展示了提高平均盈亏比率对降低爆仓概率的效果。得出这些结果的模型见附录 A。

	Simulated Risk-of-Ruin					
	Average win to average loss payoff ratio					
	1.0	1.1	1.2	1.3	1.4	1.5
Simulation1	66%	0%	0%	0%	0%	0%
Simulation2	63%	0%	0%	0%	71%	0%
Simulation3	66%	0%	0%	77%	0%	0%
Simulation4	56%	79%	0%	68%	0%	0%
Simulation5	54%	80%	73%	82%	0%	0%
Simulation6	65%	0%	0%	60%	0%	0%
Simulation7	62%	0%	63%	0%	73%	0%
Simulation8	60%	77%	66%	0%	0%	0%
Simulation9	68%	0%	0%	0%	0%	0%
Simulation10	81%	0%	0%	0%	0%	0%
Simulation11	61%	0%	82%	0%	0%	0%
Simulation12	71%	0%	68%	0%	0%	0%
Simulation13	70%	0%	0%	0%	0%	0%
Simulation14	62%	0%	0%	65%	0%	0%
Simulation15	57%	73%	0%	0%	0%	0%

图　C-1

Simulation16	65%	0%	0%	0%	0%	0%
Simulation17	85%	0%	68%	0%	0%	0%
Simulation18	66%	0%	64%	0%	0%	0%
Simulation19	58%	0%	58%	0%	0%	0%
Simulation20	65%	0%	78%	59%	0%	0%
Simulation21	63%	0%	0%	69%	0%	0%
Simulation22	65%	64%	0%	62%	0%	0%
Simulation23	60%	69%	70%	0%	0%	0%
Simulation24	68%	0%	0%	0%	0%	0%
Simulation25	57%	0%	67%	0%	0%	0%
Simulation26	61%	0%	74%	0%	0%	0%
Simulation27	53%	0%	58%	0%	0%	0%
Simulation28	69%	87%	61%	0%	0%	0%
Simulation29	52%	0%	0%	0%	0%	0%
Simulation30	60%	66%	0%	78%	0%	0%
average risk of ruin	64%	20%	32%	21%	5%	0%

图 C-1 （续）

推荐阅读

序号	中文书号	中文书名	定价
1	69645	敢于梦想：Tiger21创始人写给创业者的40堂必修课	79
2	69262	通向成功的交易心理学	79
3	68534	价值投资的五大关键	80
4	68207	比尔·米勒投资之道	80
5	67245	趋势跟踪（原书第5版）	159
6	67124	巴菲特的嘉年华：伯克希尔股东大会的故事	79
7	66880	巴菲特之道（原书第3版）（典藏版）	79
8	66784	短线交易秘诀（典藏版）	80
9	66522	21条颠扑不破的交易真理	59
10	66445	巴菲特的投资组合（典藏版）	59
11	66382	短线狙击手：高胜率短线交易秘诀	79
12	66200	格雷厄姆成长股投资策略	69
13	66178	行为投资原则	69
14	66022	炒掉你的股票分析师：证券分析从入门到实战（原书第2版）	79
15	65509	格雷厄姆精选集：演说、文章及纽约金融学院讲义实录	69
16	65413	与天为敌：一部人类风险探索史（典藏版）	89
17	65175	驾驭交易（原书第3版）	129
18	65140	大钱细思：优秀投资者如何思考和决断	89
19	64140	投资策略实战分析（原书第4版·典藏版）	159
20	64043	巴菲特的第一桶金	79
21	63530	股市奇才：华尔街50年市场智慧	69
22	63388	交易心理分析2.0：从交易训练到流程设计	99
23	63200	金融交易圣经II：交易心智修炼	49
24	63137	经典技术分析（原书第3版）（下）	89
25	63136	经典技术分析（原书第3版）（上）	89
26	62844	大熊市启示录：百年金融史中的超级恐慌与机会（原书第4版）	80
27	62684	市场永远是对的：顺势投资的十大准则	69
28	62120	行为金融与投资心理学（原书第6版）	59
29	61637	蜡烛图方法：从入门到精通（原书第2版）	60
30	61156	期货狙击手：交易赢家的21周操盘手记	80
31	61155	投资交易心理分析（典藏版）	69
32	61152	有效资产管理（典藏版）	59
33	61148	客户的游艇在哪里：华尔街奇谈（典藏版）	39
34	61075	跨市场交易策略（典藏版）	69
35	61044	对冲基金怪杰	80
36	61008	专业投机原理（典藏版）	99
37	60980	价值投资的秘密：小投资者战胜基金经理的长线方法	49
38	60649	投资思想史（典藏版）	99
39	60644	金融交易圣经：发现你的赚钱天才	69
40	60546	证券混沌操作法：股票、期货及外汇交易的低风险获利指南（典藏版）	59
41	60457	外汇交易的10堂必修课（典藏版）	49
42	60415	击败庄家：21点的有利策略	59
43	60383	超级强势股：如何投资小盘价值成长股（典藏版）	59
44	60332	金融怪杰：华尔街的顶级交易员（典藏版）	80
45	60298	彼得·林奇教你理财（典藏版）	59
46	60234	日本蜡烛图技术新解（典藏版）	60
47	60233	股市长线法宝（典藏版）	80
48	60232	股票投资的24堂必修课（典藏版）	45
49	60213	蜡烛图精解：股票和期货交易的永恒技术（典藏版）	88
50	60070	在股市大崩溃前抛出的人：巴鲁克自传（典藏版）	69
51	60024	约翰·聂夫的成功投资（典藏版）	69
52	59948	投资者的未来（典藏版）	80
53	59832	沃伦·巴菲特如是说	59
54	59766	笑傲股市（原书第4版.典藏版）	99

序号	中文书号	中文书名	定价
55	59686	金钱传奇：科斯托拉尼的投资哲学	59
56	59592	证券投资课	59
57	59210	巴菲特致股东的信：投资者和公司高管教程（原书第4版）	99
58	59073	彼得·林奇的成功投资（典藏版）	80
59	59022	战胜华尔街(典藏版)	80
60	58971	市场真相：看不见的手与脱缰的马	69
61	58822	积极型资产配置指南：经济周期分析与六阶段投资时钟	69
62	58428	麦克米伦谈期权（原书第2版）	120
63	58427	漫步华尔街（原书第11版）	56
64	58249	股市趋势技术分析（原书第10版）	168
65	57882	赌神数学家：战胜拉斯维加斯和金融市场的财富公式	59
66	57801	华尔街之舞：图解金融市场的周期与趋势	69
67	57535	哈利·布朗的永久投资组合：无惧市场波动的不败投资法	69
68	57133	憨夺型投资者	39
69	57116	高胜算操盘：成功交易员完全教程	69
70	56972	以交易为生（原书第2版）	36
71	56618	证券投资心理学	49
72	55876	技术分析与股市盈利预测：技术分析科学之父沙巴克经典教程	80
73	55569	机械式交易系统：原理、构建与实战	80
74	54670	交易择时技术分析：RSI、波浪理论、斐波纳契预测及复合指标的综合运用（原书第2版）	89
75	54668	交易圣经	89
76	54560	证券投机的艺术	59
77	54332	择时与选股	45
78	52601	技术分析（原书第5版）	100
79	52433	缺口技术分析：让缺口变为股票的盈利	59
80	49893	现代证券分析	80
81	49646	查理·芒格的智慧：投资的格栅理论（原书第2版）	49
82	49259	实证技术分析	75
83	48856	期权投资策略（原书第5版）	169
84	48513	简易期权（原书第3版）	59
85	47906	赢得输家的游戏：精英投资者如何击败市场（原书第6版）	45
86	44995	走进我的交易室	55
87	44711	黄金屋：宏观对冲基金顶尖交易者的掘金之道（增订版）	59
88	44062	马丁·惠特曼的价值投资方法：回归基本面	49
89	44059	期权入门与精通：投机获利与风险管理（原书第2版）	49
90	43956	以交易为生Ⅱ：卖出的艺术	55
91	42750	投资在第二个失去的十年	49
92	41474	逆向投资策略	59
93	33175	艾略特名著集（珍藏版）	32
94	32872	向格雷厄姆学思考，向巴菲特学投资	38
95	32473	向最伟大的股票作手学习	36
96	31377	解读华尔街（原书第5版）	48
97	31016	艾略特波浪理论：市场行为的关键（珍藏版）	38
98	30978	恐慌与机会：如何把握股市动荡中的风险和机遇	36
99	30633	超级金钱（珍藏版）	36
100	30630	华尔街50年（珍藏版）	38
101	30629	股市心理博弈（珍藏版）	58
102	30628	通向财务自由之路（珍藏版）	69
103	30604	投资新革命（珍藏版）	36
104	30250	江恩华尔街45年（修订版）	36
105	30248	如何从商品期货贸易中获利（修订版）	58
106	30244	股市晴雨表（珍藏版）	38
107	30243	投机与骗局（修订版）	36